VÁ À LUTA!

Carla Weisz

VÁ À LUTA!

UMA HISTÓRIA DE TRANSFORMAÇÃO PARA DONOS DE NEGÓCIO QUE DESEJAM VENCER E CONQUISTAR SEUS SONHOS

Publisher
Henrique José Branco Brazão Farinha
Editora
Cláudia Elissa Rondelli Ramos
Preparação de texto
Cláudia Elissa Rondelli Ramos
Revisão
Renata Alves da Silva
Projeto gráfico de miolo
Vanúcia Santos
Diagramação
Vanúcia Santos
Capa
Vanúcia Santos
Impressão
Gráfica Elyon

Copyright © 2021 by Carla Weisz
Todos os direitos reservados à Editora Évora.
Rua Sergipe, 401 – Cj. 1.310 – Consolação
São Paulo – SP – CEP 01243-906
Telefone: (11) 3562-7814/3562-7815
Site: hhttp://www.evora.com.br
E-mail: contato@editoraevora.com.br

Dados Internacionais de Catalogação na Publicação (CIP) de acordo com ISBD
Elaborado por Vagner Rodolfo da Silva - CRB-8/9410

W433v	Weisz, Carla
	Vá à luta! Uma história de transformação para donos de negócio que desejam vencer e conquistar seus sonhos / Carla Weisz. - São Paulo: Évora, 2021.
	240 p. : 17cm x 24cm.
	ISBN: 978-65-88199-14-5
	1. Administração. 2. Coaching. 3. Administradores. 4. Romance. I. Título.
2021-2323	CDD 658.3124
	CDU 658.310.845

Índice para catálogo sistemático:
1. Administração : Coaching 658.3124
2. Administração : Coaching 658.310.845

Este livro é resultado de um trabalho em equipe e mostra como as pessoas engajadas e com responsabilidade são fundamentais para qualquer negócio.

Colaboraram com esta obra:
Anna Helena Weisz:
ilustração do capítulo 4;
Aurelice Brandão:
curadoria de conteúdo;
Fernanda Feitosa:
design instrucional e design gráfico;
Johnny Weisz:
revisão da historia;
Luísa Weisz:
revisão da história.

AGRADECIMENTO

Existe em mim uma enorme dívida de gratidão a tantas pessoas que me encorajam a seguir meu caminho mesmo frente a inúmeras adversidades. Neste caso em especial, agradeço ao meu marido e sócio Johnny Weisz por seu companheirismo, incentivo e por me apoiar sempre em minhas ideias mais malucas, me ajudando a olhar para os diversos ângulos.

Este livro fugiu um pouco do planejado, pois em 2019 fui diagnosticada com câncer de mama. Porém, aprendi a desenvolver a mente protagonista e, assim, atravessei a doença de cabeça erguida, superei e me curei. Este jeito de pensar como protagonista aprendi com minha mãe, que também me ensinou os valores que carrego comigo, a quem sou sempre muito grata. Como mãe, sei o quanto é difícil criar filhos para a vida.

Meu débito com o Agnelson Correali, coach e psicólogo, é enorme e a ele tenho um grande respeito por abrir meus olhos em momentos de névoa, por me apoiar a encontrar dentro de mim as respostas que tanto busco e me ajudar a ressignificar os acontecimentos da vida. Também não poderia deixar de agradecer ao meu mentor de estratégia digital Fernando Alves, inteligente e perspicaz, que desde que nos conhecemos acreditou que eu tinha experiência e conhecimentos importantes da minha trajetória para compartilhar e, por isso, me estimula a ser mais. Ambos me ajudam a realizar o meu propósito de tornar as pequenas e médias empresas brasileiras em negócios prósperos, criando um círculo vistuoso onde todos ganham. O dono, o funcionário, o cliente a sociedade, pois empresas prósperas geram mais emprego e renda e são estas empresas que fazem o Brasil.

Afinal, empresários de sucesso desenvolvem pessoas e estas desenvolvem as empresas e, assim, podemos ter um país melhor. E eu sou muito patriota e acredito que o Brasil tem jeito, ele será o reflexo das nossas ações diárias.

Um livro como este, assim como qualquer projeto, demanda muita colaboração e foi dessa maneira que ele foi concebido, com várias mãos, corações e mentes envolvidas, onde pontos de vista diferentes só enriqueceram a obra. Neste sentido, a Aurelice Brandão teve um papel muito importante, uma amiga querida que não hesitou em criticar a obra e fazer o papel de curadora, melhorando o que eu já tinha escrito. Obrigada por sua generosidade e por caminhar comigo.

Minhas filhas também participaram ativamente da obra, não apenas permitindo que eu roubasse tempo em nossas refeições para compartilhar tudo que brotava em minha mente entusiasmada, mas também entregando seus talentos. Luisa revisou os textos e contribuiu com sua sagaz experiência literária. Apesar de seus 14 anos, certamente ela já leu mais histórias que a maioria dos adultos que conheço. Anna Helena, que tem só 11 anos, é uma artista extremamente talentosa e aceitou fazer um desenho para o capítulo 04 que representa a visão de futuro da personagem principal. Um desafio e tanto para uma criança.

Toda esta busca pelo aprendizado se solidificou a partir de um mergulho profundo no universo das empresas familiares, que foi enriquecida com a vasta experiência do meu querido amigo Herbert Steinberg. Ele é uma autoridade no assunto, que eu respeito como profissional e ser humano, e não hesitou em compartilhar comigo aprendizados importantes de sua rica trajetória.

Fez parte deste processo de aprendizado, entrevistas com filhos e filhas herdeiros de primeira, segunda e terceira geração, onde tive a honra de conhecer seus dilemas, desafios e as dificuldades que residem neles, cada um com sua história, seu sonho e seu medo, aliado ao conflito de geração que é inerente a toda sociedade em desenvolvimento. Agradeço imensamente a estes donos por abrirem sua intimidade comigo.

Geovana Donela e Silvana Machada, que de forma muito generosa, me apresentaram alguns dos entrevistados que me relataram suas encantadoras historias e seus desafios de liderança e sucessão. Agradeço imensamente a estas queridas pela confiança e abertura.

Vários líderes também contribuíram com esta obra, às vezes mesmo sem saber. Por onde eu ando, observo atenta suas atitudes e percebo, na prática, o que faz realmente a diferença na liderança e, assim, compartilho com o leitor o método que desenvolvi para seu crescimento profissional e pessoal, o Líder Estrela.

Agradeço também a todas pessoas queridas e inspiradoras que escreveram os prefácios e as mensagens da quarta capa deste livro, vencendo o desafio de suas apertadas agendas como importantes líderes empresariais.

Tenho grande gratidão ao Henrique Farinha, pois é incrível ter um editor que acredita em sua obra, mesmo antes dela ser concebida e ele, mais uma vez, apostou no meu talento para escrever.

Finalmente, agradeço a Fernanda Feitosa, que une de forma rara o talento de designer gráfica e instrucional e que, acima de tudo, é uma grande parceira protagonista, que sempre entrega seus trabalhos com excelência e supera as expectativas com sua postura proativa.

Este livro reflete os dilemas de muitos empreendedores, donos de negócio e líderes que venho mentorando e que realizei consultoria nos últimos anos. Seria impossível mencionar cada um deles de forma adequada sem expor suas vidas, assim, quero simplesmente registrar minha gratidão a vocês por confiarem em meu trabalho, permitindo que eu os ajudasse a ter uma empresa pronta para crescer, começando por modificar seu próprio jeito de pensar.

PREFÁCIO

Uma jornada heroica para quem quer ser líder

Para livros escritos em prosa, existem aqueles de ficção e não-ficção. Mostrando estar alguns muitos passos à nossa frente, Carla Weisz realiza a proeza de prosear ficção e não-ficção numa tacada só.

E que tacada.

Em uma espécie de jornada da heroína empresarial, embarcamos na montanha-russa de sentimentos e aprendizados que a autora preparou para nós. Ainda assim, somos conduzidos com elegância. Logo nas primeiras páginas já nos vemos presos em suas linhas tanto pela habilidade na escrita, quanto por nos reconhecermos na jovem protagonista, a Nicole. Carregamos sonhos, cultivamos expectativas, nos preparamos e torcemos pelo melhor até que a realidade, sempre ela, mostra que o processo de (re)descobrimento de nós mesmos exige esforço. Nosso desenvolvimento como pessoas melhores e empreendedores mais bem-sucedidos não surge no estalar dos dedos, assim a máxima "tudo o que vale a pena é difícil" faz-se presente.

Do mundo comum, onde tudo está em ordem, a vida é maravilhosa de se viver e o futuro é promissor, vem a quebra quando a expectativa se choca com a realidade. Quando menos percebemos, já estamos ouvindo o Chamado da Aventura à la Joseph Campbell e nos vemos imersos no curso de liderança de Carla Weisz e como todas as pontas se amarram, literalmente, para nos tornarmos líderes estrelas. E ela demonstra saber muito bem com quem está falando, pois ao mencionar que Nicole fez os exercícios passados por ela, Carla, "mal e porcamente" durante o curso, a autora cria um elo conosco.

Como leitores, ganhamos em dobro: o vasto conhecimento de Carla e uma piscadela cúmplice sugerindo que tenhamos leveza, mas levemos as coisas a sério. Assim, quando a personagem começa a refazer seus exercícios, são enormes as chances de que você, leitor e leitora, embarque com ela.

A habilidade na escrita da Carla também se mostra quando ela utiliza de elementos externos, como o clima de São Paulo, por exemplo, em consonância às dúvidas, medos, reflexões e ansiedades alojadas em alguém buscando se encontrar e/ou se desenvolver. Assim, sem muito esforço, conseguimos reconhecer os sinais das armadilhas que montamos para nós mesmos, especialmente a vitimização — aquela zona de conforto onde é mais fácil terceirizar os problemas e expectativas rachadas do que assumir nossa responsabilidade pelas situações que vivemos. E o problema, como ela bem dramatiza, é que esse lugar confortável logo pode se tornar uma areia movediça caso não pulemos fora do papel de vítima do mundo para o de protagonista de nossas vidas.

De repente percebemos que algumas das leis da física de Isaac Newton que aprendemos na escola podem ser muito bem aplicadas às situações de nossa vida, como o princípio da inércia que diz que um corpo em repouso continuará assim a menos que uma força aja sobre ele. Ou como Nicole percebe em dada circunstância, "movimento gera movimento".

O leque de Carla para nos ensinar como ser líderes estrela é vasto. Como ela bem demonstra nas páginas a seguir, tudo começa quando respondemos a esse "chamado da aventura" e transformamos nossa vida em uma jornada heroica, assumindo-nos de vez como protagonista delas.

HERBERT STEINBERG
Fundador da Mesa Corporate Governance, conselheiro de empresas, palestrante e professor.

OLÁ!

Fazer o prefácio de um livro da Carla Weisz é uma honra e quero começar falando quem é esta pessoa, pois isto é muito mais fácil para mim!

Muito mais do que mãe, mulher, pessoa gigante, grandiosa, uma deusa que tem o poder de dar a vida, ela continua exercitando esse poder de dar sobrevida a outras pessoas também, compartilhando o seu amplo conhecimento, vivência, aprendizado nesta obra. Ela é uma pessoa que já é preparada para o novo normal, porque ela é um ser humano maior, melhor, pronta emocionalmente, que compartilha a sua própria trajetória por meio do seu exemplo.

Vocês vão ler nas linhas que se seguem um pedacinho do talento da autora que eu conheço pessoalmente, uma pessoa próspera, feliz, alegre, estratégica, vencedora, rica e determinada. Gente, eu estou falando de prosperidade, a riqueza vem como consequência da trajetória dessa grande mulher que compartilha conosco o seu conhecimento, vivência e se dedica por muitas horas a efetivamente fazer alguma coisa por ela e por todos nós.

E vou além, é natural que ela consiga ter sucesso em outros aspectos, inclusive no material. Mas acima de tudo, em aspecto humano, grandeza humana, ela é um ser humano preparado para compartilhar muitas linhas de conhecimento, inspiração, de resiliência, protagonismo e algo fundamental para as empresas prosperarem: a liderança!

Nós estamos no século 21 e já passou da hora de entendermos a força que tem dentro de uma mulher, o potencial que tem essas gigantes, essas criadoras que nos dão a luz, que são bússolas, que nos conduzem aos melhores caminhos e aqui você terá a oportunidade de observar que é importante ter a humildade de copiar e observar esses seres humanos especiais e os ensinamentos deste importante livro.

Mulheres como a Carla deixam para nós muito mais do que uma leitura, deixam um legado, um exemplo digno de ser mais que admirado, de ser copiado, para que possamos compartilhar com mais pessoas e ajudar na trajetória de cada um que nos cerca.

Então, este é muito mais que um prefácio, é um depoimento sobre uma pessoa que eu conheço, que eu admiro, que eu respeito e para mim já é uma referência, uma bússola de empreendedorismo, de protagonismo, de resiliência, de sucesso, aquela coisa que vem com a dedicação e trabalho e que a Carla humildemente e generosamente vem compartilhando com as pessoas, essa essência e esse conhecimento.

Por isso, desejo que tenham um ótimo entretenimento, uma excelente leitura, um rico aprendizado e consigam absorver a mesma energia que se absorve quando se está de frente com essa gigante. Olhar nos olhos da Carla e ver que ela passa verdade, ela passa simplicidade, ela passa vivência, ela passa experiência, ela passa amor ao próximo, aquele que todos nós estamos buscando no novo normal, principalmente da mulher, aquela que tem força, mas que põe em prática. Ela é criadora, criativa e pronta para poder criar, orientar e ajudar no crescimento de nossa trajetória.

É uma honra e um prazer poder participar dessa obra que, com certeza, vai fazer a diferença e impactar a vida de muitas pessoas começando com a sua. Preste atenção em cada linha, na metodologia e olhe para dentro de você para descobrir cada passo deste trajeto, para que você tenha uma liderança de sucesso e possa brilhar como um grande líder. Com certeza você vai tirar proveito do legado dessa profissional, que mais que escritora é mulher, deusa, família, criadora, gestora de gente, gente que cuida de gente.

Tenho orgulho dessa pessoa e com certeza no final da leitura você também terá tanto orgulho quanto eu. Que Deus abençoe a leitura e que vocês possam tirar o melhor proveito.

E à Carla só me resta gratidão. Gratidão pelo que está passando, pelo que está compartilhando, pelo legado que está deixando. De coração para coração. Já amo você Carla e com certeza quem puder interpretar cada linha do que está escrito vai conhecer você melhor, te acompanhar, te admirar e com certeza vai sair dessa leitura melhor do que entrou.

Gente, fiquem com Deus e uma ótima leitura!

GERALDO RUFINO
Empreendedor, escritor, palestrante e fundador da JR Diesel

PRÓLOGO

Minha ansiedade de voltar ao Brasil explodiu no instante que sentei na poltrona do avião e afivelei os cintos. Depois de dez anos longe muita coisa mudou em mim, passei um terço da minha vida morando em outro país, vivendo outra cultura, viajando muito e uma das coisas mais importantes que aprendi é que tem muitas formas de viver e de dar certo. Não existe um único caminho, tudo depende da forma de ver as coisas.

Olho pela janela do avião e bate também uma saudade de Nova York, onde passei os últimos anos trabalhando. Quantos desafios e emoções vivi neste período nos Estados Unidos. Me apaixonei por aquela cidade, mas lá não é o meu lugar. Meu lugar agora é ao lado do meu pai, para um dia assumir a liderança da empresa que meu bisavô fundou. Ao longo dos últimos anos, me preparei para trabalhar com o que mais amo, o design e a inovação. E assim, oferecer às pessoas conforto e uma super experiência com os móveis que produzimos na Haus Becker.

Vou dar continuidade ao que minha família construiu com tanta dedicação, com tanto trabalho e também modernizar a empresa. Estou cheia de ideias e minha empolgação me deixa extremamente ansiosa e animada. Não vejo a hora de chegar e colocar em prática o que estudei e pratiquei nas duas empresas que trabalhei, especialmente na E-DT (Experience by Design Thinking), minha grande escola sobre design, inovação e liderança.

A perspectiva de atualizar a nossa empresa mexe muito comigo, me excita, me deixa mais viva, com uma vontade enorme de contribuir e ver nosso negócio continuar a prosperar pelas novas gerações que virão.

Neste momento me lembro do velho Zito, um antigo funcionário da empresa que trabalhou com meu avô desde sempre, me dizendo:

— Menina Nicole, um dia tudo isto vai ser seu e você vai construir as decorações e móveis da sua casinha de boneca para gente grande.

Acho que ele tinha razão ao me ver brincar na fábrica. Era minha diversão favorita. Meu avô adorava me levar com ele para trabalhar. Toda sexta-feira ele fazia isto. E eu adorava ir à fábrica com ele, meu avô e eu, sempre tivemos uma ligação muito forte. Dizem que durante o longo trabalho de parto da minha mãe ele não aguentou esperar e, com seu jeito voraz de ser, entrou no quarto, pegou a enfermeira pelo colarinho e disse:

— Cadê meu neto?

Horas depois, informaram que eu era uma menina.

Ele me amou desde o primeiro instante, mesmo desejando que eu fosse um menino. Por causa deste seu desejo enorme que o primogênito do meu pai fosse um menino que todos passaram a me chamar de Nick, exceto minha mãe, que sempre fez questão de me chamar de Nicole, e o velho Zito.

Meu avô e eu éramos muito apegados, ele me levava para a fábrica para brincar de casinha com as madeiras que por lá ficavam. Eu amava o tanto... passar algumas horas por semana no trabalho dele era a minha maior diversão e nem precisei me esforçar para gostar do que ele fazia. Eu adorava ficar na fábrica, ver as pessoas transformando pedaços de madeira em móveis, em algo útil, era como magia para mim. Ficava olhando sem piscar, atenta aos pequenos detalhes e, conforme eu fui crescendo, fui me envolvendo mais e mais com o processo de produção.

E o velho Zito me mimava também, me ajudava a fazer objetos lindos para minhas brincadeiras de bonecas. Ele tinha artrite e com o tempo foi ficando pior, a doença o impedia que esculpisse as peças artesanalmente, como ele tanto gostava de fazer. Em retribuição à sua dedicação, meu avô sempre o manteve na empresa, e ele acabou morando na fábrica.

Aquele lugar era a vida dele.

Quando meu avô me via perguntando demais, me tirava de onde eu estava e me distraia com alguma brincadeira.

Mas o que eu gostava mesmo era quando ele ia na fábrica aos sábados. Eu ainda era uma menininha de seis anos e às sextas dormia na casa dele. Ele me acordava bem cedinho, me colocava sentada em cima da mesa, fazia um ovo quente, cortava a ponta da casca do ovo e, de colherinha, me dava ovo quente na boca enquanto ouvia as notícias no rádio. Este ritual ficou marcado na minha infância, era desta forma que eu via o sol nascer aos sábados.

A certeza que a fábrica de móveis era o meu lugar favorito veio mesmo na noite em que ouvi a conversa do meu pai com seu melhor amigo na sala de casa. Eu tinha uns treze anos, meu pai tomava uísque com o Zé Luiz e, escondida atrás da porta, escutei ele dizendo:

— Meu pai e eu sonhávamos que Nicole, a primogênita, nascesse homem para herdar os negócios da família, mas o dia que vi aquela menina careca e branquinha pensei que eu precisava protegê-la das mazelas do mundo. Esse é meu dever e isto é o que mais me preocupa... Sabe Zé Luiz, a Nick é como um tesouro, a luz de nossas vidas.

Acho que aquela noite foi o pontapé que mudou minha vida. Sabia que teria que encontrar formas de provar que eu poderia me proteger e que, aos poucos, me sentia fortalecida e, dia após dia, aprendia a lidar com as tristezas da vida e com a maldade humana. Mas isto não tirou a alegria do meu coração... Fui tirada desta lembrança por um grande pulo que dei no avião que quase me fez bater a cabeça no teto: estávamos em uma área de turbulência. Depois disto, me forcei a pensar nas coisas boas da vida, nas oportunidades que tive, na força que adquiri, na forma como vejo o mundo e os negócios.

Tenho certeza que todos irão pirar quando eu contar o que vivi e se sentirão animados em começar a implementar tudo que aprendi na nossa empresa. Temos muito trabalho e o primeiro passo será conhecer cada detalhe da empresa. Afinal, nestes últimos anos acompanhei seu desempenho por alguns relatórios e muito pelos olhos do Junior, além dos encontros de família. Mas tenho certeza que, ao viver o dia a dia, irei descobrir muito.

A perspectiva de me preparar para assumir a empresa é o que me leva de volta ao Brasil, isto é realmente muito excitante. Meu grande sonho é assumir o papel de dona e liderar a Haus Becker. Mal consigo escutar a aeromoça informando sobre os procedimentos de descida, só minha palpitação acelerada. Estamos perto. Brasil, aqui estou eu! Haus Becker, aqui estou eu!

CAPÍTULO 1

EXPECTATIVA X REALIDADE

Demorei uma semana para conseguir relaxar depois que voltei. Era muita excitação rever tanta gente, encontrar um lugar para morar e o que mais me deixava ansiosa, a perspectiva do futuro com o trabalho na Haus Becker.

Por hora, vou me concentrar em fechar os detalhes da minha função no trabalho, já que a primeira reunião será em cinco dias. Até lá, começarei a procurar minha nova moradia, mesmo mamãe insistindo para eu ficar mais um tempo com eles. Esta possibilidade eu não consigo considerar. Apesar do contato frequente, seja remotamente ou nos encontrando nas férias, as coisas mudaram e o mundo ganhou outra perspectiva. Eu cresci e não sou mais a menininha do papai e da mamãe. Sou uma mulher adulta, independente, cheia de ideias, que se transformou e descobriu o valor maravilhoso da liberdade. A única dúvida que ainda tenho é se sei exatamente o preço que ela custa. Por outro lado, tenho certeza que irei descobrir. E depois de tantos anos morando sozinha, teria muita dificuldade em voltar para a casa dos meus pais.

Mas de todos, quem me trouxe mais alegria ao ver foi o vovô. Na última viagem de família ele tinha quebrado as duas pernas e viajar teria sido muito incômodo, por isto ele não esteve conosco. Que saudade eu estava dele! Com toda a agitação da volta ao Brasil nem tinha me dado conta que já fazia tanto tempo que não abraçava meu avô amado. Ele proporcionou minhas melhores lembranças da infância. Sempre animado, festivo e adorando rituais. Na Páscoa, por exemplo, sempre comprava um ovo enorme. Meu irmão e eu ficávamos animados em volta dele esperando sua preciosa pergunta:

"Quem adivinha quantos bombons tem dentro deste ovo?" E chacoalhava o embrulho para ouvirmos o som dos bombons se agitando por dentro.

Cada um da família dizia um número e depois meu avô abria o ovo, contávamos juntos e o ganhador podia escolher os melhores bombons.

O velho Manfred sabia envolver as pessoas. Ele conduzia a festa de todas as datas comemorativas em nossa família. Dizem que, mesmo com a morte triste de minha avó no parto do segundo filho, ele nunca perdeu a pose e a alegria que eram dele, quase que incomum para um alemão. Ele é diferente e especial em tudo o que faz e sempre, sempre me tratou de forma única. Nós éramos bons companheiros até eu me mudar para o exterior, quando achei que a minha faculdade estava muito careta e eu não me sentia estimulada com os estudos. Não achava que aquele era meu lugar, sentia-me deslocada, estranha, como se eu nunca tivesse feito parte daquele mundo de patricinhas e mauricinhos, burgueses que em sua maioria eram fúteis. Nada disto me chamava a atrenção. O que mais me interessava eram os negócios da família, tanto que nas minhas férias eu me dedicava a trabalhar na fábrica, lugar que eu adorava ficar e passar o tempo aprendendo e sonhando.

Quando trouxe a ideia de terminar a faculdade nos Estados Unidos, achei que meu avô seria contra e que meus pais fossem dizer que eu era muito menina para isto. E mais uma vez o dr. Manfred foi incrível e ajudou a convencer meus pais, alegando que a experiência fora do país seria muito importante para mim no futuro. Além disto, eles me afastariam da dor vivida do sequestro que tanto mexeu comigo e com toda a família. De alguma forma ele queria me manter segura e protegida, acho que este foi seu maior motivo.

Tomamos a decisão em família sobre minha mudança, discutindo os prós e contras. Foi aí que começou a primeira conversa formal de como esta experiência fora do país seria muito útil para os negócios da família.

Na época fiquei toda animada com esta perspectiva. Claro que seria eu a pessoa a suceder meu pai, é quase que óbvio. Sou a mais velha, adoro a empresa e estudo arquitetura.

Agora estou de volta, formada, com alguns cursos na bagagem, uma vivência incrível em duas empresas, sendo uma delas a consultoria mais reconhecida globalmente em Design Thinking, que significa combinar a empatia diante do contexto de um problema, investigar o ambiente da empresa, utilizar a criatividade na geração de ideias e racionalidade para analisar e adequar as soluções ao contexto. Aplicar toda esta experiência em nossa empresa irá contribuir muito, alavancará o negócio, não deixando que ele estagne, porque uma empresa precisa crescer para não morrer. Mas como toda empresa longeva, é hora de mudar, reinventar e se adaptar ao mundo novo. Segundo o Fórum Econômico Mundial (WEF) estamos vivendo a maior mudança da história da humanidade em função das novas tecnologias.

A primeira reunião

Hoje terei a primeira reunião na empresa, estou muito feliz e animada com todas as possibilidades, louca para me inteirar dos negócios e ver tudo que o Junior (Klaus), meu irmão e meu pai fizeram nestes últimos anos e também o que o Manfred aprontou nestes tempos, mesmo de longe. No fundo, as grandes decisões são sempre compartilhadas com ele e algumas delas são tomadas por ele, mesmo que na prática ele diga o contrário.

Ao chegar na empresa, me assustei, pois parece que nada mudou. Na recepção, os móveis na mesma disposição, exceto por algumas plantas novas. A secretária da presidência é a mesma dona Elga. Tomei um susto, parece que ela dorme no formol! O sorriso gentil se abriu ao me ver, pediu licença para me dar um abraço e disse:

— Bem-vinda senhorita Nicole, como você está bonita! O tempo que passou fora lhe fez muito bem. Vou avisar o senhor Klaus que está aqui.

— Dona Elga, por favor, somente Nick.

— Está bem senhorita.

Ela é super formal, até estranhei o abraço. Acho que os anos a deixaram um pouco mais leve, mesmo com tantos anos de dedicação ao meu avô e depois ao meu pai.

Enquanto eu aguardava ele terminar uma reunião, fiquei observando os detalhes daquela sala. Nem parece que estamos em uma fábrica de móveis, pois tudo naquele espaço era antigo. O estilo clássico e bem trabalhado que começou com meu bisavô entalhando abajur e poltronas na madeira foi ensinado às gerações seguintes e a empresa ganhou mercado nacional e internacional pela qualidade dos móveis.

Hoje me toquei que não vi em lugar algum menção sobre o propósito da empresa, os valores corporativos, o que une as pessoas aqui. Minha sensação é que os anos, por aqui, não passaram. E eu aprendi nos Estados Unidos o quanto esta identidade corporativa é importante para engajar os funcionários. Talvez eu tenha ficado tempo demais longe... preciso recuperar este tempo.

Meu pai apareceu, me recebeu na antessala e me direcionou para a sala de reuniões que ficava ao lado de sua sala.

Eu mal conseguia esconder minha empolgação, tantos anos me preparando e sonhando com esta volta. O que será que poderei fazer aqui? Que função posso ocupar? Quero contribuir, ajudar a empresa a crescer e já me pareceu que ela precisa também ser modernizada. Sentia isto nas conversas de família e nos primeiros contatos que tive aqui.

Logo que meu pai fechou a porta da sala de reunião, comecei a pular de alegria, expressar minha felicidade e jorrar várias ideias que fui alimentando entre o estacionamento até a entrada na sala de reuniões.

— Nick – disse meu pai – vamos com calma. Você ainda nem chegou e já está trazendo ideias novas. Sinta a empresa primeiro, ande por aí, veja o que temos feito, os desafios que temos com nossas equipes, com nossos clientes, com o mercado e, aos poucos, conversaremos sobre suas ideias. Os funcionários estão conosco há muitos anos e novas ideias precisam ser colocadas com calma para que ninguém fique com receio da sua chegada, que você não represente nenhuma ameaça. Já conversamos um pouco sobre isto.

Que corta tesão, que banho de água fria... Mas talvez ele tenha razão. Preciso me ambientar primeiro, ainda não consigo transformar minhas sensações em palavras e meu pai precisa de dados e fatos para qualquer ideia nova. Sensação ou intuição não funcionam com ele.

Então respirei fundo, me controlei e murchei um pouquinho por dentro.

— Ok, vamos com calma. O senhor disse que tinha pensado em algo para mim aqui, estou muito curiosa sobre minha nova função na Haus Becker. Mais que curiosa, estou muito animada para contribuir, aprendi tantos assuntos nestes últimos anos, vi formas novas de fazer que abriram muito a minha mente e quero compartilhar isto aqui, com as pessoas da nossa empresa.

— Também pensei em uma função para mim. Nas últimas semanas antes de voltar ao Brasil, o Junior me enviou o organograma, algumas informações e linha de produtos, pois eu queria chegar aqui um pouco mais inteirada. Também olhei o mercado, o que a concorrência tem feito e as inovações do setor.

— Nick, vamos com calma, lembra? Não temos pressa de nada.

— Eu, na verdade, tenho um pouco de pressa pai. Vivi tantas coisas nos últimos anos que quero compartilhar com vocês e ajudar o negócio a prosperar e se modernizar, aprendi que ficar com a âncora presa no passado é uma sentença de morte nos dias atuais. Além disso, quero ter meu dinheiro, fazer meus planos.

— Modernizar? Calma lá, mocinha. Está dizendo que estou atrasado? E na empresa me chame de Klaus, lembra?! – Papai respirou fundo antes de continuar — Você passou dez anos vivendo em outro país e não sabe nada do nosso negócio. Está tudo indo muito bem por aqui do jeito que somos.

Ai, acho que peguei pesado com esta minha fala. Dizer assim, de uma vez, que a empresa precisa se modernizar foi total ingenuidade minha. Esqueci uma lição importante que aprendi sobre comunicação assertiva que diz o seguinte: ser assertivo é fazer valer o seu direito sem fazer o outro perder o direito dele. Significa que não posso sair por aí falando o que penso sem considerar o outro. Dizer que a empresa precisa se modernizar é o mesmo que chamá-la, nas entrelinhas, de velha ou antiquada, e isto inclui meu pai. Para dizer isto, preciso abordar o Klaus de outra forma para ele entender ou ele mesmo chegar a esta conclusão.

— Pai, ou melhor, Klaus, quando eu te mostrei a carta proposta que recebi de uma oferta de emprego logo que terminei o MBA, o senhor me orientou para eu recusar a proposta de emprego e ficar tranquila que não me arrependeria. Aí me lembrei de quando decidi terminar a faculdade fora e que vocês disseram que todo o conhecimento e experiência que eu adquirisse seria importante para a Haus Becker. Então juntei estas conversas com minha paixão por este negócio e pelo design e acreditei que aqui, nesta empresa, poderia ser o melhor lugar para eu aplicar estes conhecimentos e a experiência que adquiri. Claro que eu não pretendo trabalhar em outro lugar, mas quero ter meu próprio dinheiro, comprar um apartamento, sei lá, construir minha vida. Além disto, o Manfred disse que me daria uma grana de presente de formatura quando eu chegasse, justamente para minha primeira moradia.

— Filha, você não precisa se preocupar com salário, isto é para os funcionários. Eu vou te dar uma mesada para seus gastos do dia a dia e, quando precisar de um valor maior para uma viagem, decoração, troca de um carro ou qualquer outra coisa, me avise e, se for viável, eu lhe dou o dinheiro. Quando chegar a hora de comprar seu apartamento você também pode contar comigo e com sua mãe.

— Como assim mesada? Eu entendi direito? É isto que o senhor disse?

Parece que estou ficando louca, ele não me disse isso! Me deu uma vontade de chorar, me senti desvalorizada. Meu rosto corou, me segurei para não dizer um monte para ele.

— Isso mesmo, mesada. Da mesma forma que foram os anos que você estava estudando fora do Brasil.

— Não posso acreditar que você, de verdade, está considerando me dar mesada e me tratar diferente de um funcionário.

— O que tem de mais nisso? Você é minha filha, vai trabalhar para mim e eu te dou mesada para você ter seu dinheirinho para comprar suas coisas, sair com as amigas, colocar gasolina...

— Pai?! Eu sou formada, tenho MBA, experiência em duas empresas como profissional além do estágio, falo três idiomas e já tenho quase 30 anos. Não foi exatamente isto que imaginei para mim... – Suspirei, tentando pensar no que dizer — Eu quero uma função, um salário como outros que trabalham aqui e conquistar meu espaço pelas contribuições que eu trouxer ao negócio. É assim que as empresas funcionam e os profissionais são remunerados. Me diga de uma vez, o que você pensou para mim que me dá direito a mesada?

— Não seja irônica, Nick, isto não combina com você.

— E o que combina comigo?

Eu realmente estou ficando doida, esperei tanto por este momento e o cara me oferece mesada. Inacreditável! Será que este será o preço, o pedágio que terei que pagar para eles perceberem que eu cresci?

— Que tal você me ajudar, filha?

— Ajudar como?

— Em tudo o que eu precisar. Pode participar de algumas reuniões comigo, passar uma ou duas horas do dia com a dona Elga para conhecer a rotina, algumas horas no RH ou no marketing.

— Ok eu conhecer a empresa no início, mas lembra? Fiz arquitetura e design e MBA em administração. Me preparei para trabalhar aqui, nesta empresa onde cresci, mas não somente para ajudar. Com todo o respeito, quero fazer algo que tenha a ver comigo, com meu talento e quero ter uma carreira. Investi os últimos dez anos em técnicas, conhecimento e prática para realmente ter um ponto forte e dar uma contribuição acima da média.

— Minha Nick, sempre ótima aluna e muito dedicada, me orgulho disso.

— Obrigada pai. Vovô me ensinou a ter dedicação ao que fazemos. Se queremos nos destacar, precisamos nos dedicar mais que todos, sem esforço não chegamos a lugar nenhum. Cresci ouvindo ele falar sobre isto e mais, fazendo isto, foi assim que ele tornou esta empresa grande. Eu topo aprender, claro! Andar por aí como uma fase de ambientação, de climatização, aí faz sentido. Topo até ganhar pouco, como uma ajuda de custo como se eu fosse estagiária, mas mesada é demais para mim.

Meu pai me olhou, pensou, coçou o queixo como ele sempre faz quando está pensado e disse:

— Que tal deixarmos esta conversa para depois? Chegue primeiro, faz somente poucas horas que pisou na empresa. Mais tarde resolvemos esta questão.

— Ok pai. Podemos voltar a conversar em um mês sobre isso?

Ele coçou novamente o queixo, fez uma pausa longa e concordou em voltarmos a conversar mais para frente. Não me pareceu muito animado, me deu mais a entender que estava ganhando tempo. Mas tudo bem, vamos os dois ganhar tempo. Aí, ele abriu os braços e me chamou para perto.

Me deu um abraço de boas-vindas. Me senti bem com seu abraço, afinal é meu pai querido e eu preciso ir com calma. A Nick que eles conheceram amadureceu, cresceu, aprendeu, errou e está cheia de vontade. Continuo gentil com as pessoas, até meiga como dizem, mas aprendi a discutir meus interesses. Meus valores não mudaram, mas eu me desenvolvi.

Então, o senhor Klaus se posicionou como CEO, apertou o botão do telefone e pediu para dona Elga chamar a Marcia, diretora de recursos humanos.

Em poucos minutos entra na sala uma mulher de impacto. Impossível não se impressionar, a começar pelos seus 1,80 m de altura e depois pela sua forma de se expressar. Firme, altiva e muito simpática. Veio em minha direção, me cumprimentou com um beijo e me deu boas-vindas. Disse que no dia seguinte iríamos conversar, ela queria saber meus planos e experiência e me conhecer melhor, além de tudo que já tinha ouvido falar a meu respeito.

Fiquei curiosa. O que será que tinha ouvido ao meu respeito? Será que condizia com a pessoa que ela estava fitando com o olhar meio de lado? Bom, saberei disso amanhã.

Isso me deu uma dose de ânimo. A diretora de recursos humanos deverá ter um bom senso melhor que meu pai sobre cargos e salários. Talvez ela seja a minha salvação.

Preciso me preparar para essa conversa. Ela pode ser decisiva para meu futuro aqui na empresa. Além do mais, preciso evitar envolver o Manfred nas minhas questões aqui da firma. Sei que ele ficaria do meu lado e concordaria comigo, acontece que não quero gerar um atrito familiar logo na minha chegada.

O CEO da E-DT me ensinou muito sobre defender uma ideia, especialmente nas poucas vezes que ele liderava pessoalmente o desenvolvimento de um protótipo para um projeto mega especial. Tive a oportunidade de participar de dois com a liderança dele. Ele oferecia autonomia a todos, isto era incrível! Tanto que muitas vezes esquecíamos que ele era o CEO.

Ao trabalho

Nos separamos depois desta conversa meio indigesta e meu pai me "entregou" para dona Elga. Imaginei um começo bem diferente. Talvez eu tenha chegado com muita sede ao pote mas, independente disto, mesada é demais para mim, na verdade é quase um insulto à minha inteligência e é antiprofissional. A proposta do Klaus mostra bem como o jeito de pensar dele é antigo. Como vou lidar com isto? Por outro lado, aqui é meu lugar, eu cresci nesta empresa, estudei para ela e aqui estou eu.

Enquanto eu esperava a dona Elga atender uma ligação, fiquei no meu exercício de reflexão:

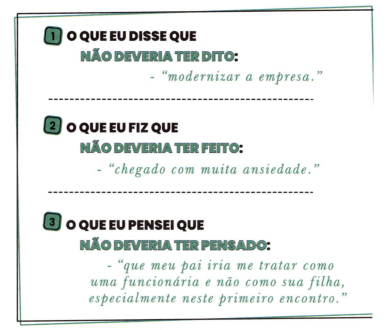

1. O QUE EU DISSE QUE NÃO DEVERIA TER DITO:
- *"modernizar a empresa."*

2. O QUE EU FIZ QUE NÃO DEVERIA TER FEITO:
- *"chegado com muita ansiedade."*

3. O QUE EU PENSEI QUE NÃO DEVERIA TER PENSADO:
- *"que meu pai iria me tratar como uma funcionária e não como sua filha, especialmente neste primeiro encontro."*

Dei um pulo no sofá quando a dona Elga me chamou e me tirou dos meus pensamentos.
— Vamos senhorita Nick?
— Vamos onde?
— Para a área de marketing. A Maria Fernanda é a gerente lá e vai te receber para te contar a respeito da área dela. Esta semana você fica lá com ela, mas antes, passará o dia de amanhã com a Marcia.

Tudo para mim se tornou interessante. Coloquei meus óculos de turista e envolvi meu ser com minha curiosidade, deixando na sala de reuniões a conversa sem sabor que tive com meu pai sobre a ideia absurda dele em me dar mesada.

Chegando no marketing fui muito bem recebida. A Maria Fernanda, ou Mafê como gosta de ser chamada, é jovem, cheia de energia, com um brilho único. Tem tanta energia que ocupa toda a área.

Ela me apresentou sua equipe e todos foram muito simpáticos. Aí vem a pergunta que não quer calar: será que me trataram tão bem assim porque sou nova aqui e isto faz parte da cultura da empresa ou porque sou filha do CEO que, no caso, é o dono da empresa?

De tudo, o que mais me chamou a atenção até agora foi ver a foto do meu avô em algumas paredes com falas dele, com os mandamentos que ele aprendeu com o meu bisavô. Acho que só não tem foto do Bizu (como nos referimos a ele) porque, na sua época, não era tão comum assim tirar fotos e ele não gostava disto. Dizem que ele era muito severo, vivia com a testa franzida e só pensava em trabalhar. Ele mal olhava para os filhos e quando cada um deles chegava na adolescência, ele obrigava que eles fossem trabalhar na Haus Becker. Meu avô, por ser o primogênito, ficou no comando depois que ele faleceu e meus tios-avôs trabalhavam aqui, mas logo que o Bizu faleceu, os outros irmãos do meu avô foram aos poucos tomando rumos diferentes. Exceto o tio Vagner, caçula dos quatro, que de fato não gosta muito de trabalhar e até hoje só quer saber de receber o dinheiro e gastar em farras e viagens. Ele não é má pessoa, mas nunca quis muita coisa com a vida. Acho que de onde o Bizu estiver, ele deve revirar os olhos de desgosto.

Meu Bizu morreu cedo e não teve a oportunidade de ver a empresa crescer. Graças ao Manfred, hoje nossa família tem uma grande empresa.

A Mafê e eu passamos o resto da manhã conversando e emendamos com um almoço. Tivemos uma total identificação, tenho certeza que iremos nos entender muito bem.

De tarde ela me mostrou um pouco mais as ações em andamento. Ela foi aberta e transparente, me contou sobre suas ideias e, em certo momento, perguntei por que eu não tinha visto algumas delas em curso. Acho que ela falou com tanta empolgação que nem se deu conta que soltou um leve suspiro de frustração por não ter conseguido executar algumas de suas ideias, como fazer o trabalho de propósito e essência da marca.

Não quis perguntar detalhes sobre sua frustração, achei que ainda não era o momento. Resolvi ficar com esta informação e colecioná-la, para depois desta fase de integração eu formar meu entendimento sobre como está a empresa hoje e como eu de fato poderei contribuir.

Conversamos tanto que mal me dei conta do horário. Hoje vou jantar com o Junior, meu irmão.

Desde que cheguei, a agitação tem sido tão grande que ainda não tivemos um momento só nosso. Marquei o jantar para hoje, no meu primeiro dia de trabalho, pois achei que faria sentido começar a ouvi-lo fora da empresa, fora da casa dos nossos pais, afinal, ele também trabalha aqui.

Incertezas

Ainda não resolvi onde vou morar, estou em dúvida entre dois apartamentos. Estou ansiosa em arrumar meu canto, mesmo tendo meu quarto quase intacto na casa dos meus pais, como se eu nunca tivesse saído dali, e isto me trazia certo conforto, era familiar, me pertencia desde que nasci. Minha cama com minha colcha branca de piquê que minha avó fez para mim, minhas bonecas de infância na cama, o piso de madeira, as paredes lilás, as cortinas brancas com flores na janela – tudo isto fazia parte da minha infância e adolescência. Foram poucas as mudanças ao longo dos anos, exceto pela escrivaninha que coloquei quando entrei na faculdade e um computador – hoje olhando parece peça de museu.

Uma das piores características da minha mãe é que ela não perde a mania de ficar o tempo todo me rondando, tagarelando, querendo saber de tudo. Ela pergunta e responde logo em seguida e não mudou ao longo dos anos. Continua vaidosa, sempre muito arrumada.

Quando criança, mamãe me dizia que pouquíssimas vezes o papai a tinha visto desarrumada e eu acredito.

Não sei como o Klaus Junior aguenta morar com nossos pais até hoje. Não que a convivência familiar seja tumultuada ou ruim, é até bem normal, mas com muitas regras. Horário para o almoço nos finais de semana, para o café da manhã, momentos de conversa após o jantar com taças de licores, cachorros e empregados.

A mamãe não sabe mais o que fazer para me agradar e meu pai ignora o fato que eu estou levando a sério encontrar um apartamento para me mudar em breve.

O ponto é você crescer e ter sua individualidade e autonomia. Vejo que o Junior não consegue sair porque não se imagina enfrentando qualquer discussão a respeito deste assunto, ele nunca quer decepcionar meus pais, pensa neles em tudo. Ele paga para fugir de uma discussão. Por pouco não o convidei para morar comigo, enfim consegui me conter. Seria algo precipitado da minha parte e seria mais confusão familiar ainda.

Nós somos muito diferentes em tudo. Ele é mais reservado, gosta de arte, de música. Aliás, acho que ele é muito mais um artista que um executivo. Claro que ele pode ser os dois, ele apenas não sabe disto e nem meu pai aceitaria.

De alguma forma, ele está muito amarrado aos nossos pais, ainda não conseguiu se desvencilhar das garras e da pressão dos Becker. Lembra um pouco meu pai, que foi se acostumando com a vida na empresa, aos mandos do meu avô.

Fisicamente o Junior lembra meu pai, é muito parecido com ele, exceto pelas rugas. Ambos são mais sérios, não sisudos, mas sérios como se tivessem uma tristeza escondida que eles carregam e que aprenderam a conviver com ela.

Sinto como se eu fosse uma estranha, a diferente. Mamãe sempre gentil e doce, uma ótima esposa, uma ótima mãe, uma ótima administradora do lar e dos conflitos de nossa família, religiosa e que sempre colocou panos quentes quando algo ameaçava pegar fogo.

Ando completamente ansiosa, quase sem dormir. Estas duas últimas semanas acho que fiquei mais pálida do que costumo ser, minha pele que já era branca agora está quase transparente.

Mamãe vive dizendo que eu tenho a pele branca como a neve, que contrasta com meus cabelos ruivos e meus olhos esverdeados, que sou linda e que ficaria mais linda se tomasse um pouco de sol.

Nunca gostei de tomar sol, enquanto todos se divertiam na piscina ou na nossa casa de praia nos verões, eu preferia ficar lendo ou ouvindo música. Gosto dos dias de sol, gosto da energia que sinto, mas detesto me expor ao sol. Como se eu fosse uma vampira, parece que o sol queima a minha pele.

Hoje acordei chorando, sei lá, alguma coisa ruim me fez perder o sono às 5h30 da manhã. Levantei, me olhei no espelho e tive que concordar com a mamãe, eu estou mesmo abatida.

Na verdade, o que está acabando mesmo comigo é esperar pela conversa que terei amanhã na empresa com meu pai. Não sei qual será o meu futuro, qual será o meu lugar, a minha função ou o espaço que terei. Até onde entendi, o organograma está todo preenchido e também não quero que alguém seja demitido para eu me acomodar na empresa, não seria justo. Por outro lado, se não tiver escolha, acho que é o caminho.

Todas as vezes que tentei conversar com o meu pai não deu muito certo, e tenho tentado não envolver o Manfred nestas questões para não gerar um atrito em família. Tenho certeza que ele sairia em defesa da "netinha" querida, mas não acho justo fazer isso. E além disso, eu cresci e preciso tentar ajudar meu pai a profissionalizar a empresa.

Quando ameaço sugerir algo, ele diz que está tudo bem, que a empresa teve sucesso por duas gerações e está tendo também com ele fazendo as coisas como sempre foram feitas.

Estou indignada com isso, o sucesso do passado não é garantia para o futuro. Já vi muitas oportunidades e, ao vivo, pude confirmar algumas suposições que tive de longe ao ler as informações que o Junior me enviou. Além do mais, a rentabilidade do negócio já não é mais a mesma, especialmente na crise que o setor passa. Adaptar a empresa às mudanças do mundo não é um luxo, mas uma questão de sobrevivência.

Percebi que muitas atividades não têm processo, existe duplicidade de função, os papéis são confusos, os líderes não sabem exatamente onde devem chegar e qual sua autonomia... Nossa, tem muita coisa a ser feita para a Haus Becker ser uma empresa profissionalizada e descentralizada.

Preparação

Voltei para cama, me revirei de um lado para o outro. Queria estar com a cara melhor do que estou, pois vou passar o domingo com meu avô. Vamos jogar um pouco de tênis, ele me desafiou para uma partida e isso vai ser bom, vai me distrair da ansiedade que está impregnada em mim. Eu apostei que ganharia dele.

Depois almoçaremos em algum lugar gostoso, em seguida vamos para casa dele assistir um filme e comer pipoca, da mesma forma que fazíamos quando eu era criança. Me sinto melhor na companhia do Manfred, mais segura, protegida, mais leve e feliz. Só queria estar com a aparência melhorzinha para encontrá-lo, até para evitar responder algumas perguntas. Não queria mentir para ele, mas não quero mesmo envolvê-lo nas minhas questões profissionais e na relação com meu pai que, de certa forma, é meu chefe.

Desisti de tentar dormir. Liguei meu computador e revisei todo o material que montei para falar com o Klaus na segunda, fiz ajustes e treinei meu discurso. Aprendi que toda vez que temos conversas importantes, como a que terei, é necessário preparação. O primeiro passo é fazer um roteiro e, depois, ter uma ordem indicada de como montar uma boa apresentação para vender uma ideia. Eu segui tudo a risca.

Antes de tudo, como marco zero, vem a introdução, que funciona como a vitrine da apresentação. Este momento é crucial, pois a audiência decide se vai ficar ou não com você.

Depois vem o cenário, o contexto que tem o papel de ambientar, situar as pessoas sobre o histórico do que aconteceu ou está acontecendo.

Em terceiro vem o conflito, uma das partes mais importantes do roteiro, pois tira as pessoas da passividade e as motiva a resolver o assunto.

Aí vem o significado e sentido da apresentação e preciso transformá-los em uma frase que será o slogan, a mensagem central da minha apresentação. Um ótimo exemplo disto é o discurso de Steve Jobs quando ele introduz o MacBook Air, assim como explica Carmine Gallo em seu livro *Faça como Steve Jobs*.

O quarto é a argumentação ou o convencimento, que é responsável pela construção do raciocínio e ajuda a audiência a enxergar as razões pelas quais a solução foi tomada.

Em quinto vem a argumentação, o convencimento. Quanto mais rico e forte o argumento é, mais facilmente o público irá se convencer da sua ideia. Aqui, eu usei exemplos, estatísticas, estudos técnicos, ou seja, dados e fatos para convencer a audiência, especialmente conhecendo o jeito racional do Klaus pensar.

Para finalizar vem a conclusão, lembrando a frase popular "A última impressão é a que fica". O objetivo aqui é fazer com que todos saiam da apresentação inspirados a fazer o que eu sugeri. O importante é finalizar com a forma que mais se adequa ao meu objetivo.

(Fonte: Joyce Baena)

Estou fazendo tudo que posso para ser bem-sucedida, mostrar ao Klaus todas as oportunidades que temos e ainda conseguir criar um departamento de design e inovação na empresa. Na minha visão, no mundo de hoje, não só uma fábrica de móveis precisa ter um, como qualquer empresa.

Além do mais, todo líder empresarial precisa nutrir dentro de si coragem, curiosidade e um inconformismo constante com seu negócio atual para ter chance de sobreviver nesta mudança de era que vivemos. Afinal, ninguém mais estará formado, mas sim em processo contínuo de formação.

Estou cheia de ideias, elaborei um plano onde trabalhei muitas horas do dia e da noite para tentar mostrar para o Klaus o que eu vi de oportunidades para a empresa. Eles estão funcionando de uma forma muito antiga, uma parte dos funcionários sentem-se oprimidos, com receio de falar algo que não agrade o "dono" e, com isto, acabaram ficando acomodados e se vitimizando.

Fiquei curiosa com a atmosfera da empresa. No começo, muitas pessoas tentaram me impressionar mas, aos poucos, percebi que a verdade era outra. Não que tenha sido muito fácil, não tinha como aparecer disfarçada, muita gente sabe que sou Nicole Becker e, como em todo lugar, a rádio peão corre sete vezes mais rápido que qualquer veículo de comunicação. É quase assustador como virei assunto e motivo de fofoca. Eu sentia os olhares me medindo e isto me deixava constrangida.

Diferente de meu pai e do Junior, eu andava pela empresa e tentava falar com todos, sorria para as pessoas, do faxineiro ao diretor, sendo simpática e gentil, retribuindo olhares com sorrisos. É assim que sou e não vou mudar porque sou filha do durão do Klaus. Neste ponto, penso muito diferente do meu pai, que ainda age do jeito antigo de gerir pessoas, por comando e controle, por mais que ele não admita isto.

Minha dificuldade de relacionamento com meu pai aumentou nos últimos anos e, com minha mãe, nunca foi dos mais profundos. Ela muitas vezes parece que vive em outro planeta, tem bem cara e jeito de madame. Diferente de mim. Até com o Junior, com quem convivo melhor, de quem era mais próxima, nunca estivemos em sintonia total, na mesma página.

Logo que comecei meu período de integração na Haus Becker, as pessoas eram arredias comigo nas reuniões e conversas informais, eram desconfiadas como era de se esperar. Então procurei aplicar o que Marshall Rosenberg ensina sobre comunicação não violenta, que por trás de todo comportamento existe uma necessidade. A necessidade das pessoas aqui tem relação à autoproteção e preservação do *status quo*, ou seja, da situação atual.

Aos poucos as pessoas percebiam que meu interesse era genuíno e deram sinais que eu poderia me aproximar.

Em breve meu irmão será um dos diretores da empresa, mas tenho a sensação que esta ideia não o deixa muito animado. Nossa diferença de idade é de apenas dois anos, ele nunca quis estudar fora ou passar uma temporada comigo. Hoje temos o mesmo nível de preparação técnica, com a diferença das experiências vividas. Eu vivi outros mundos, outras culturas, outras dúvidas, outros problemas e ele viveu sempre aqui, ao lado do meu pai na empresa e morando com papai e mamãe até hoje. Isto por si só já muda tudo.

É hoje!

Acordei bem cedo e me dei conta das dores no corpo que ganhei com o jogo de tênis ontem. O Manfred está em melhor forma que eu. Ele é danado, muitas vezes parece mais jovem que meu pai. Cheio de energia, saudável, forte, bem-disposto. Nosso dia ontem foi ótimo. Nem parece que há um ano sofreu um AVC. Hoje ele está ótimo, mas este derrame o afastou da empresa por ordens médicas.

Acho que esta é a única condição que o afasta da empresa, porque ele ama trabalhar mais que viver e acaba trabalhando indiretamente através do Klaus.

Ele me conhece e por mais que eu tenha tentado disfarçar meu estado de espírito, percebeu que eu estava incomodada. As únicas palavras proferidas por ele sobre meu estado foram para eu não me preocupar tanto, que a testa franzida não combinava com meu ser leve e feliz. Ele também me achou abatida e pálida, como eu estava realmente. Disse que eu precisava aproveitar mais a vida e que o mundo não iria acabar, que mesmo que a reunião que eu teria com meu pai na segunda-feira não saísse do jeito que eu tivesse planejado, que eu não deveria me preocupar tanto. Que, aos poucos, as coisas iriam se encaixar. Foi só o que ele disse. Não quis levar o assunto adiante. Além de não querer envolvê-lo, estava tentando tirar meu foco da reunião e da minha ansiedade e aproveitar o tempo com meu avô. Foi o que me esforcei para fazer o dia todo.

Hoje saí de casa antes do meu pai, achei melhor evitá-lo antes de nossa reunião para não ceder à tentação de soltar alguma coisa antes da hora. Fiz uma apresentação bem caprichada do ponto de vista estético e de conteúdo, afinal, quero influenciar uma mudança de comportamento e meu material precisa me apoiar para o assunto não se tornar chato e entediante como muitas das apresentações corporativas podem ser, cheia de dados e estruturas caretas. Aprendi que é importante levar a audiência ao clímax, cuidar de cada detalhe da apresentação para gerar uma mudança de comportamento no espectador, e foi o que eu fiz.

Na reunião estará meu pai, o Junior que é do departamento financeiro e responde para meu pai como gerente, a Márcia, diretora de RH, o Renato, diretor de operações, e o Josemar, diretor comercial e de marketing. Será um desafio e tanto. Ao mesmo tempo, achei melhor não fazer somente com meu pai esta apresentação, até porque não é uma conversa de filha e pai, mas uma proposta de negócios. E tê-los por perto pode ser útil para gerar uma discussão mais profissional. Sentirei falta de ter a Mafê aqui, ela poderia ser uma aliada importante, mas está de férias e eu não quis adiar este momento.

A sala de reuniões que iríamos utilizar era a da presidência, grande, imponente e tradicional. Daquelas que até intimidam quem não está acostumado com pé direito alto e uma mesa enorme de madeira em formato meio oval, que foi feita sob medida para esta sala. As cadeiras em volta da mesa eram de couro preto, o ambiente chegava até a ser pesado com seus móveis escuros e o carpete de cor cinza chumbo. Nas paredes, dois quadros, um em cada lateral. Um deles é uma foto aérea da construção da fábrica que já está até meio amarelada, mas o quadro envelhecido é um símbolo do império construído pela minha família, além do quadro com a foto do Bizu e do Manfred.

O que tinha de mais atual na sala eram os equipamentos de tecnologia para áudio e vídeo.

Abri a apresentação e testei as animações e o vídeo que vou passar logo no início para despertar a emoção deles.

Estava muito ansiosa e tinha um nó na minha barriga que não desatava. Nisto chega uma mensagem do Manfred:

"Bom-dia, Nick. Acalme-se, vai dar tudo certo princesa. Amo você, Manfred."

Esta foi a melhor e a pior coisa que aconteceu. A melhor porque é muito bom receber o amor do Manfred, especialmente em momentos tensos, e a pior porque ele me deixou mais nervosa. Não sei ao certo porque, mas nunca quero decepcioná-lo.

Já deu 9h00 e ninguém entrou na sala, nem ao menos o Klaus. Que falta de respeito com o tempo a emoção das pessoas. Como presidente desta empresa, ele deveria ser o primeiro a dar exemplo. De repente, a dona Elga entra na sala e cruza o olhar comigo. Ela avisa que meu pai está em uma ligação e que pede desculpas pelo atraso.

O que de tão urgente pode ser para ele se atrasar? E os demais? Será que todos receberam uma ligação urgente? Que diferença de cultura! Nas empresas que trabalhei nos Estados Unidos o respeito ao horário é parte da cultura e, com isto, eles conseguem ser mais produtivos e eficientes. Por isto que muitas vezes as pessoas trabalham além do que seria razoável ou tem uma carga adicional de trabalho porque, de fato, tudo parece uma zona e eles não percebem isto.

Em outro momento, preciso falar com a Márcia sobre esse assunto.

Hoje quase caí na tentação de prender os cabelos com um coque para passar um ar mais sério do que tenho e ver se começo por aí ganhando respeito e credibilidade de todos. Tive até vontade de ter óculos, para ficar mais séria ainda. Mas depois acabei achando tudo um exagero da minha parte. Fiz apenas uma maquiagem leve para esconder as sardas, porque elas sim, me deixam com cara de mais menina do que que na verdade sou.

A reunião estava pronta para começar às 9h30, com meia hora de atraso. O último a chegar na sala foi meu pai. Antes de começar, respirei fundo e me veio à cabeça uma frase de Charles Chaplin que diz algo do tipo: um segundo é tempo suficiente para mudar tudo.

Enchi minha alma e meu corpo de coragem, afinal enfrentar pela primeira vez parte do comitê executivo da empresa não é das tarefas mais tranquilas que existe, especialmente quando você já sabe de todas as resistências. Para completar o presidente é meu pai e ele é um alemão bem tradicional em vários pontos, menos na disciplina. Se destaca na parte da rigidez e da dureza no trato com as pessoas.

Apresentei meu plano e pelos 30 minutos que falei ninguém fez comentário algum. Apenas expressões faciais e corporais de nítido desconforto, mesmo eu me esforçando para ser muito respeitosa, valorizando o passado da empresa, afinal todos eles estavam ali há muitos anos. É capaz que o Renato por exemplo, tenha mais tempo de empresa do que eu tenho de vida.

Ao longo da minha explanação pude sentir a aura de raiva do Renato. Apesar de sua frieza, ficou evidente o quanto me fuzilava com os olhos. Ele é muito educado, mas tem um histórico de ser duro e fechado, de ter ideias conservadoras assim como meu pai, por isto eles se dão tão bem. Agora a Marcia, eu ainda não saquei muito bem, ela foi educada comigo, parece ter conhecimento sobre o que faz e não tenho nada para falar dela de concreto, mas algo não cola. Ainda não sei explicar, sinto que algo nela não orna. Ela diz e mostra ser uma pessoa e no seu íntimo parece ser outra.

O senhor Klaus por várias vezes coçou o queixo daquele jeito que ele faz quando está pensando e tentando ganhar tempo, e isto não é bom sinal. Esta é de certa forma a vantagem que tenho, pois conheço bem suas reações e já imagino o que vem pela frente.

Acho que até aqui, eu consegui disfarçar bem o vulcão que está em brasa dentro de mim. Apreensiva e nervosa, ao final da apresentação suspirei e abri para perguntas.

Fui bombardeada de forma respeitosa pela Márcia e pelo Renato, o Klaus continuava calado e passando a mão esquerda no queixo. Por incrível que pareça o mais aberto às minhas ideias e que gostou da minha apresentação foi o Josimar. Isto me chamou a atenção, pois em geral a área comercial tem uma resistência própria por ser a área que traz o dinheiro e, por isto, muitas vezes são cheios de arrogância. Meu irmão quase não se pronunciou, como de costume. Disse poucas e importantes palavras de incentivo que me fizeram corar as bochechas, tive certeza disto quando senti meu rosto esquentar.

Respondi a todas as perguntas de forma firme e convicta do que eu estava falando. De repente, o senhor Klaus se levantou e disse:

— Um absurdo tudo que ouvi até agora!

Eu fiquei atônita, não esperava uma reação destas, explosiva e rude. E ele continuou:

— Você passa dez anos fora desta empresa e de nossas vidas, chega e acha que sabe das coisas só porque fez uns cursos e trabalhou em duas empresas de merda e que nada fabricam?

Engoli seco. Era nítida a cara de desconforto de todos na sala. Minha vontade foi de chorar e sair correndo dali, estava morrendo de vergonha. Minha primeira reação foi abaixar a cabeça para disfarçar e logo retomei minha postura. Embora o presidente da empresa tenha agido como meu pai, eu decidi me posicionar de forma muito profissional no ambiente da empresa. Isto me dava uma pressão adicional o tempo todo.

Tentei argumentar, mas ele não me deixava falar e emendou:

— Escuta aqui mocinha, a vida real é bem diferente de brincar de casinha. Você está crescida, mas ainda é uma menina e não sabe das coisas. Estamos muito bem como estamos.

Fiz um sinal com o corpo que iria falar algo e ele me cortou dizendo:

— Eu dedico minha vida a esta empresa e você vem com este papo de mudança? Quem precisa mudar é você. Baixar sua crista e ficar feliz por ter um lugar para trabalhar.

Suas palavras entraram em mim como uma faca afiada. Rasgaram minhas esperanças, meus sonhos e me fizeram sangrar como profissional e até como filha. Ele me humilhou na frente de outras pessoas. Como devo reagir? O que faço? Saio correndo, grito, enfrento, brigo... Ai meu Deus, o que eu vou fazer?

Luto com as lágrimas que estão querendo sair e, humildemente, falo:

— Klaus, entendo que deve ser difícil ouvir tudo o que eu disse, sobre o quanto a empresa que você dedica a vida inteira precisa de mudanças, entendo também como deve ser isto para o Renato que está aqui a mais tempo que minha própria idade. Minha única intenção é ajudar para que a Haus Becker continue prosperando por outras gerações e não desafiar alguém.

De repente ele me surpreendeu pedindo para todos saírem da sala. Ficamos só nós dois. Um silêncio envolveu nossos corpos, um medo me paralisou.

Aí percebi que o presidente da empresa saiu da sala junto com os demais diretores e quem permaneceu foi meu pai. Começamos uma conversa que vai deixar um gosto amargo na boca por muito tempo.

— Nick – disse ele em tom muito severo. – Você ultrapassou todos os limites razoáveis. Você me afrontou na frente de outros diretores. O que está pensando da vida?

Tentei me expressar e não tive chance, ele estava muito furioso comigo. E continuou:

— Você merecia levar umas palmadas, acho que foi isto que lhe faltou quando criança. Que direito você acha que tem de chegar aqui, dizer que precisamos mudar, insinuar que o que estamos fazendo está errado e achar que vai conseguir montar uma área de design e inovação? Isto tudo é para empresas diferentes da nossa, não precisamos de mudança. Precisamos de pessoas que estejam do nosso lado e não contra nós como você parece estar.

— Pai! – Disse em tom firme. – Você entendeu tudo errado. Não quero te enfrentar, quero ajudar.

— Mas não é o que parece. Você precisa entender que este negócio vai bem como está, se quiser ficar, será do meu jeito. Estamos entendidos, mocinha? Você ficará me ajudando, eu te darei uma boa mesada e você não poderá me enfrentar na frente das pessoas. Se eu tivesse ideia que você faria me passar por esta vergonha, não teria concordado com a presença de outros diretores. Teria tratado isto em casa.

Uau, pensei. Este é o senhor Klaus, usando de sua autoridade e me encurralando.

— Não quero brigar, mas também quero ser respeitada profissionalmente. Se é assim que você trata as pessoas que trazem novas ideias imagino que você está bem mal em relação a sua liderança. E é exatamente por isto que as pessoas morrem de medo do senhor.

Putz, não ia entrar nesta rota de coalizão. Agora a coisa foi para o lado pessoal.

— Medo de mim? Quem disse? Do que você está falando? De onde tirou isto?

— Pai, é obvio que seu estilo de gerir esta empresa está ultrapassado e você precisa se reinventar. Você reagiu assim com as ideias que apresentei porque sou sua filha ou você reage sempre assim?

Um silêncio tomou conta do ambiente. Resolvi ir embora, sair da sala para não deixar pior o que já estava muito ruim.

— Klaus, me dê licença. Acho que nenhum de nós dois está em condições de continuar esta conversa.

— Saiba de uma coisa Nick, se quiser trabalhar aqui, será do meu jeito. Saiba disto e não me desafie nunca mais na minha empresa.

Peguei meu notebook e saí em disparada da sala, nem olhei para os lados. A dona Elga tentou falar comigo na saída da sala, mas eu não tinha condições. Lutava com minhas lágrimas e toda a raiva que sentia.

Olhei firme para ela como quem diz "agora não". E fui rapidamente para a pequena sala que eu estava instalada, lutando com as lágrimas que por todo o percurso insistiam em cair.

Chegando, coloquei o notebook em cima da mesa e descarreguei meus cotovelos em cima dela, tentando segurar minha cabeça para não desabar.

Consegui me segurar o dia todo e por ali fiquei. Precisava pensar no que fazer. Se é assim que serão os meus dias, será que vou aguentar?

Por duas vezes peguei no telefone para ligar para o Manfred e acabei desistindo. Preciso agir de forma adulta e profissional e não correr para o colo do meu avô quando a coisa aperta. Esta é justamente uma das sugestões que fiz, profissionalizar a empresa, e na primeira dor de barriga justo eu vou tratar o problema como familiar? Não posso.

Me senti sozinha. Sensação difícil. Mais que um emprego, o que aconteceu hoje tem relação com minha vida, meu futuro e tudo para que me preparei até hoje.

O dia passou sem graça. Sei que a manhã de hoje significou muito. Preciso ficar sozinha para pensar. Será difícil chegar em casa agora e ter que encarar o Klaus como se nada tivesse acontecido.

O jantar foi silencioso, exceto pela minha mãe que tagarelava futilidades sem parar. Até que o Klaus se irritou e pediu para ela parar de falar. Grosso, isto sim que ele foi.

Este é o pai que conheço? O pai que que está em minhas memórias? Será que tem algo a mais que eu não sei?

CAPÍTULO 1 — Expectativas x realidade

1. "ESTAMOS VIVENDO A **MAIOR** MUDANÇA DA HISTÓRIA DA HUMANIDADE EM FUNÇÃO DAS NOVAS tecnologias."
[Fórum Econômico Mundial]

2. "O SUCESSO DO PASSADO NÃO É GARANTIA PARA O FUTURO."

DEDICAÇÃO AO QUE FAZEMOS SE QUEREMOS NOS destacar."

4. NINGUÉM ➕ ESTARÁ FORMADO ... MAS EM PROCESSO «CONTÍNUO» DE FORMAÇÃO.

Material que leve audiência ao clímax para gerar MUDANÇA DE COMPORTAMENTO.

Óculos de turista
Ver a situação como se fosse a primeira vez; como se estivesse "de fora".

Preparação para conversa ou apresentação **IMPORTANTE:**

1. Roteiro.
2. Estética e conteúdo.
3. Ordem para vender ideia.

STORY TELLING

< INTRODUÇÃO ———————————————— CONCLUSÃO >

cenário >> *conflito* >> *mensagem central* >> *argumento* >> *convencimento*

ADAPTAÇÃO = SOBREVIVÊNCIA

3. O líder empresarial precisa *nutrir* dentro de si:

- Coragem;
- Curiosidade;
- Inconformismo « constante. »

DESIGN THINKING

Combinar empatia diante do contexto de um **PROBLEMA**.

Esse ícone indica que tem um exercício correspondente ao número mostrado para ser feito

1 INVESTIGAR AMBIENTE DA EMPRESA.
- Propósito - Valores - Essência -

↳ **Identidade corporativa** para engajar funcionários. ——— **UNIÃO**

2 UTILIZAR A CRIATIVIDADE NA GERAÇÃO DE IDEIAS.

↳ **Comunicação** **ASSERTIVA** e **NÃO VIOLENTA**

" Novas ideias precisam ser colocadas com calma para que ninguém fique com receio."

3 RACIONALIDADE PARA ANALISAR E ADEQUAR AS SOLUÇÕES AO CONTEXTO.

- Discutir prós e contras;
- Entender consequências das decisões.

CAPÍTULO 1 Expectativas x realidade

EXERCÍCIOS

Quando você encontrar o ícone do lápis em um Mapa Mental, significa que existe algum exercício de reflexão que deve ser feito. O número indicado no ícone corresponde ao número do exercício.
Bom proveito!

1 Qual o **PROPÓSITO** da empresa em que você trabalha? Está claro para todos? *Tente explicar com suas palavras...*

2 Identifique 2 momentos em que você se sentiu deslocado ou desvalorizado na empresa em que trabalha. *Consegue perceber a razão desses sentimentos?*

3 Pense na forma de fazer as coisas da empresa em que você trabalha. *Tente lembrar de 3 pontos positivos e 3 negativos.*

4 Pense em 3 situações que você acredita que poderia ter se comunicado melhor.

5 Escolha uma das situações e tente identificar:
O que eu disse que não deveria ter dito,
O que eu fiz que não deveria ter feito,
O que eu pensei que não deveria ter pensado.

6 Escolha uma das situações do exercício 2 e tente abordar uma solução pensando em prós e contras.

"Ser assertivo é fazer valer o seu direito sem fazer o outro perder o direito dele. Significa que não posso sair por aí falando o que penso sem considerar o outro."

CAPÍTULO 2

QUEBRA DE EXPECTATIVA

Fui para meu quarto logo após o jantar. Ainda lutava com minhas lágrimas e, ao entrar, desabei. Precisava urgente deste momento, desta liberdade para chorar. Estou arrasada, me sentindo péssima. Será que vai ser assim minha vida na Haus Becker? O que faço com minhas ideias? Com minha visão de mundo? Sonhei a vida toda em trabalhar lá e agora tudo está sendo desafiado. Parece que o preço que tenho a pagar é muito alto.

A única certeza é que preciso muito ter meu canto, encontrar logo um apartamento para morar.

Sentei no chão do meu quarto, encostei na cama e coloquei uma música para tocar no meu celular. Precisava extravasar. Um dia inteiro sufocando tantos sentimentos... Não só pelo desastre da reunião de hoje, mas por tudo que isto representa em relação aos sonhos que alimentei à vida toda, especialmente nestes últimos anos.

É como se o sonho de uma vida inteira fosse destruído em poucas horas. Como posso ser ajudante? Não por preconceito, ao contrário, mas sim pelo sonho destruído, pela minha preparação. Além disso, ganhar mesada é demais para mim e para qualquer profissional. Não aceito isto de jeito nenhum! Preciso me impor para ter o respeito do Klaus e dos funcionários também.

Por que mesada? O Klaus Junior tem um salário e um cargo na área financeira e deve ser o próximo diretor, até porque quando o diretor anterior saiu meu pai não repôs a vaga. Mas e eu? Por quê? Parece um pesadelo o que vivi no dia de hoje.

A música que estou escutando é *The Logical Song*, do Supertramp. Ouvi muitas vezes seguidas e, quanto mais ouvia e cantava junto, aos poucos a dor que eu estava sentindo ia sendo aliviada. A letra é perfeita para o que estou passando. Diz mais ou menos assim:

> When I was young
> It seemed that life was so wonderful
> A miracle, oh it was beautiful, magical
> And all the birds in the trees
> Well they'd be singing so happily
> Oh joyfully, oh playfully watching me
> But then they sent me away

To teach me how to be sensible
Logical, oh responsible, practical
And they showed me a world
Where I could be so dependable
Oh clinical, oh intellectual, cynical
There are times when all the world's sleep
The questions run too deep
For such a simple man
Won´t you please, please tell me what we´ve learned
I know it sounds absurd
But please tell me who I am
Now watch what you say
Or they'll be calling you a radical
A liberal, oh fanatical, criminal
Oh won't you sign up your name
We'd like to feel you're
Acceptable, respectable, oh presentable, a vegetable
At night when all the world's sleep
The questions run so deep
For such a simple man
Won't you please, please tell me what we've learned
I know it sounds absurd
But please tell me who I am, who I am, who I am, who I am

Quando eu era jovem
Parecia que a vida era tão maravilhosa
Um milagre, oh ela era bonita, mágica
E todos os pássaros nas árvores
Bem, eles cantavam tão alegremente
Oh cheios de alegria, oh brincalhões me observando
Mas então eles me mandaram embora
Para me ensinar como ser sensível
Lógico, oh responsável, prático
E eles me mostraram um mundo
Onde eu podia ser tão confiável
Oh clínico, oh intelectual, cínico
Têm vezes, quando todo o mundo está adormecido
As perguntas vem tão profundamente
Para um homem tão simples

Você não me diria, por favor, por favor, o que nós aprendemos?
Eu sei que parece absurdo
Mas por favor me diga quem sou eu
Agora cuidado com o que diz
Ou eles te chamarão de radical
Um liberal, oh fanático, criminoso oh você não vai assinar o seu nome
Nós gostaríamos de sentir que você é
A noite quando todo o mundo dorme
As perguntas vem tão profundamente Para um homem tão simples
Você não me diria, por favor, por favor, o que nós aprendemos?
Eu sei que parece absurdo
Mas por favor me diga quem sou eu, quem sou eu, quem sou eu, quem sou eu

Meu pai quer me enquadrar em um porta retrato 3x4 e sou muito maior que isto. Muito maior mesmo. Minhas ideias não deveriam ser um problema, mas hoje são. Elas podem ser a solução para alguns obstáculos que a Haus Becker irá enfrentar em breve se não mudar, se atualizar, modernizar a mentalidade e se tornar uma empresa profissionalizada.

Ao contrário do que meu pai pensa, uma empresa profissionalizada não necessariamente precisa ter na gestão apenas profissionais de fora da família. Ela precisa ter processos claros, papeis e responsabilidades definidos, governança, ou seja, o sistema pelo qual as empresas são dirigidas, monitoradas e incentivadas, envolvendo relacionamento entre sócios, conselho de administração, diretoria, órgãos de fiscalização e controle e demais partes interessadas, além de regras estabelecidas para tomadas de decisões. Em uma empresa profissionalizada é inconcebível um membro da família que atua profissionalmente ganhar mesada, isto não existe em lugar algum do mundo.

Todos que trabalham em uma empresa profissionalizada tem funções definidas, metas e responsabilidades claras. Meu pai precisa conhecer este conceito, precisa aceitar que as coisas mudam, antes que a empresa sofra as consequências de um mercado que não perdoa. O mundo e o mercado não estão nem aí com meu pai, por mais cruel que isto possa ser. Várias empresas profissionalizadas deixaram de existir por resistência à mudança, vários profissionais ficaram para trás e, quando abriram os olhos, já era tarde. Empresas grandes muitas vezes não entram em falência porque são compradas por outras, já as pequenas e médias não tem essa sorte. Talvez é isso que ajuda a gerar um escudo invisível nos resistentes.

A Haus Becker é uma empresa de muitos anos e mesmo assim pode abrir concordata, porque não está imune. Aliás , hoje todas as empresas que não se reinventarem correm grande risco. O que geralmente ocasiona isto é ficar obsoleta na gestão, não conseguir inovar e ser comprada por um grande grupo internacional. Isto seria tão duro para a família Becker quanto falir. Imagina, só, com a mentalidade que meu pai tem, um homem que não quer ouvir ideias diferentes, quer dar mesada para sua filha que estudou e se preparou para ser uma executiva, se este mesmo homem iria se curvar para um chefe ou um conselho administrativo de fora da família... Mas ele não entende que, se não mudar a mentalidade e adotar um novo jeito de pensar, terá que se curvar para o mercado.

Nós estamos vivendo uma mudança de era épica e não episódica, na qual todas as empresas precisam se transformar, os donos dos negócios e consequentemente os líderes de se reinventar.

A dor que sinto ainda é maior que esta imensa suíte que tenho na casa dos meus pais, tenho a sensação que este lugar não pertence mais a mim.

Caminho pelo quarto, olho pela janela e por alguns minutos observo a névoa da noite que aos poucos começa a se dissipar na cidade de São Paulo. Não sei se é mais escuro lá fora ou na minha alma neste momento. Me sinto incompetente, desolada, perdida, com uma imensa tristeza. Quem sou eu? Por que me sinto tão perturbada com tudo isso? Por que meu pai não traça um plano para eu me tornar presidente?

Cheguei no Brasil com a melhor das intenções, por que será que não consegui transmitir isto para meu pai? Em que mundo ele vive? Quem sou eu, além de membro da família Becker? O que faço agora com meus sonhos? Cada dia de estudo, cada final de semana procurando aprender um pouco mais ao invés de me divertir, passear, cada uma das férias que me dediquei a um novo conhecimento parece que foram em vão. Me sinto completamente desolada. Sinto vontade de me esconder, ao mesmo tempo de sumir para não sentir esta dor, esta decepção, esta ausência, esta carência, esta falta...

Quando percebo, o dia já está amanhecendo. A noite fria, escura e estrelada vai dando lugar para o sol que se anuncia no horizonte. Apenas agora me dei conta que o tempo passou, que não preguei o olho e pior, continuo completamente perdida.

O dia seguinte

Resolvi tomar café da manhã antes de todos e sair rápido de casa para não ter que cruzar com meu pai ou com qualquer pessoa que pudesse perceber o trapo humano que estou nesta manhã. Ainda não tenho nada de concreto para dizer, não tenho a menor ideia do que fazer da vida, se aceito a mesada para ficar trabalhando na Haus Becker na tentativa de mostrar meu trabalho e, com isto, tentar fazer meu pai mudar de ideia ou se procuro um emprego.

No caso da segunda alternativa, eu terei que me preparar para uma grande confusão na família e eu não quero isso. Passei muito tempo longe de todos, gostaria de ter uma vida em família de forma harmoniosa, feliz, como nos velhos tempos, com alegres almoços de domingo, rodadas de filme e pipoca ou mesmo quando éramos apenas crianças que corríamos pela casa. A diferença é que hoje sou uma mulher e profissional e não mais uma menina e, de alguma forma, terei que encarar isto se quero ser respeitada.

No caminho para fábrica resolvi ligar para o vovô na tentativa de me encontrar com ele no jantar para me aconselhar. Sei que ele terá uma luz para mim. Tenho certeza que não concordará com meu pai. Acho que esta é a hora de pedir ajuda, mesmo ele não gostando mais de interferir no dia a dia dos negócios. Esta é minha melhor alternativa no momento.

— Bom-dia minha neta! — Disse ele logo após o primeiro toque do celular — A que devo a honra de receber uma ilustre ligação logo cedo?
— Oi Manfred. Pode falar?
— Para você eu sempre tenho tempo!
Até me emocionei com suas corriqueiras palavras, acho que estou precisando de um colo... Segurei uma lágrima que quase brotou dos meus olhos.
— Obrigada Manfred. Gostaria de te ver hoje de noite, que tal um jantarzinho? Eu preparo a comida enquanto conversamos.
— Minha querida, hoje eu marquei uma partida de duplas. Mas se for algo urgente eu desmarco.
— É verdade vovô, hoje é dia do seu tênis.
— Alguns hábitos carregamos a vida toda. Disciplina minha filha, disciplina é importante. Todos estes anos, poucas vezes vi meu avô mudar sua rotina e o jogo de tênis é uma delas.
— Não vovô, está tudo bem. — Nesta hora minha voz embargou novamente... Aquela lágrima insistente se multiplicou e meus olhos se encheram, por um instante não desabei.
— Nick? Aconteceu algo?
— Não, não. Estou apenas um pouco resfriada. Jantamos amanhã. Assim também já estarei bem melhor para um bom vinho. Passo no supermercado e compro os ingredientes para eu cozinhar.
— E o que você pretende preparar de gostoso?
— Surpresa! Amanhã te vejo às 19h30.
— Separe um bom vinho tinto para nós.
— Um beijo doce, vovô.
— Beijo, Nick...

Ufa, consegui disfarçar. Desliguei rápido antes que começasse a chorar novamente. Não quero chegar com a maquiagem borrada ou com a cara ainda mais acabada do que ela já está. Basta as olheiras de uma noite mal dormida.

Mas ainda tenho que encarar um dia de trabalho e torcer para não encontrar o Klaus. Não tenho nada ainda para dizer para ele.

Também preciso elaborar o que falar com o Manfred. Não quero parecer uma garota mimada que ao primeiro problema corre para os braços do avô em busca de proteção. Eu estou querendo tanto profissionalizar a empresa e na conveniência não posso ser a que irá usar o benefício de ser a "netinha querida do vovô".

Mais um dia

O dia hoje foi aparentemente comum, exceto pelos meus pensamentos confusos, difusos, distraídos, distantes, tristes e ao mesmo tempo perversos. Estou com raiva. Sinto-me mal por sentir raiva do meu próprio pai, mas sinto muita raiva ao mesmo tempo que estou perdida. Em determinado momento, me peguei pensando como uma vítima da circunstância, queixosa da vida. Acho que ninguém percebeu, mas eu sei que tive meu momento vítima e está difícil sair dele.

Todos os sentimentos são que o mundo está contra mim, estou literalmente arrasada.

Não consegui praticamente comer, passei o dia me escondendo, evitando ao máximo ter que olhar nos olhos de qualquer pessoa. Desgraça de vida! Porra! Será que eu não sou competente o suficiente?

Me vem à mente a minha demissão. Na última empresa que trabalhei, quando começaram uma reestruturação, eu dancei. Fiquei super para baixo e me lembro como me senti. Tanta gente que poderia ter sido demitida, por que eu? Será que nem sou tão competente quanto imagino? Será que sou arrogante e fico pensando que sou boa o suficiente para mudar a história de uma empresa? Para fazer alguma diferença no mundo a minha volta...

Meu celular toca. É minha mãe queixando-se que saí muito cedo de casa para trabalhar e me intimando para o jantar. Essa não... Não posso me sentar à mesa com eles hoje. Inventei que já tinha marcado de jantar com umas amigas, escutei mais um pouco de falação, mas confesso que a voz da minha mãe parecia um eco, distante, eu não estava totalmente presente.

Desabafo

Cheguei sorrateiramente para ninguém me ouvir. Definitivamente hoje passei o dia me escondendo e não quero ser encontrada justamente agora.

Ufa, me livrei de esbarrar com qualquer ser falante e membro da família Becker no meu caminho. Entrei rapidamente no meu quarto, pé por pé, sem fazer um barulho sequer. Tomei uma ducha lenta, quente, pois ainda sinto muito frio em minha alma.

Eis que ao sair do banho, minha mãe está sentada na cadeira da minha escrivaninha me esperando. Começou a querer me dar um sermão, dizendo que eu não tenho sido presente e amável com meu pai. Ela disparou o monstro que eu estava mantendo preso em jaula dentro de mim.

Desabafei parte do sentimento que tinha vontade de dizer a muito tempo. Foi uma discussão dura. Minha mãe me ouviu, disse poucas palavras, mas o suficiente para me humilhar, declarando que eu era uma garota mimada, arrogante, que me achava a dona do mundo e que em momentos assim, tinha vergonha em saber que eu tinha nascido de dentro dela. Sinto-me um lixo, pior do que já me sentia, e imagino que ela não esteja nem aí, pois ela só se importa com seu mundo e que este mundo seja do jeito que ela planejou.

Minha intenção não era magoar minha mãe. Ou era? Precisava falar. Muitas vezes me magoei para poupá-la de ouvir a verdade e acho que errei em me omitir. Não é honesto com o outro omitir pensamentos e sentimentos. A questão é sempre cuidar da forma que falamos e hoje eu destrambelhei e esqueci tudo que já aprendi sobre isto. Vejo que preciso praticar mais e mais.

A alienação da minha mãe em não enxergar as pessoas, em viver em um planeta que ela criou para si para se isolar das dores do mundo não me ajudaram em nada. Também não ajudaram ao meu irmão.

Procurei não ser agressiva mas não fui muito bem sucedida. Este é o problema quando guardamos sentimentos, especialmente quando são de longos anos. Também não fui péssima. Procurei ser respeitosa, apenas não comecei a conversa falando das coisas boas e fui logo cuspindo que estava engasgado.

Toda característica virtuosa que é utilizada em excesso vira um problema. Por isto, é mais fácil identificar o traço do outro que a gente não gosta do que na gente mesmo.

Por exemplo, minha mãe é bondosa, permite que uma pessoa cometa deslizes sem entrar em conflito ou provocar uma briga. No excesso ela se anula e omite sua voz. Da mesma forma que tem a qualidade de ser dedicada à família, e este excesso levou ela para onde? Uma entrega exagerada à família anulando-se em muitas situações, seus sentimentos e vontade própria.

Não quero ficar como ela. Segundo Eric From, o excesso de uma virtude pode se tornar uma fraqueza.

Saber de tudo isto é importante, mais importante ainda é praticar, pois isto me torna uma pessoa assertiva, o que é diferente de arrogante ou grosseira. Minha intenção não era magoá-la. A arte da assertividade é poder ser franco e honesto, dizer tudo que tenho vontade de dizer sem que o outro se sinta desrespeitado.

O excesso de uma força gera fraqueza, saber isto e colocar em prática é importante para ter boas conversas. Quando não conseguimos, é porque tem muita emoção envolvida. Aí o desabafo toma conta de nós e perdemos a conexão com o outro.

Eu deveria ter começado a conversa pelas qualidades da minha mãe e não pela fraqueza dela. Ela deve ter me visto como inconveniente porque eu disse tudo que estava pensando. Mas não fiz o que deveria para ter sucesso na conversa. Palavras não tem mola, infelizmente.

Começar uma conversa pelo defeito do outro é o ingrediente para fracassar.

Oh merda de vida!

Eu não sou má pessoa, sei que não sou. Fiz tudo errado. Me afundo em minhas dores. Fico olhando para o nada, sem vontade de me mexer, sem vontade de comer, sem vontade, simplesmente sem vontade. A única vontade que tenho é de chorar, mas nem isto consigo mais. Meu corpo e minha mente estão exaustos. Queria apenas sumir.

Aproveitei toda a discussão e disse que eu vou procurar um apartamento e me mudar. Que preciso do meu espaço, da minha independência como já estava acostumada nos anos de Estados Unidos. Aí, a coisa esquentou de vez, minha mãe não aceitou muito bem e nossa discussão ficou mais acalorada, mas eu realmente preciso do meu espaço para construir minha vida. Agora, com dinheiro de mesada será difícil a vida, como vou me planejar?

No fim da conversa, ou melhor, da discussão, acabou que tomei minha decisão definitiva de procurar um apartamento, sair da casa dos meus pais o mais rápido possível e ainda procurar um novo emprego, algo que esteja a minha altura.

Minha mãe não se conformou. Foi uma decisão impulsiva. Agora meu desafio é contar para meu pai e para o meu avô com quem irei jantar amanhã. Que loucura, até hoje de manhã eu queria conselhos do Manfred e agora tudo se revirou e vou mesmo comunicar minha decisão, só não sei bem com que cara.

Após o jantar

Não foi fácil comunicar ao meu avô sobre minha decisão de sair da empresa e procurar um emprego. O Manfred relutou muito inicialmente, usou todos os argumentos possíveis e como de costume e por me conhecer, não impôs sua vontade de eu ficar na empresa, mas pediu com seu jeito sedutor de ser, para eu procurar um amigo seu, consultor e coach para conversar com alguém fora do ambiente familiar. Acho que esta foi sua "bala de ouro", imagino o quanto minha notícia o chocou para ele recorrer a ajuda externa.

Enfim, conversei com o tal consultor e nossas energias bateram muito, rolou uma super afinidade logo de cara. Seu nome, Daniel Serra. Um senhor de 63 anos, de fala mansa, barba bem-feita, olhos azuis, vivos e atentos.

Daniel me escutou por uns 45 minutos sem me interromper e eu tagarelei muito, uma vez que estou pura ansiedade em pessoa.

De repente ele me interrompeu e começou a fazer uma série de perguntas.

— O que você acha que poderá obter de mais valioso saindo da empresa Haus Becker?

Eu: — Respeito.

— E por que você se sente desrespeitada?
— Porque meu pai não quer me dar um cargo compatível com a minha experiência.
— E se você obter um cargo como deseja, o que de mais valioso ganharia?
— Seria reconhecida pela minha competência porque estou pronta para isto. Aliás, o que fiz nos últimos 10 anos foi me preparar para isto, ou melhor, eu fiz isto a minha vida inteira.
— E você acredita que aos 29 anos e com aproximadamente 5 anos de experiência profissional está pronta para qual cargo na empresa?
— Diretora de inovação.
— E em quanto tempo você gostaria de se tornar a CEO?
— Em cinco anos, pois meu pai já disse que irá se aposentar da posição de presidente executivo e irá para o conselho. Quem mais poderia assumir este cargo? Meu irmão? Ele nem liga para a empresa, ele só trabalha lá porque meu pai o obrigou a isto e como ele não gosta de arrumar confusão, continuou lá.
— E quando você for reconhecida pela sua competência, o que ganharia de mais valioso?
— Seria verdadeiramente reconhecida por ser eu quem sou, pela pessoa que sou.

Daniel franziu o cenho, segurou o queixo e nitidamente estava pensando sobre minhas respostas. Um silêncio interminável se instalou e eu não parava de me mexer na cadeira de tão ansiosa e inquieta. Em minha mente vinham coisas do tipo: "você falou demais", "não devia se abrir assim logo de cara", " e se o cara contar tudo para o Manfred"? "Caraca Nick, você precisa ser mais reservada e falar menos". Ao mesmo tempo, ele me pareceu tão acolhedor e verdadeiro que senti que podia confiar. Eu estava precisando muito falar com alguém de fora da família Becker e acabei me entregando à nossa conversa.

De repente, Daniel se mexeu na cadeira e disse:
— Você precisa de ajuda, de orientação, de um psicólogo antes de um coach.
— Psicólogo?

Jamais poderia imaginar que ele me sugeriria um psicólogo. Coach até entendo, mas psicólogo é demais...
— Com todo respeito, suas credenciais são realmente ótimas. Agora vamos falar de sua humildade, ansiedade e inteligência emocional que estão em desiquilíbrio?
— Podemos falar outra hora, preciso ir embora.

Sai do escritório do Daniel em disparada. Agradeci a gentileza de ele abrir espaço rapidamente em sua apertada agenda e praticamente fugi dali desnorteada.

No caminho, pensando em nossa conversa, resolvi, por um lampejo, ligar para uma das psicólogas das indicações de Daniel. Acho que acabei fazendo isto mais porque me senti desafiada do que por desejo de fazer terapia a esta altura do campeonato. Preciso de conselhos, de algo rápido e a terapia demora muito. Enfim, irei na primeira consulta na próxima semana.

Enquanto isto vou dedicar meu tempo a procurar meu novo lar e ainda preciso encarar o Klaus e comunicar todas as minhas decisões, se é que minha mãe ainda não falou com ele.

Terapia?

A semana passou rapidamente e finalmente a primeira sessão de terapia rolou. Eu estava muito agitada e a dra. Linda Martins – terapeuta – me deixou calma só de olhar para ela.

Dona de uma serenidade angelical, loira, de fala mansa, movimentos leves e ao mesmo tempo muito assertiva, falando de forma firme e ao mesmo tempo doce. Fiquei impressionada com ela, aliás, fazia tempo que uma mulher não me impressionava tanto. Ela é muito baixinha e ao mesmo tempo uma gigante que você respeita desde a primeira frase.

Cheguei na consulta e contei toda a história novamente, minha chegada ao Brasil, meus cursos nos Estados Unidos, sobre a minha família, minha paixão pela empresa, sobre o Manfred, sobre o consultor Daniel até chegar aqui. Perguntei para ela em quanto tempo resolveríamos minhas questões e ela me olhou bem fundo nos olhos e perguntou se eu toparia dez encontros, sendo um por semana. Até tentei fazer dois por semana para agilizar a coisa toda, mas ela não aceitou. Ela me olhava como se pensasse: "Essa aí vai dar trabalho..."

Fui para casa disposta a falar com meu pai e assim o fiz. O Klaus reagiu muito pior que o Manfred. Falou de forma firme como de costume e frio como gelo, foi duro, disse coisas horríveis como: "nem parece que você é minha filha, tenho vergonha de você, você é uma garota mimada e arrogante, acha que só porque estudou nos Estados Unidos já sabe tudo sobre negócios, você acabou de chegar ao Brasil e já se acha a poderosa? Quem você pensa que é? A Haus Becker foi levantada com o suor de muita gente e uma garotinha como você não irá colocar tudo a perder. Irei trabalhar lá até o último dia e farei do seu irmão meu sucessor oficial".

Eu disse outras poucas e boas, que ele era antiquado, parado no tempo, que com ele como líder a empresa iria ser comprada por outro grupo e que ele iria ser responsável pelo maior desgosto do Manfred. Que a liderança dele precisava ser reinventada para este novo mundo que está emergindo. Que se eu sou arrogante é porque aprendi com ele, que além de tudo é resistente a mudança, desatualizado e lidera pessoas de forma antiga e que não tinha nada de admirável em sua liderança. Que as pessoas riam e falavam mal dele pelos corredores da empresa.

Uau! Que loucura foi ouvir e dizer tudo isto, fiquei mais arrasada que o chão. Nos agredimos com palavras, azedamos de vez o que já não estava bom. Saí do escritório batendo a porta e subi as escadas chorando e aos berros. Minha mãe veio logo atrás de mim e eu a expulsei do meu quarto dizendo que ela era uma marionete na família Becker.

Tive outra noite horrível, daquelas que sentimos vontade de sumir, desaparecer, desintegrar. Nesta noite eu não jantei, não atendi o telefone e não abri a porta do meu quarto. Meu irmão tentou falar comigo sem muita insistência, pois ele é todo polido, gentil e respeitador. Eu duvido que ele irá ser um bom sucessor. Na verdade, duvido que ele se torne um bom presidente, porque se for sucessor do meu pai seguindo seus passos ele será um merda de CEO.

Urgh! Que raiva, que raiva, que raiva. Por que fui voltar? Por que me fizeram acreditar que seria eu a sucessora desta droga de empresa?

Uma semana se passou e eu estava sedenta para a próxima sessão de terapia. Nunca achei que fosse querer tanto conversar com a psicóloga como agora. Acho que tive preconceito com a terapia da mesma forma que meu pai tem. Nesta confusão toda esqueci de agradecer o Daniel, que foi a segunda melhor pessoa destes tempos.

Contei para a dra. Linda sobre o desastre de ser humano que eu sou depois de uns 20 minutos de choro e um desabafo muito raivoso. Então, logo no final da nossa segunda sessão de terapia ela me recomendou que eu me preparasse para ser a executiva que pretendo ser. Me fez perceber que ficar na posição de vítima não vai me ajudar em nada, pois meus cursos são todos técnicos e eu, até então, nunca olhei para mim, tenho baixo autoconhecimento e não sei liderar. Com suas perguntas, percebi que sou realmente fruto da família Becker e que se não me preparar agirei exatamente como o Klaus pai. Faz sentido, pois tudo que vi de encantador nas empresas bem-sucedidas dos Estados Unidos está diretamente ligado a liderança e a cultura organizacional.

As escolas tradicionais, com sua educação formal, não nos estimulam a olhar para dentro de nós. Ao contrário, elas mais parecem com uma prisão que nos ensinam tudo de forma fragmentada, onde as matérias não se conectam entre si, e nos estimulam apenas a nos preparar para o vestibular, como se a vida se encerrasse ali. Elas não nos ensinam a nos conhecer, a saber nossas potências, limitações, talentos e o que nos move. Depois vem a faculdade, que em sua maioria não ensina sobre liderança mas dão ênfase a questões técnicas. E como vi nas empresas que trabalhei nos Estados Unidos, as questões "*softs*", como eles chamam, são as que fazem a diferença, como a criatividade, empatia, relacionamento interpessoal, protagonismo, pensamento sistêmico, conexão e comunicação.

O currículo escolar é chamado de grade, como na prisão, e atrás da grade temos as disciplinas e as provas. Como um condenado, você tem que provar que merece ir a diante e, para isso, esperar a absolvição.

A escola, desta maneira, atende ao desejo de uma época de construir passividade, disciplina, ausência de questionamento e crítica, repetição e a não criação de conteúdo.

Nossas escolas são salas isoladas, corredores e pátios construídos de forma desintegrada. Na maioria das salas de aula, inclusive de MBA, as carteiras são dispostas da mesma maneira do século passado.

Isto tira do indivíduo a noção de conjunto, unidade, participação e de relacionamento.

Esta escola tradicional valoriza ao máximo aprender tarefas que as máquinas vão fazer muito mais rápido que qualquer gênio humano em detrimento da arte ou da reflexão. Não estou dizendo que é necessário eliminar a matemática, por exemplo, longe disto, mas mexer no equilíbrio e no sentido da matemática, de uma forma que ela se relacione com a criatividade ou com o esporte. A escola tem uma hierarquia absurda, provas com uma única resposta certa. Até no MBA de escolas conceituadas no Brasil tem prova. Eu acho um absurdo, pois o aluno "decora para passar na prova" e não se preocupa em desenvolver o saber, o pensamento crítico e a consciência elevada.

E esta é a escola do meu pai e de todos nós. Além disto, o Klaus é absurdamente hierárquico e não fala com as pessoas da produção.

Parece que a dra. Linda é uma terapeuta diferente, do jeito que eu gosto. Me provoca, me tira do conforto e ao mesmo tempo contribui efetivamente comigo. Tudo que preciso neste momento.

Mas antes de qualquer outra coisa, preciso alugar um apartamento, sair de casa e arrumar um emprego.

Meu Deus, nunca pensei que iria procurar emprego. Como pode, eu sou herdeira de uma grande fortuna e tenho que me submeter a entrevistas e a pessoas babacas, provavelmente a chefes menos preparados do que eu. Isto tudo parece um pesadelo.

Enfim, vai lá Nick! Você foi mulher para desafiar a tudo e a todos. Agora precisa aguentar as consequências. Minha grana deve durar uns 10 meses, é o tempo que tenho para começar a trabalhar para não pedir dinheiro para a família Becker. Por outro lado, se eu alugar um apartamento modesto, posso fazer o dinheiro durar mais, mas creio que isto seja exagero da minha parte. Com meu currículo rapidamente irei arrumar um emprego e vou esfregar na cara do Klaus o meu sucesso.

A mudança

Este último mês foi realmente agitado. Estou me sentindo de ressaca de tantas emoções que vivi. Apesar de ter ficado pouco tempo na casa dos meus pais, sair de lá não foi fácil, especialmente pelas circunstâncias. No fundo não queria brigar, queria apenas que meu pai desse meu espaço e me valorizasse e que minha mãe tivesse um pouco mais de voz, de pulso para me defender. Se ela ao menos tivesse se interessado em trabalhar algum dia, poderia ter me ajudado agora. E o Junior foi gentil como sempre, mas é outro sem voz ativa que faz tudo o que o Klaus sugere.

Eu devo ser mesmo a ovelha negra da família. O que sobrou de bom disto tudo foi que o Manfred não se virou contra mim, ufa! Não sei se eu aguentaria o tranco se ele tivesse brigado comigo.

Esteve gentilmente ao meu lado e até quis me dar um apartamento de presente, mas neste momento eu não posso aceitar. Preciso conseguir viver das minhas próprias economias e ter uma vida ajustada ao emprego que irei encontrar em breve.

Meu novo lar é relativamente pequeno comparado à casa dos meus pais. Tem três quartos, sendo que um é bem pequeno e vou transformar em closet, no outro farei meu escritório e vou deixar um sofá cama para uma visita. A sala tem dois ambientes, uma cozinha americana e um forno que eu adorei. Vou poder cozinhar como eu gosto e o primeiro jantar que farei será para o Manfred e meu irmão.

Agora que estou bem instalada, vou me dedicar profundamente a encontrar um emprego. Meu dinheiro não pode acabar antes disto, pois eu não posso em hipótese alguma pedir socorro para qualquer um da minha família. Isto seria o fim da Nick independente. Mas isto não irá acontecer, sei que logo arrumarei o emprego que desejo e com um cargo compatível com minhas credenciais.

Nem tudo são flores

Três meses se passaram e até agora nada. Só fiz uma entrevista com um cara arrogante e que, provavelmente se eu fosse trabalhar com ele, em um mês a gente iria brigar e eu não passaria nem na fase de experiência. O duro é que está uma crise danada no Brasil e eu não tenho muitos amigos aqui. Vejo que foi um erro não ter cultivado as amizades enquanto estava fora do país. Nunca imaginei que passaria por isto... Está muito difícil viver tudo isto. Por outro lado, eu também me modifiquei muito se comparada as minhas amigas da adolescência e infância que são em sua maioria fúteis, só pensam em roupas, joias, almoços e jantares. Nós perdemos a conexão, infelizmente, porque me sinto muito só.

Procurei na internet sobre o curso que a Andrea me recomendou e adorei o programa, a começar pelo nome: **Método do líder estrela** da Carla Weisz Consultoria. Resolvi me inscrever no curso. Serão dois dias e meio de imersão em liderança. O que será que o curso me reserva?

CAPÍTULO 3

UM **NOVO** DIA

Hoje não tive ânimo para sair da cama. Fui me arrastando até o chuveiro.
Fiz um café preto e tomei duas xicaras grandes olhando pela janela a garoa que caía pela cidade. Fiquei prestando atenção nas pessoas correndo para não se molharem, despreparadas para o tempo e pensando por que as pessoas têm tanto medo e por que resistem à mudança?

A vida não anda nada fácil para mim, sinto um vazio enorme no peito e falta de colo. Vejo o Junior toda semana, mas não vi mais meu pai. A minha grana está indo embora e nada de emprego. Até o Manfred eu tenho visto pouco, pois eu não estou bem e por isto tento evitá-lo quando posso. Ele ainda não aceita muito bem minha decisão, por ele eu ficaria na empresa da família, pois aos poucos as coisas iriam se acertar. E toda vez que eu o encontro a fala é a mesma.

Minha mãe me liga duas ou três vezes por semana para saber como eu estou e eu sempre minto pra ela. Me sinto solitária, perdida e insegura, mas dizer que está tudo uma merda se transformará em trunfo para o Klaus. Isso faria com que eu assumisse que eu preciso deles e que fiz uma grande besteira de ter saído de casa tão rápido após minha chegada, ainda mais brigada.

Meu corpo está pesado, não tenho vontade alguma de me mover em direção ao meu quarto para me arrumar, mas é o que preciso fazer agora, então, como se eu fosse uma tartaruga, me rastejo lentamente até o quarto.

"Vamos lá, Nick, você não vai perder o dinheiro do curso, vai?" - Digo para mim mesma.

Meu apartamento ainda está bem vazio, o que facilita meu rastejo. Não encontrei decoração que eu gostasse o suficiente para querer investir meu dinheiro. Só comprei o necessário, geladeira, fogão, mesa e cadeiras, um sofá, televisão, cama e já gastei um bom dinheiro.

Vou até o quarto e coloco um jeans surrado e desbotado, uma camisa branca, um casaco preto e um tênis. Levo um xale comigo para completar o visual e me aquecer mais tarde porque o tempo promete esfriar ainda mais.

Putz, estou em cima da hora. Preciso correr e só vou conseguir me maquiar no carro.

No caminho do curso passei em um drive-thru qualquer, peguei um cheeseburguer e um refrigerante diet. Engoli o sanduiche no carro mesmo sem muita vontade de comer.

Cheguei no evento e estava lotado, coisa que eu nem esperava muito, aliás, estou mesmo sem qualquer expectativa. Cheguei meio desanimada e ainda estou, reflexo de toda esta fase ruim que estou vivendo. Nem sei ao certo o que vim fazer aqui, curso de liderança a esta altura do campeonato? A animação da Andrea foi tão grande em relação à programação e nós tivemos tanta afinidade que ela acabou me convencendo.

Enfim, aqui estou eu, mesmo sem ter equipe, mas como disse o Daniel, eu preciso me preparar para quando a oportunidade aparecer.

O espaço é incrível, já na recepção fui impactada com luzes, mensagens, palhaços fazendo a comunicação e a sinalização do ambiente sem falar uma só palavra, apenas usando o corpo. Incrível, nunca tinha visto isto em um evento. Me lembrei quando eu ainda era uma garota e o Manfred me levava com ele para ver grandes shows circenses e eu ficava absolutamente extasiada. Ele me dizia:

"Nick, o mundo é muito grande, cheio de cores e luzes esperando por você. Você irá encontrar seu palco, minha filha".

Neste momento meus olhos marejaram, todos estes sentimentos somados a esta magia estão mexendo realmente comigo. Eu ando uma chorona incurável e isto está me agoniando. Se eu tinha dúvida do porquê tinha vindo a este evento, acho que elas começaram a se dissipar. Que ambiente incrível, que energia!

Entrei no auditório e me senti mudando de cidade. Acho que tinha lugar para umas 5 mil pessoas, mas não era isto que fazia o lugar especial e sim a música vibrante que me tocou o coração.

Procurei um lugar no meio do auditório. Diferente de outros cursos que fiz, não quero sentar na frente e me expor, participar, falar, interagir, nada. Só quero mesmo ver se aprendo algo para me ajudar a conquistar meus sonhos e ambições de carreira.

O curso começou na hora marcada, pontualmente às 14h30.

A mentora Carla Weisz entrou no palco iluminada, não apenas pelas luzes do palco, mas pelo seu brilho próprio, vestida de branco e usando tênis.

Começou a nos contagiar, provocar a plateia com sua energia e fez uma introdução falando a respeito da importância da reinvenção dos donos de negócios e dos líderes em função da transformação digital que já está entre nós, uma vez que a nova dinâmica mundial de negócio pede líderes mais empáticos, protagonistas, perguntadores e que aprendem o tempo todo. A nova economia pede pessoas que sejam SERES HUMANOS que usem as capacidades humanas.

"Se por um lado se fala tanto em transformação digital em função das novas tecnologias como robótica, inteligência artificial, nanotecnologia, por outro, as condutoras da transformação são as pessoas, especialmente os líderes. Serão eles que irão fazer a transformação nas organizações e não existe transformação tecnológica sem transformação cultural.

"A grande questão para vocês é: como eu, líder, preciso me posicionar neste mundo novo? As máquinas farão todas as atividades repetitivas, elas serão cada vez mais eficientes com alta capacidade de empreender.

"Um dos primeiros a perceber a imensa velocidade no mundo foi Buckminster Fuller. Ele começou a fazer algumas contas desde a era cristã, e descobriu que, a partir do ano 1 demorou

1500 anos para dobrar a informação no mundo. Na segunda vez que dobrou levou mais 250 anos. No início do século passado a informação dobrava a cada 100 anos e na segunda guerra mundial era a cada 25 anos. Depois passou a cada ano e desde 2020 o número de informação no mundo dobra todo dia.

"Neste cenário o que temos? Crescimento exponencial da informação e da tecnologia com uma complexidade gigante, porque o crescimento exponencial da tecnologia também tem impacto no crescimento da sociedade, depois nos negócios e por último na política. E até onde sei, nenhuma escola de negócios está educando as pessoas para os negócios do futuro e para liderar neste ambiente de tanta incerteza.

(fonte*: entrevista de Martha Gabriel para o programa Gestão do Amanhã no Youtube - https://www.youtube.com/watch?v=bETjy3vgHIg&ab_channel=genteeditora)

"Por isto, é fundamental que todos os empresários e líderes se reinventem para liderar neste ambiente de incerteza, mas tudo começa com você e tudo está dentro da sua cabeça. Antes quero te dizer que o método do **líder estrela** está baseado na neurociência que avançou muito nos últimos anos e abriu um vasto caminho para entendermos como funcionamos.

"Para alguns pode até parecer repetição falar na transformação digital e a necessidade dos líderes se reinventarem, mas na prática, poucos estão realmente agindo, especialmente no Brasil. Vocês que estão aqui sentados podem ser considerados uma exceção.

"Mas antes de entrar no método, preciso contar uma coisa. O **método do líder estrela** está fundamentado/alicerçado nos conceitos da neurociência, que nos últimos anos vem abrindo caminhos para entendermos como nosso cérebro funciona. E este funcionamento é universal.

"O cérebro está dividido em três partes, como se fossem três andares. Primeiro veio o cérebro reptiliano que é nosso cérebro mais antigo e primitivo. Ele é responsável pela nossa sobrevivência e nele fica alojado nosso botão de pânico. E ele fica feliz quando se sente seguro. Na época das cavernas, nosso botão de pânico era acionado quando víamos um tigre, aí nossos ancestrais saiam correndo. Este é o nosso cérebro mais egoísta, pois ele só pensa em sobreviver. No mundo do trabalho, se acionado nosso botão de pânico, por exemplo por um feedback maldado, travamos e não assimilamos mais nenhuma informação. Neste caso o cérebro pensa em lutar, congelar ou fugir.

"Depois veio o cérebro límbico, lugar onde ficam nossas lembranças, emoções, sentimentos, relacionamentos e aprendizado. Ele fica feliz quando sente confiança, quando cria laços sociais e quando sente reconhecimento. Acontece que é aqui que moram nossas decisões. Ele veio na evolução da nossa espécie para que a gente vivesse em sociedade

"E é aqui que os hormônios como adrenalina e cortisol, que é o nosso hormônio do stress, são produzidos e que fazem com que nosso corpo reaja dependendo do tipo de sentimento ou emoção que estejamos vivenciando. Ou seja, é aqui que você precisa acessar, motivar ou engajar uma pessoa. A emoção é a chave.

"Por último veio o neocórtex, nosso cérebro racional, que armazena a nossa linguagem, os dados analíticos, vontade consciente e comandos motores. O neocortex precisa de previsibilidade e fica feliz quando aprende e sabe o que vai acontecer. Ele evolui para ajudar a sociedade a prosperar. Aqui fica o moderador do jogo, que dita as regras e avaliza as decisões tomadas pelo cérebro límbico.

"Cerca de quatro anos atrás eu descobri a neurociência e esta descoberta respondeu muitas das perguntas que eu sempre tive sobre o que os grandes líderes produzem e como chegam nos resultados. Tudo está na nossa cabeça e tudo começa com você.

"Não importa se você é um empresário, diretor, gerente ou líder de área. Como líder você só consegue resultados significativos através das pessoas. Ter pessoas comprometidas e engajadas, que realmente vestem a camisa é o maior ativo de uma empresa de sucesso e é aqui que mora o problema.

"Segundo a McKinsey[1], uma consultoria global renomada, a média de motivação do profissional brasileiro é de 45 – numa escala de 0 a 100. Ou seja, mais de 50% dos líderes estão à frente de times desmotivados, que não batem metas e que na prática fazem o mínimo necessário.

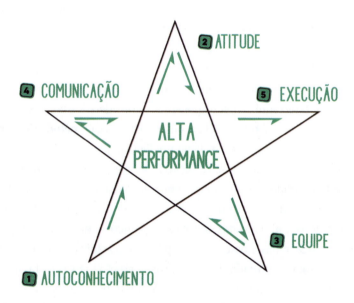

"Com todo este cenário, a primeira ponta da nossa estrela é o autoconhecimento" — e esta palavra aparece grande nos telões chamando minha atenção.

"Esta primeira ponta da estrela é o ponto de partida em nossa jornada para você descobrir seu objetivo, propósito, valores, crenças que te limitam, competências e para desenvolver o modelo mental de crescimento necessário nesta mudança de era épica que vivemos, se manter atualizado e surfar as ondas de oportunidades que a mudança apresenta.

---

1 STARTUP LANÇA NOVO PRODUTO DE PREMIAÇÃO NO MERCADO DE INCENTIVO. *Terra*. 21 dez. 2020. Disponível em: https://www.terra.com.br/noticias/dino/startup-lanca-novo-produto-de-premiacao-no-mercado-de-incentivo,4708ca67b2810ee1a7c484ed4ef47efc036ay75p.html. Acesso em: 15 abr. 2021.

"Nossa metodologia irá fazer você brilhar como líder, pelos resultados que irá entregar. Você se tornará apto a entregar resultados na posição que está e, consequentemente, aumentar sua empregabilidade e ou crescer na carreira.

"Se você quiser brilhar na empresa e ser um líder de resultados acima da média, este método poderoso é o que falta pra você.

"Líderes que marcaram a história deram um passo espetacularmente poderoso ao elevar seus padrões. Entre em ação! A decisão mais importante você tomou de estar aqui aprendendo sobre como ser um líder de resultados extraordinários. É no momento da decisão que seu futuro é moldado.

"A resolução que você tomou hoje e a que decide tomar conscientemente todos os dias moldarão seus resultados e a pessoa que você irá se tornar.

"Se você quer ter sucesso e conquistar seus sonhos deve se perguntar de forma consciente: **"Qual é o meu propósito?"**. Agora pense:

Qual o seu PROPÓSITO?

- O que as pessoas que você lidera *ganham* trabalhando com você?

- Que *valor* você entrega para as pessoas, para a empresa e para o mundo?

- Como a sua liderança contribui para as *metas* e *objetivos* da empresa e para o mundo?

- Se você não estivesse aqui, faria *alguma falta*?

- *Onde* você quer chegar?

"O importante do autoconhecimento é não deixar o seu ego tomar conta do processo. O ego pergunta coisas como: Sou o melhor? O mais admirado? O mais valorizado? Enquanto a consciência pergunta: estou contribuindo com os outros? Estou ajudando minha equipe a crescer e se desenvolver?

EGO VS. CONSCIÊNCIA

- Sou o melhor?
- O mais admirado?
- O mais valorizado?

- Estou contribuindo com os outros?
- Estou ajudando minha equipe a crescer e se desenvolver?

"Quando o líder está consciente de si mesmo e de seu papel, ele experimenta muito mais poder, pois está ciente de quem é, de seus valores, suas potências, fraquezas e onde deseja chegar aumentando sua chance de ganhar o jogo com distinção moral. Líderes que querem motivar e engajar suas equipes precisam refletir sobre como estão fazendo uma diferença positiva no mundo. Para te ajudar a descobrir isto, aqui vão algumas perguntas para você refletir":

POR QUE VOCÊ EXISTE COMO LÍDER?

→ Qual sua *contribuição única* para os clientes e o mundo à sua volta?

→ Por que *seu sucesso* é importante para as outras pessoas?

→ Por que você *merece o esforço* de sua equipe?

→ Cada integrante da sua equipe compreende *como o seu esforço contribui* para o seu propósito?

E ela acrescentou:

"Você precisa determinar onde quer chegar, controlar suas emoções e ser dono da sua própria história, gerenciar seus pensamentos, ansiedade e não ser vítima do passado nem das circunstâncias do presente. Mas vamos falar sobre vitimização e como assumir a responsabilidade mais adiante. Este assunto é tão importante que a ponta dois da metodologia do líder estrela é dedicada a atitude".

Estas perguntas me pegaram, não tenho ideia do porquê existo como líder. Até então a única coisa que queria era um cargo de diretora e depois me tornar a CEO.

E ela continuou:

"O autoconhecimento é sua medida de dentro para fora e não de fora pra dentro. Depois vem as outras pontas da estrela que também são importantes, mas não mais importante que você se conhecer.

"A escola não nos ensina a olhar para dentro de nós. Temos uma educação cartesiana no mundo todo. Todas as melhores universidades do mundo não ensinam a olharmos para o nosso mundo interior, somente para o mundo exterior. Elas não nos ensinam a confrontar e nos opor a tudo que nos mantém aprisionados.

"O objetivo da maioria das pessoas é simplesmente pagar as contas, sobreviver, chegar ao final do dia ou até o final de semana. Elas estão presas no fato de simplesmente viver em vez de projetar uma vida extraordinária, dos seus sonhos. Muitas vezes a pessoa até evita sonhar porque seu grande medo é de não conseguir".

Aqui ela fez uma pausa. Começou a falar da importância do estado de presença para qualidade do aprendizado e da produtividade. Nos contou sobre um estudo[2] de produtividade de Harvard, uma das maiores universidades do mundo com 15 mil pessoas. Eles descobriram que em 47% do tempo as pessoas não estão presentes e sim divagando no ambiente de trabalho.

Por isto, a prática do mindfulness é tão importante, pois ela nos ajuda a criar foco e colocar nossa atenção no momento presente.

Neste momento, entrou uma mulher que começou a explicar sobre esta prática de meditação que é o mindfulness e nos convidou a exercitá-la por alguns minutos.

Caraca, meditar num curso de liderança? Como podemos? Vamos lá, né? Já que estou aqui vou tentar o exercício. Sem músicas, sem qualquer aparato, somente a condução da instrutora de mindfulness.

Durante a prática uma ou outra vez abri um dos olhos para espiar a plateia e percebia que uns estavam meditando e outros não conseguiram seguir a prática assim como eu.

Quando terminou, a instrutora nos perguntou quanto tempo nós achávamos que ficamos meditando. Uns falaram 10 minutos, outros 7 e tiveram vários outros chutes, a maioria errado. Para mim pareceu mesmo que foi uma eternidade. A instrutora disse que foram apenas 5 minutos. Uau, de fato, apesar de ser difícil ficar parada respirando por 5 minutos, confesso que me fez sentir melhor.

Valeu a experiência.

Carla, que tinha ficado quietinha no canto sentada em uma cadeira, pegou o microfone e disse:

"Pessoas queridas, em vários momentos deste treinamento teremos a presença da maravilhosa Corine Jones para nos guiar nesta prática tão importante que é o mindfulness, com o

---

2 KILLINGSWORTH, Matthew A.; GILBERT, Daniel T. "A Wandering Mind Is an Unhappy Mind". *AAAS. Harvard UNIVERSITY*, 2010. Disponível em: < http://www.uvm.edu/pdodds/files/papers/others/2010/killingsworth2010a.pdf>. Acesso em: 15 abr. 2021.

objetivo de que cada participante absorva ao máximo este evento e evite que nossa mente de macaco leve vocês para outros lugares fora do treinamento, exceto quando for solicitado".

E ela continuou:

"Sabem, uma das coisas que fez a diferença em minha vida foi exigir de mim sempre me colocar objetivos ousados".

Ah, isto se parece comigo. Nunca gostei do morno ou do mais ou menos. Ter nascido na família Becker e ter um avô como o Manfred me ensinou a ser exigente e a ter objetivos ousados.

Neste momento ela nos contou uma história verdadeira que foi extraída do livro *Desperte seu gigante interior* de Tony Robbins que dizia mais ou menos assim:

Existia um menino que tinha nascido na pobreza, num bairro miserável de São Francisco, nos Estados Unidos. Ele tinha objetivos que pareciam impossíveis para todos, menos para ele.

Este menino era fã de Jim Brown, um lendário astro do futebol americano. Suas condições não faziam ninguém acreditar nele. Era raquítico por causa da desnutrição e, aos 6 anos, ficou com as pernas tortas e as panturrilhas atrofiadas e acabou ganhando o apelido de "perna de lápis". Acontece que este menino fixou um objetivo de se tornar um astro do futebol americano.

Como ele não tinha dinheiro para assistir aos jogos, sempre que Jim Brown jogava, ele esperava do lado de fora do estádio, pois depois do jogo ter começado o pessoal da manutenção abria os portões e ele podia entrar.

Aos 13 anos, o menino se deparou com seu ídolo em uma sorveteria depois de uma partida de futebol americano. Ele se aproximou do seu astro e disse:

— Senhor Brown, sou seu maior fã. Conheço todos os recordes que já bateu e cada touchdown que já marcou.

Jim Brown gostou muito de ouvir aquilo, se virou e voltou a se concentrar em sua conversa. O menino o interrompeu novamente:

— Senhor Brown, um dia ainda vou bater todos os seus recordes!

O astro do futebol sorriu, disse que isto era maravilhoso e perguntou o nome do menino.

— Orenthal, senhor. Orenthal James Simpson, mas meus amigos me chamam de O. J.

E O. J. Simpson acabou quebrando todos os recordes de Jim Brown e marcou novos recordes.

"Fixar objetivos é o primeiro passo para transformar o que parece impossível em possível.

"Então, onde vocês querem chegar? O que desejam conquistar? Quanto dinheiro desejam ter? Seja o mais específico possível nesta definição".

Ah, esta parte está mais fácil, só não tinha pensado no lado financeiro. Vou elaborá-lo, mas não agora. Não estou com o menor saco de fazer os exercícios propostos. Estar aqui já é um grande desafio para mim.

Ela prosseguiu:

"Uma coisa importante: tudo que fazemos, seja aqui ou na Austrália, nosso cérebro trabalha para evitar dor ou para encontrar o prazer.

"Você precisará suportar a dor do curto prazo, para ter prazer no longo prazo. A dor aqui pode ser qualquer coisa, até mesmo o fato de participar deste treinamento enquanto você poderia estar assistindo um filme e relaxando na frente da TV.

"Tenha certeza de uma coisa, suas condições atuais, seu salário e sua posição na empresa não refletem seu potencial, apenas dizem que você precisa de um objetivo maior e um método que te ajude a chegar lá.

"Quando eu detalhar toda a metodologia do líder estrela, ficará claro que objetivo, propósito e metas têm significados diferentes e exercem funções distintas no alcance dos resultados que você almeja e o que conquista.

"O objetivo trabalha junto, colado com a meta. A meta é o degrau que você precisa atingir para chegar ao objetivo maior. Vamos conhecê-la melhor na última ponta da nossa metodologia, pois ela é pura execução. Agora vamos falar de valores?

"Sempre que você tiver dificuldade para tomar uma decisão importante pode ter certeza que é porque você não sabe seus valores e sua ordem de importância. Mudar de cidade por causa de um novo emprego pode ser uma decisão difícil se você não tiver clareza dos seus valores. A resposta será fácil se souber o que é mais importante para você, se é ficar perto da família ou desenvolver sua carreira.

"O líder precisa ter claro seus valores e sua hierarquia, ou seja, qual está em primeiro, segundo, terceiro lugar e assim por diante. O seu conjunto de valores precisa ser convergente em relação aos seus objetivos para evitar o processo de autossabotagem que está ligado ao conflito de valores.

"Quando você tiver dificuldade para tomar uma decisão importante, pode ter certeza, a razão disto é você não conhecer bem quais são os seus valores. Por exemplo, digamos que o valor mais alto de uma pessoa seja ensinar algo. Aí esta pessoa decide tornar-se um educador. O tempo passa e ela abre uma escola. Enquanto se empenha para conquistar mercado e decolar seu negócio, o trabalho assume um foco muito diferente. Ela passa a dirigir a escola e se envolve em questões burocráticas, torna-se uma das pessoas mais bem-sucedidas, mas sente-se infeliz, porque não tem mais contato com os alunos. Ela alcançou seu objetivo, mas não realizou o desejo de sua vida, passa a maior parte do tempo em reuniões. Nesse momento é hora de voltar para a prancheta, reorganizar a hierarquia de valores, redefinir objetivos e, se necessário, mudar tudo.

"A partir do momento que você tem clareza dos seus valores, é necessário praticá-los. Para um profissional ter sucesso, é fundamental desenvolver o que a doutora Carol Dweck chamou de mindset (mentalidade) de crescimento no seu livro *Mindset: a nova psicologia do sucesso*. Significa que, independentemente do tipo de pessoa que você seja, sempre é possível modificar seu mindset substancialmente. Ele é baseado no que cada pessoa acredita ser a origem de suas habilidades: se tem a crença que estas são inatas, seu mindset é fixo. Se as vê como fruto de esforço, aprendizado e adaptação, seu mindset é de crescimento.

"O mindset de crescimento permite efetivamente que as pessoas gostem do que fazem, e continuem a gostar mesmo diante das dificuldades, que deem valor ao que fazem independentemente do resultado. Já o mindset fixo limita as realizações. Enche a mente das pessoas com pensamentos perturbadores, torna desagradável o esforço e leva à estratégias de aprendizado inferiores. Todo mundo tem os dois mindset, porém um prevalece.

"Como a autora mesmo questiona em seu livro, se as empresas não desempenharem um papel no desenvolvimento de uma força de trabalho mais madura e com mentalidade de crescimento, de onde virão os líderes do futuro?"

E logo depois dos exercícios desta parte do líder estrela a tarde virou noite e se encerrou em um clima muito reflexivo e ao mesmo tempo animado. Percebi que todos os participantes estavam com interrogações em suas faces. Umas mais animadas que outras mas, em geral, todos com um ar otimista.

Penso que a reflexão é fundamental para evoluirmos. Se não pensarmos sobre nós quem irá fazer isto?

Saí desta tarde muito mexida com tudo. Comecei a perceber que meu objetivo é realista, preciso mesmo de um emprego, mas não posso me limitar a isso e pensar apenas em crescer na carreira sem ter um propósito. Percebi também que me conheço pouco, exceto pelo fato de desejar ser uma executiva importante. Confesso que estou dividida ainda entre fazer tudo que me foi proposto hoje e esquecer a confusão que me meti, a dor que estou sentindo em minha alma do rompimento com minha família, não ter um emprego de diretora na Haus Becker e por não ter, de fato, emprego algum.

Um dos pontos que ficaram marcados para mim sobre mindset é que, quando Warren Bennis entrevistou grandes líderes, todos eles concordaram que os líderes se fazem líderes e não nascem feitos, e são feitos mais por si próprios do que por meios externos. Todos são capazes de se transformar e, como a Carla enfatizou hoje, é necessário se reinventar, pois a liderança precisa olhar para o mundo e as pessoas de um jeito novo. Segundo ela, não significa que todos serão líderes, liderança é uma escolha. Para a dra. Carol Dweck, infelizmente gerentes e até mesmo diretores e CEOs, em sua maioria, tornam-se chefes, e não líderes.

Exercem o poder ao invés de transformarem-se e consequentemente transformar seus funcionários e suas organizações.

E segundo John Zenger e Joseph Folkman isto acontece porque depois que as pessoas recebem os treinamentos e noções básicas de liderança, param de tentar melhorar. E a Carla foi muito enfática no início do treinamento que estamos vivendo um mundo novo e o século 21 exige que todas as pessoas, especialmente os líderes, não parem de se reinventar e aprender.

Mais animada

Cheguei em casa mais animada do que saí. Este início de treinamento me fez entrar em contato comigo mesma, a refletir sobre minhas reais necessidades e porque quero tanto ser uma executiva de sucesso. Uma descoberta que levará algum tempo, tenho certeza, pois mexe com as profundezas da minha alma e tudo que venho me dedicando a vida toda, como o sonho que venho nutrindo. Mas hoje, a reflexão que ficou é sobre a razão por trás deste sonho que precisa ficar mais clara para mim.

Resolvo abrir um vinho e pedir uma pizza de queijo. Apesar do treinamento ter sido de meio período estou exausta. Emoções afloradas também nos cansam. Se estou assim hoje, imagine como será o sábado e o domingo? Será que serão tão intensos como hoje? Tenho a sensação que o período matutino de amanhã será tão intenso quanto hoje, a próxima ponta da estrela me sugere isto. Enfim, só posso aguardar.

Como dois pedaços de pizza, tomo meia garrafa de vinho tinto seco, uma ducha e cama. Amanhã será um longo dia.

Ao deitar lembro de minha infância brincando na Haus Becker enquanto o Manfred trabalhava. A vida era tão maravilhosa, mágica, incrível e perfeita. Senti saudades dos móveis de brinquedo que fazia com restos de ripa que eu pegava pela fábrica com a ajuda do velho Zito.

O que será que aconteceu para meus sonhos não darem certo? Onde foi que me perdi? Onde errei? Por que a reunião com meu pai não deu certo? Por quê? Por quê?

Uma certa raiva virou meu estômago e me gerou muita ansiedade. Meus olhos se abrem e fico totalmente acordada. Putz, e agora? Perdi completamente o sono e amanhã preciso levantar muito cedo. Viro de um lado para o outro na cama e nada.

Urgh!

A dra. Linda precisa me ajudar a resolver logo estas questões antes que eu acabe pirando...

Resolvi procurar na internet uma meditação conforme aprendi hoje no curso e ver se consigo acalmar minha mente de macaco que vai da frustação à raiva, do medo à insegurança. Estou com medo de não arrumar um emprego logo, torrar minha grana e ter que pedir ajuda da família. Como sinto ciúme do Junior por ele trabalhar na empresa da família, ser respeitado e ganhar um salário como qualquer outro funcionário. Por que comigo isto não pode acontecer? Por que o Klaus fez isto comigo? Por quê?

Achei uma meditação que parece que irá me ajudar.

Deito na cama, coloco meus fones de ouvido e me concentro. Rapidamente um pensamento invade a minha mente, e outro, e outro e outro... Aff, que merda! Parece tão fácil meditar, mas não é. Procuro novamente na internet e encontro um áudio de uma mensagem havaiana. Começo a ouvir deitada e de olhos fechados.

Aos poucos consigo me acalmar e enfim pego no sono.

Acabei chegando no treinamento de manhã já em cima da hora. Fui encaminhada ao salão por um palhaço muito engraçado. Que incrível, sem dizer uma só palavra ele conseguiu se comunicar comigo e fazer eu relaxar um pouco. Hoje sentei em uma fileira mais para frente que ontem. Sinto-me um pouco mais aberta.

Antes de começar, fiquei folheando o lindo material da apostila, pensando na questão da reinvenção da liderança e onde eu me encaixo nisto. Sou uma pessoa da nova geração, afinal, tenho somente 29 anos e minhas crenças de liderança não são calcadas no século passado. Onde será que esta conversa toda se encaixa na minha história?

Como ontem, o treinamento começou pontualmente.

Carla repassou a agenda, meio período seria dedicado a cada ponta da estrela, com conceitos, histórias, exercícios e troca de experiências entre os participantes. Ela reforçou que um treinamento como este é um ótimo lugar para relacionamentos, para conhecer novas pessoas e aumentar a nossa rede de relações profissionais e até pessoais. Que teriam momentos específicos para isto, mas que cada um podia e deveria se relacionar a todo momento.

Bem que estou precisando conhecer pessoas, mas apesar de adorar gente, estou meio sem vontade de falar, prefiro ficar quieta na minha.

ATITUDE. Esta palavra aparece bem grande nos telões e como subtítulo os detalhamentos desta ponta da estrela: Senso de dono (Protagonismo, Accountability), Integridade, Humildade, Confiança, Resiliência, Garra (prática disciplinada).

Segundo o dicionário[3], atitude significa comportamento ditado por disposição interior; maneira, conduta. É a concretização de uma intenção ou propósito.

Em seguida ela começou a falar do senso de dono, que significa assumir 100% da responsabilidade por tudo que acontece com uma pessoa.

"Ter funcionários com senso de dono é essencial em uma empresa bem sucedida, porque, afinal, tudo que acontece ou não em uma empresa é realizado por pessoas. O senso de dono é como as pessoas agem, ou não, em determinadas situações".

Um líder só conseguirá ter uma equipe com senso de dono (protagonista) se ele mesmo assumir sua responsabilidade ao invés de reclamar, culpar ou justificar seus insucessos.

A consultora define responsabilidade no mundo dos negócios, como a habilidade de dar uma resposta diferente e com resultado aos desafios que o dia a dia apresenta para cada um de nós.

"Realmente é tentador se colocar na posição de vítima para fugir da responsabilidade e evitar constrangimentos, mas o preço de uma desculpa é caro. Se você quer ser um líder de alta performance e brilhar na carreira, você precisa assumir a responsabilidade integral por suas ações em qualquer circunstância, mesmo naquela que não tem culpa. Isto significa que você precisa assumir conscientemente suas ações em qualquer evento, ao invés de dar uma desculpa".

"Quando você tiver uma boa desculpa, não a use; pois a pior desculpa do mundo é a desculpa verdadeira" (Paulo Gaudêncio).

---

3 MICHAELIS. *Moderno dicionário da língua portuguesa.* São Paulo: Melhoramentos, 2002, p. 252.

"Às vezes é muito difícil assumir a responsabilidade de forma íntegra e honrar nossos compromissos, mas líderes estrelas o fazem mesmo que tenha um preço a pagar".

Nesse ponto Carla passou a falar de integridade e nos contou a historinha de cinco sapos que estão em um tronco. Quatro decidem pular. Quantos sapos sobram no tronco? A resposta é cinco. Por quê? Porque há uma diferença enorme entre decidir e fazer.

"As decisões não servem de nada se não vierem acompanhadas de atitudes e não virarem compromissos. Mas compromissos são inúteis se não forem honrados com integridade.

"Diferença entre *decidir* e *fazer*."

"Integridade da liderança tem relação com ética, honestidade e integrar a todos em suas decisões. Ou seja, pensar no impacto de suas decisões para o maior número de pessoas possíveis. Tem relação também com honrar a própria palavra. É importante entender que, qualquer benefício que você possa ganhar com a falta de integridade no curto prazo, não será ampliado pelo enorme benefício e ganho do longo prazo.

"Manter sua palavra como líder é extraordinário, isto garantirá que você seja digno de confiança do outro. Uma equipe não precisa necessariamente gostar do seu líder, mas precisa confiar nele. Sem confiança não existe relação de sucesso e nem times de alta performance.

"Cedo ou tarde circunstâncias fora do seu controle impedirão o cumprimento de uma promessa. Neste caso siga os seguintes passos para as pessoas manterem a confiança em você:

1. Informar: assim que perceber que o risco é real, informe seu credor que corre o risco de você não cumprir a promessa, mas faça isto antes do prazo acordado;
2. Peça desculpas: fale que reconhece seu compromisso e que gostaria de renegociá-lo de forma que as consequências negativas sejam minimizadas para não abalar a confiança entre vocês;
3. Esclareça: informe que situações fora do seu controle atrapalharam você de cumprir sua promessa;
4. Questione: entenda quais as prováveis consequências decorrentes de você não cumprir a sua promessa;
5. Ofereça ajuda: veja se tem algo melhor que você pode oferecer levando em consideração seus próprios recursos;

6. Novo compromisso: estabeleça um novo compromisso que você tem condições de cumprir;
7. Aprenda: pergunte ao outro – seu credor – se existe algo que precisa ser esclarecido ou se você pode fazer algo a mais. Tenha certeza que a confiança entre vocês está estabelecida. Aprenda com a situação.

Passos para restabelecer a confiança:

1. INFORME:
↪ *antes do prazo, que existe o risco de você não cumprir a promessa.*

2. PEÇA DESCULPAS:
↪ *renegocie seu compromisso minimizando consequências negativas.*

3. ESCLAREÇA:
↪ *situações fora do seu controle que atrapalharam você.*

4. QUESTIONE:
↪ *entenda quais são as consequências de não cumprir a promessa.*

5. OFEREÇA AJUDA:
↪ *veja se tem algo melhor que você pode oferecer.*

6. NOVO COMPROMISSO:
↪ *que você consiga cumprir.*

7. APRENDA:
↪ *verifique se algo precisa ser esclarecido.*

"É incrível que mesmo nesta situação, se você seguir os passos acima você pode aumentar a confiança, desde que consiga honrar sua palavra sempre e, se errar ou precisar mudar o compromisso, que você avise a equipe antes de ficar devedor.

"Outra característica de líderes íntegros é que eles evitam ao máximo dar uma ordem, costumam fazer pedidos para suscitar o comprometimento. E neste caso o líder consegue engajamento, que as pessoas façam o que pediu porque sentem vontade de fazer, diferente de fazer porque receberam uma ordem. Se você quer ser um líder de verdade, sua autoridade deve ser moral e não apenas formal".

A segunda parte da manhã foi dedicada a falar de humildade, confiança, resiliência e gana, como outras atitudes importantes para quem deseja se tornar um líder estrela.

Em seguida, fomos convidados a nos espalharmos em salas e escolher os temas de nosso interesse, claro que todos ligados à liderança e ao método estrela.

Escolhi o tema humildade e me sentei já meio atrasada na mesa onde avistei o primeiro lugar vazio. Não sei bem porque escolhi este tema, mas tudo bem. Vamos ver o que ele me diz e qual será a dinâmica.

Um palestrante falou por 20 minutos sobre humildade e sua importância para a liderança e o quanto se deve combater o ego que deseja reconhecimento, distinção e sucesso sem fim. Sob seu feitiço as pessoas querem ser o melhor, o mais inteligente e por aí a fora. E fica claro que é impossível um líder entender e ajudar seus funcionários se for autocentrado. A única forma de colocar o ego em seu devido lugar é fazer um trabalho de desenvolvimento pessoal.

Neste momento dei um suspiro de alívio de estar indo na dra Linda e desejei que o Klaus tivesse a mesma oportunidade, mas isto é uma escolha. Se encarar e ir para a terapia é um ato de muita coragem.

Depois da explanação, nos foi proposto uma discussão nas mesas e eu desatei a falar como a velha Nick de sempre. Apresentei meus argumentos sobre arrogância muito inspirada inclusive no próprio Klaus, tudo que vivi nos últimos tempos e os riscos que vejo de as empresas familiares não profissionalizarem a gestão, presos a uma história passada. Para elas falta, além de tudo, humildade de gestão para tentar o novo, de errar e aprender neste mundo veloz. Para isso todas as empresas precisam passar por uma transformação cultural. E quem faz a cultura no dia a dia é a liderança. Estou animada para aprender sobre isto amanhã, já ouvi falar muito da importância da cultura para os negócios, independentemente do tamanho ou setor de atuação.

Ao final da discussão, um homem levemente grisalho e muito charmoso de uns 45 anos me abordou. Ficamos ali na mesa conversando e ele pediu o rascunho que usei para expressar minhas ideias. Me pareceu um gesto insignificante (certeza que vai acontecer alguma coisa ruim no futuro por causa dessa decisão), então, dei meu papel para ele.

Em seguida, trocamos nossos contatos e saímos caminhando juntos, conversando, para o almoço.

Ele me disse que aprendeu com o famoso guru da gestão global Jim Collins que primeiro você deve definir quem são as pessoas e depois o que deve ser feito. O Mário é diretor de recursos humanos e na empresa que ele trabalha, eles estão com uma consultoria ajudando na governança e profissionalização da empresa. Alguns membros da família irão para um conselho que estão montando e outros estão saindo da empresa. Para ele, o maior veneno das organizações hoje em dia é a prepotência e o seu ego que pode ser o maior inimigo dos executivos. Foi esse pensamento que o fez ele escolher a mesma sala de palestra que eu.

Um dos motivos dele está no treinamento é para avaliar a aplicabilidade do mesmo na empresa, pois irá contratar o método para ser customizado para os gerentes da MoD S.A (Moda com Estilo), empresa que ele trabalha.

No processo de transição da família para a profissionalização da empresa algumas pessoas novas serão contratadas. Uma luz acendeu em mim. Quem sabe posso ter uma oportunidade aí?

No almoço me sentei em uma mesa bem no meio do salão. Nós tínhamos a opção de almoçar ali ao lado do evento de treinamento ou no shopping. Propositalmente eu escolhi almoçar ali perto para aumentar minhas chances de conhecer pessoas, pois penso que no shopping, como tem muitas opções de restaurantes, as pessoas iriam se dispersar e minhas chances seriam menores.

É engraçado sentar em mesa coletiva quando você não está doando simpatia como no meu caso. Comendo minha salada eu mais observava o comportamento das pessoas ao meu redor do que me concentrava na comida. É muito louco participar de um evento de liderança, ser uma pessoa comunicativa e estar com vontade de ficar quieta no meu canto. Preciso sair desta.

Quando todos voltaram do almoço para a sala de treinamento fomos surpreendidos com um show de piadas. Isto foi muito divertido e me fez um bem danado.

Logo em seguida apareceu na tela a palavra **EQUIPE** que se iluminou gigantesca na tela e seus subitens: pessoas certas no lugar certo, competências, desempenho, motivadores e nível de desenvolvimento

O assunto se iniciou com um breve histórico das transformações do mundo e como isso impacta nas relações de trabalho. Este entendimento é essencial especialmente para líderes e donos de empresa que se formaram no século passado, pois onde passamos de um ambiente:

"Esta é uma evolução muito grande frente a sociedade industrial. Hoje vivemos uma era onde o poder das pessoas é maior que o poder do indivíduo no poder".

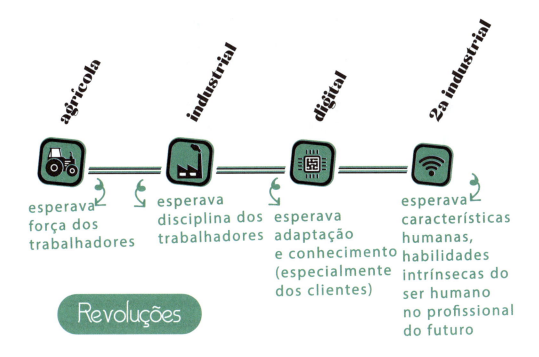

Que legal saber de tudo isso. Acho que tenho muito que refletir, pois isso também me ajuda de certa forma a entender o Klaus, por mais que eu não aceite. Ele é de uma geração diferente, aprendeu sobre comando e controle dentro de casa e também na empresa, quando meu avô era o presidente. Ele falava e meu pai obedecia. Assim eram todas as famílias, independente da origem. Isso tem mais relação com época do que com nacionalidade.

Me perdi em meus pensamentos e não prestei atenção em uma parte da explicação. Quando me dei conta ela estava perguntando:

"Quem são as pessoas da sua equipe? Qual o estilo, desempenho e talentos complementares dos integrantes do seu time e que complementa suas competências e por isto, juntos, vocês são uma fonte de energia incrível, uma alavanca poderosa para entrega de resultados excepcionais?".

Bom, eu nem tenho uma equipe e nem tenho um emprego... que droga!

"Aqui, algumas reflexões sobre sua equipe"

1 **QUAL A MOTIVAÇÃO DOS INTEGRANTES DE SUA EQUIPE?**

2 **COMO VOCÊ PODE CRIAR UM AMBIENTE EM QUE AS PESSOAS QUEIRAM PARTICIPAR?**

3 **COMO OS INTEGRANTES DO SEU TIME SE CONECTAM UNS COM OS OUTROS?**

Neste momento ela nos perguntou qual a diferença entre líder e gestor.

"O gestor foca em processos, é mais operacional, e o líder olha as pessoas e tem um foco maior em influência e engajamento das pessoas. No dia a dia o importante é ser gestor e líder, especialmente nos cargos de coordenador, gerente e até diretor. Separar os termos não é o mais importante e sim saber que quando estamos na posição de comando precisamos olhar tanto resultado quanto as pessoas. E isto tem que estar junto, pois quem traz resultado são as pessoas.

"Muito em relação a gestão de pessoas pode ser aprendido, mas tem um ponto que não se aprende e é fundamental: quem quer liderar precisa gostar de gente!

"Gostar de gente é ter interesse pelas pessoas. Por exemplo, uma boa maneira de demonstrar interesse é fazendo perguntas.

"E para conhecer melhor o seu time temos várias ferramentas que estão aí na apostila. Vamos explicar cada uma delas e a cada exercício vou pedir para você pensar em uma pessoa da sua equipe".

E agora que eu não tenho equipe? Ah, tive uma ideia. Vou pensar no Klaus, se ele fosse membro da minha equipe. Isto será engraçado.

Fiz todos os exercícios pensando no meu pai, foi muito difícil para mim tanto porque não conseguia abstrair que o Klaus é meu pai, quanto porque nestes anos todos fora do país acabei deixando de prestar atenção nele.

Outro ponto que a Carla frisou muito e que lembra a menção do Jim Collins, é que é fundamental ter as pessoas certas para se atingir os resultados e chegar aos objetivos.

Aí foi inevitável pensar em meu pai e se ele tem alguma noção disto e se eu sou, como ele afirma, a pessoa errada para assumir os negócios da família. Ele pode estar simplesmente fechado em seu mundinho e não tem muita noção de que as mudanças do mundo em algum momento, cedo ou tarde, irão afetar a Haus Becker. Ah, disto eu não tenho dúvidas.

E assim o dia se encerrou, e que dia!

Hoje estou muito animada. Nem pareço a Nick de ontem. A melhor coisa que fiz por mim mesma nos últimos tempos foi ter me inscrito neste curso. Pego o celular e envio uma mensagem para a Andrea agradecendo a indicação e compartilhando minha empolgação com o treinamento.

Apenas uma pontinha de tristeza toma conta de mim quando lembro que poderia, já na segunda-feira, implantar na Haus Becker muito do que estou ouvindo aqui. Mas estou longe da empresa, aliás, não posso implantar nada em empresa alguma, pois não tenho um emprego e isto está me corroendo por dentro. Fico imaginando tudo o que eu poderia fazer se tivesse um trabalho, mas a realidade gela meu coração.

Está mais frio hoje do que ontem. Vou para casa cabisbaixa, me sentindo impotente e ao mesmo tempo feliz com o treinamento que tanto tem me ensinado.

Chego em casa, faço um chá de hortelã e decido não comer nada. Tomo uma ducha calmante de luz apagada para pensar na vida e deixo a água escorrer por meu corpo sem me mexer, apenas pensando. Adoro tomar banho no escuro para pensar e ter ideias. Hoje só quero digerir a intensidade do dia, de todo aprendizado e cair na cama. Assim eu fiz.

No dia seguinte, logo na entrada, encontro o Mário e decidimos nos sentar juntos. Ao começar o treinamento fomos recebidos no auditório novamente pela Corine, mas hoje já ficamos mais tempo na experiência de estado de atenção plena que ontem. Em toda entrada dela no treinamento, ela acrescenta um minuto.

Tive dificuldade de me dedicar a prática. Minha cabeça está um turbilhão de tantas ideias e questionamentos que passam por aqui. Mas respirar profundamente confesso que acalma.

Logo a Carla apareceu no palco, radiante como sempre e logo em seguida o telão mostrou, bem grande, a palavra **COMUNICAÇÃO** e os subitens que compõem esta ponta da estrela: assertividade, linguagem, feedback, influência e empatia.

"O quarto pilar do líder de alta performance é a comunicação, que significa o que o outro entende e não o que você fala.

"Formada a equipe, é hora de utilizar a comunicação para engajar. Comunicar de forma assertiva é dizer o que você quer, como quer e para quando. Todas as relações são frutos de comunicações, bem ou malsucedidas. E considerar que existe uma linguagem ideal é fundamental. Se comunicar bem com a equipe é se comunicar no modelo mental do outro e certificar-se que quando você fala, por exemplo doce, eles entendem que doce você se refere, se é uma torta de morango, um bombom de chocolate ou um folhado de nozes. Não pode haver dúvida sobre o doce, do contrário, o resultado não virá.

"O líder que tem alta performance fornece feedback constante, independente da empresa ter ou não este processo implantado e, aqui entre nós, feedback nada mais é do que um diálogo de desenvolvimento, corrigir o que não está bem e pensar no futuro, em formas de melhoria. E o líder estrela faz isto de uma forma que o botão de pânico do cérebro não seja acionado e o funcionário mantenha-se aberto ao aprendizado. Dependendo da forma que você fornece o feedback, você aciona o botão de pânico do cérebro do seu funcionário e ele não te escuta, ao contrário, enquanto você fala ele fica pensando como sair correndo dali e fugir para se proteger. Este é nosso instinto.

"Além disso, você precisa influenciar as pessoas e, para influenciar, não é necessário nenhum conhecimento mágico e sim científico. Novamente, os benefícios de conhecer o funcionamento do cérebro te ajudarão a influenciar sua equipe, levá-los com você para onde desejar e a cumprir todas as metas.

"Lembra quando contei sobre o cérebro límbico? Pois bem, ao conhecer seu funcionamento você consegue influenciar melhor sua equipe e a chave aqui é a emoção. Mas lembre-se, influenciar é completamente diferente de manipular e sua integridade como líder deve ser preservada sempre.

"Uma das formas mais eficientes de influenciar é o reconhecimento. Quando você reconhece e comemora conquistas da sua equipe, especificamente de um integrante da sua equipe, você libera no organismo dele oxitocina, ou seja, o hormônio do prazer. E tendo mais prazer, esta pessoa vai querer fazer cada vez mais. Esta substância química é a predileta da maioria das pessoas, pois nos dá a sensação da amizade, do amor ou da confiança.

"É a sensação que temos quando alguém faz alguma coisa boa por nós ou vice-versa, porém ela existe não apenas para nos sentirmos bem, mas para nosso instinto de sobrevivência.

"Além disto, para influenciar é preciso confiança que se desenvolve através de atitudes e da competência como líder. Falamos disto na ponta dois do método do Líder Estrela. Todos seguem um líder que conquista a confiança da equipe através de suas atitudes, este é o líder do tipo dito e feito, que faz exatamente o que fala. Como diria o filósofo Ralph Waldo Emerson, suas atitudes falam tão alto que mal posso escutar o que você diz.

"E quanto mais você criar empatia com os integrantes de sua equipe, mais conseguirá influenciá-los. Sentir empatia é tentar entender o outro com seus valores e sentimentos, ao contrário do que algumas pessoas dizem, "se coloque no lugar do outro". Se você se colocar no lugar do outro estará anulando o outro e tomando decisões como você. Até porque, de fato, é impossível se colocar totalmente no lugar do outro, para isto, teríamos que ligar nossas terminações nervosas no outro e isto é impossível".

Uau! Mais uma vez uau! Aprendi muito sobre comunicação e empatia. Na verdade, acho que eu pouco sabia sobre isso e vejo que meu pai deveria estar sentado bem aqui no meu lugar. Quem precisa de tudo isso é ele!

Saí para almoçar com o Mário. Conversamos durante todo o tempo e pude perceber a animação dele com o curso. Ao final do almoço ele pediu para eu enviar meu currículo para ele na próxima semana. Pois, com as mudanças que estão fazendo na empresa, eles poderão ter alguma oportunidade muito em breve.

Voltamos caminhando lentamente e enquanto ele falava eu mal conseguia prestar atenção em suas palavras porque fiquei eufórica, muito eufórica com a possibilidade de um emprego logo. Eu já não aguento mais ficar sem trabalhar e ver minhas economias indo embora. A cada dia me assusta mais a ideia de ter problemas financeiros e ter que pedir ajuda para qualquer pessoa da minha família. Acho que eu passo fome, mas não peço dinheiro.

E agora? Como vou me concentrar em outra coisa? E se der certo o emprego? Será que estou realmente preparada? Nossa, me deu um frio na barriga! Mas e se não der certo? Me sinto andando de montanha-russa, subindo e descendo com meus sentimentos.

Calma Nick, respira, respira... preste atenção no outro. Você acabou de ter uma aula de comunicação e empatia e já está fazendo tudo errado.

Consegui retomar minha atenção ao Mário fazendo uma respiração bem profunda e usando minha consciência, o que realmente é necessário para meu treino e por respeito a ele, mas que é difícil é...

Ao chegar no auditório, novamente escutamos uma música vibrante que fez nossos corações se encherem de alegria. Que treinamento!

Pontualmente às 14h00 entraram no palco malabaristas. Um show de equilíbrio e, atrás deles, no telão, a palavra **EXECUÇÃO** surgia juntamente com os subitens que a compõe: o jeito de fazer as coisas (cultura organizacional), plano tático, metas, aprendizagem constante, criatividade, reinvenção permanente, atitude da prática: dito e feito.

Após o espetáculo arrepiante de malabarismo a Carla retomou o palco relembrando tudo que vimos até aqui, desde a sexta-feira de tarde até a quinta e última ponta da nossa estrela, a execução.

"E aqui é fundamental ter consciência da forma com que os membros da sua equipe agem e se esta forma de agir fará vocês entregarem as metas. A forma de fazer de uma equipe é o que chamamos de **cultura organizacional**. E quem faz a cultura é o líder, com suas atitudes ao longo do tempo. Por exemplo, se você diz que o cliente é importante, mas nunca dedica tempo a visitá-lo ou ouvir genuinamente suas reclamações, você está passando a mensagem que o cliente não é importante. O que você faz é infinitamente mais potente do que aquilo que você discursa. Um líder que diz que as pessoas são importantes, mas não dedica tempo para a equipe, está criando uma cultura disfuncional. Gerenciar a cultura é gerenciar as mensagens que você, líder, transmite com suas atitudes ao longo do tempo.

"Por exemplo, a Amazon tem cultura de cliente e desde o início do negócio, nas reuniões, Jeff Bezos, seu fundador e atual presidente, sempre deixou uma cadeira vazia ao redor da mesa dizendo que aquele era o cliente sentado com eles. Para nunca se esquecerem que a Amazon existe para satisfazer as necessidades do cliente e que ele está no centro de todas as suas decisões.

"E onde você, como líder, dedica recursos escassos como tempo e dinheiro, passa a mensagem do que realmente é importante na sua empresa. A Netflix por exemplo, tem mais de mil engenheiros trabalhando para melhorar e customizar as opções do cliente, para oferecer conteúdo relevantes para ele.

"Aqui na execução também entra o plano tático, ou seja, quais ações, em que prazo e como você e sua equipe irão fazer para entregar as metas. Outro ponto importante de uma execução impecável é a aprendizagem constante, o que você começou a desenvolver na ponta 1 da estrela, porque num mundo veloz como o que vivemos hoje, é necessário aprender o tempo todo. O que sabíamos até ontem não é suficiente para o amanhã".

Ela completou o treinamento falando de criatividade, de colocar as atitudes em prática, explicando o que ela chama de líder do tipo "dito e feito" e a importância de fazer uma gestão da reinvenção permanente nos dias de hoje em função das rápidas mudanças. Relembrou que a partir deste ano é que as informações no mundo irão dobrar de tamanho a cada dia.

Encerrou o treinamento nos provocando a ser um líder de alta performance dizendo:

— O sucesso está a sua disposição. Lembre-se, a única forma de crescer, de atingir suas metas é conseguir levar as pessoas com você, sendo um líder de alta performance.

Foi muito aplaudida. Eu estava em êxtase. Cheia de conhecimento para colocar em prática e com uma possibilidade de emprego a vista. O que mais poderia querer neste momento?

Pelo meu estado de humor não fiz tantas conexões, mas dentre as poucas uma muito importante que, no mínimo, pode vir a ser um amigo e isto já é bastante para meu momento, uma vez que me desconectei das pessoas da minha infância e adolescência.

Chegando em casa, tomei uma ducha e abri um vinho tinto seco que apreciei com algumas torradas e queijo brie. Coloquei The Rolling Stones. Minha energia estava a mil, eu estava realmente eufórica e vibrante e dancei pela sala. O treinamento foi incrível, incrível mesmo. Algumas fichas estão caindo e sinto que outras irão cair ao longo do tempo. Como eu gostaria de ter uma equipe para poder praticar tudo o que aprendi nestes três dias! Mas a primeira ponta da estrela do autoconhecimento e a segunda ponta da atitude eu posso praticar. E vou começar amanhã.

Antes de ir para cama, faço meu chá de hortelã e vou para o espelho treinar uma das técnicas que aprendi.

"Você pode *conquistar* seus sonhos!"

Olho bem para mim, fecho as mãos, bato no centro do meu peito e digo:

— Nick, você pode conquistar seus sonhos! — Repito isto por três vezes, termino meu chá, escovo os dentes e vou para a cama, onde meus pensamentos devaneiam e meu coração fica apertado.

Agora preciso trabalhar no meu autoconhecimento. Vou começar amanhã mesmo! Logo depois de enviar meu currículo para o Mário.

CAPÍTULO 4

TOMANDO **UMA** ATITUDE

O tempo ainda está feio em São Paulo nesta segunda-feira e, mesmo meu corpo pedindo para ficar na cama, eu levantei logo cedo para fazer o que planejei ontem à noite. Continuo sobre os impactos positivos do curso, disposta a fazer todos os exercícios que foram propostos e que, por desânimo meu, não consegui me dedicar a fazê-los com o empenho necessário.

Tomo uma ducha rápida, pois minha ansiedade de sentar no computador é grande. Como um pedaço de pão com suco de laranja e levo meu café para tomar em frente ao computador.

Dou um suspiro bem fundo e quando já ia começar a escrever o e-mail para enviar meu currículo para o Mário, coloco meus fones de ouvido e decido meditar. Esta prática irá me fazer bem, preciso tentar.

Depois de cinco longos e intermináveis minutos em uma tentativa frustrada de acalmar meus pensamentos, resolvo parar. Minha mente não se aquietou por um único minuto sequer, mas as respirações profundas, onde eu expirava mais lentamente do que inspirava, fizeram de alguma forma eu ficar um pouco mais calma. Ainda passa um turbilhão de sentimentos dentro de mim e uma pontinha de tristeza me invade quando olho para o porta-retratos em cima da minha mesa e vejo uma foto da nossa família.

Senti saudades de todos, mas especialmente do Manfred. Acho que vou marcar para jogarmos tênis, assim, consigo vê-lo sem tanto espaço para conversas muito profundas, pois ele quando joga fica com a mente totalmente voltada para o jogo e suas emoções.

Meus pensamentos são interrompidos com a ligação da minha mãe.

— Nick, por onde andou? Te liguei o final de semana inteiro e seu telefone só deu caixa postal. Porque não retornou ou mandou uma mensagem?

— Ah mãe, desculpe. Eu estava fazendo um curso.

— Curso? Do quê?

— Liderança.

— Mas você já está trabalhando?

— Não mãe, estou me preparando para este dia.

— E precisa de dinheiro para pagar o curso, filha?
— Não mãe, está tudo bem. Ainda tenho o bastante das minhas economias.

Neste momento eu basicamente menti para ela. Não tenho bastante dinheiro guardado, mas também não estou na miséria.

— Mãe, eu preciso desligar pois estou ocupada.
— Tudo bem Nick, mas se precisar de algo todos nós estamos aqui. Seu pai é durão, mas sei que ele sente muito sua falta.
— Ok mãe, obrigada. Mas eu estou me virando bem, um beijo.

Desliguei o telefone meio estranha, não tinha vontade de falar com minha mãe. Mas também não será necessário decifrar este meu sentimento. Estou mais preocupada com meu futuro do que qualquer outra coisa.

Quero mesmo é rever meu currículo e enviar para o Mário.

Antes, decido pesquisar mais sobre a MoD e saber tudo sobre ela. Como o Mário disse, a empresa abriu capital no mercado e agora está passando por uma grande transformação, é a segunda etapa da profissionalização. A empresa é uma fabricante de roupas e acessórios com lojas em todo o Brasil, mas com origem italiana, dispõe de artigos para homens e mulheres e está em fase de crescimento. A sede da empresa fica em São Paulo capital, o que é ótimo, pois estou com muita vontade de passar uma boa temporada em São Paulo, com todos seus defeitos e trânsito caótico. Adoro São Paulo, que para mim tem um pouquinho de Nova York e Los Angeles.

Fiquei muito animada com tudo o que leio sobre a MoD e senti vontade de ir trabalhar lá. Além disso, o Mário pareceu um cara muito legal, com quem eu gostaria de continuar a me relacionar. Além de tudo, ele é extremamente bonito. Neste momento meu rosto ficou corado em pensar nele desta forma, já que é o diretor de recursos humanos da empresa na qual irei me candidatar a uma vaga.

Voltando ao foco, li várias vezes meu currículo para ver se não tem nenhum erro de português e dou uma última olhada na versão em inglês.

Escrevo uma carta de apresentação dizendo com o que eu posso contribuir com a MoD caso venha a trabalhar lá, anexo meu currículo em português e em inglês e envio. Agora é torcer!

Pego outra xícara de café e volto para o escritório. Releio todos os conteúdos na apostila do curso e começo a refazer os exercícios que mal e porcamente eu fiz no fim de semana.

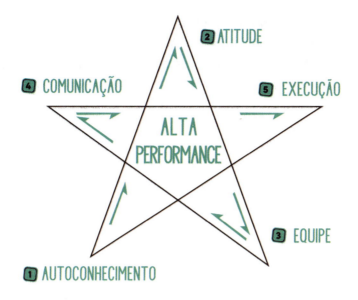

Bom, a primeira ponta do líder estrela é o autoconhecimento. Segundo diz aqui, autoconhecimento é o conhecimento de si mesmo, o conhecimento de como você reage diante das situações. Se autoconhecer é saber como cada pensameno se desdobra em afeição ou raiva. Esse tal autoconhecimento é mesmo uma das habilidades mais importantes para o sucesso na vida embora muita gente – assim como eu — negligencie sua importância, ou negligenciava até então. Aqui, no líder estrela o foco está no autoconhecimento do líder. Durante o curso, foi explicado que no processo de terapia a pessoa pode se aprofundar nestes padrões de pensamentos e comportamentos para compreender melhor os seus traumas e descobrir quais são suas crenças instaladas que estão impedindo seu desenvolvimento pleno e, com isso, melhorar seus relacionamentos pessoais e profissionais.

Existe um provérbio africano que diz "quando não há inimigo dentro, os inimigos de fora não podem fazer nenhum mal". E esse é um excelente resumo sobre autoconhecimento.

O líder estrela se atém ao objetivo, propósito, valores, crenças, competências e o mindset de crescimento.

Fico divagando sobre mim mesma, refletindo a respeito do quanto me conheço ou não, mas uma coisa eu já sei, preciso começar a mudar isso. Em meio a um turbilhão de pensamentos, resolvo ler as instruções para fazer o primeiro exercício da apostila:

1. Este exercício diz respeito ao momento atual e aos seus objetivos de curto e médio prazos. Estabeleça objetivos alcançáveis, nada que seja impossível de alcançar e nem tão simples, mas que sejam excitantes e lhe dê disposição e ânimo para conquistá-los, que te motive a usar todos os recursos disponíveis para que eles se realizem. Responda:
   Nick:
   Data (hoje): 20 de fevereiro de 2020

Onde estou: desempregada (diz respeito não ao local físico, mas onde você está na vida, como cargo, empreendimento)
Maiores conhecimentos: Arquitetura, marketing, inovação e pensamento de design
Quanto ganho: Zero
Estou satisfeito?: ( )Sim (X) Não

Em 1 ano (data): 20 de fevereiro de 2021
Onde estarei: Empregada na posição de gerente sênior
Maiores conhecimentos: Sobre mim mesma, liderança, marketing, inovação e pensamento de design
Quanto ganho: R$ 30.000,00
Estou satisfeito?:
(X) Sim ( ) Não

Em 5 anos (data):
Onde estarei: Na posição de CEO (espero que na Haus Becker)
Maiores conhecimentos: mais conhecimento sobre mim mesma, liderança, marketing e pensamento de design, transformação e sobre gestão de negócios
Quanto ganho: R$ 90.000,00
Estou satisfeito?: (X) Sim ( ) Não

LEITOR

1 **DATA:** _____/_____/_____
(hoje)

ONDE ESTOU: _____
(Diz respeito não ao local físico, mas onde você está na vida, como cargo, empreendimento etc.)

MAIORES CONHECIMENTOS: _____
_____
_____
_____
_____

QUANTO GANHO: *R$* _____

ESTOU SATISFEITO?: ☐ *Sim* | ☐ *Não*

----

2 **EM 1 ANO:** _____/_____/_____

ONDE ESTAREI: _____

MAIORES CONHECIMENTOS: _____
_____
_____
_____
_____

QUANTO GANHO: *R$* _____

ESTOU SATISFEITO?: ☐ *Sim* | ☐ *Não*

----

3 **EM 5 ANOS:** _____/_____/_____

ONDE ESTAREI: _____

MAIORES CONHECIMENTOS: _____
_____
_____
_____
_____

QUANTO GANHO: *R$* _____

ESTOU SATISFEITO?: ☐ *Sim* | ☐ *Não*

Para saber o que você realmente deseja, uma boa dica que nos foi passada no curso é brincar de "por quê?" Lembrei de quando eu era criança lá na fábrica com meu avô, eu adorava saber o porquê de tudo. E quando ele respondia um "por quê", eu imediatamente emendava outro.

Fazer essa parte do exercício vai ser moleza. Antes de seguir adiante, pergunte a si mesmo "Por quê?". Por exemplo: Por que você quer ser a líder da empresa? Porque com esse cargo posso auxiliar a empresa da minha família a crescer. Por que a empresa onde eu trabalho precisa crescer?

Porque se ela não crescer ela pode morrer...

Por que você quer crescer?

Porque não quero ver a empresa da família desaparecer.

Brincando de Por quê? x3

1. POR QUÊ _____ ?
   (pergunta)
   Porque _____
   _____
   _____
   _____
   (resposta)

Veja que se você puder encontrar três boas razões para batalhar por esta decisão, você terá mais clareza para agir e não serão pequenos incidentes que irão te desviar do seu caminho.

Se queremos descobrir as possibilidades ilimitadas dentro de nós, devemos encontrar um objetivo bastante grande e nobre para nos desafiar a ir além de nossos limites e, assim, alcançar nosso verdadeiro potencial[4].

2. Agora pare, largue o lápis ou a caneta, sente-se numa posição confortável, de preferência com a coluna reta, mãos descansando sobre as penas, feche os olhos, faça uma respiração profunda e mantenha-se

---
4 ROBBINS, Tony. *Desperte o seu gigante interior*: como assumir o controle de tudo em sua vida. Rio de Janeiro: BestSeller, 2017, p. 334.

disposto a sonhar e soltar sua imaginação sem qualquer autocrítica se algo pode ou não pode ser feito. Como diria Carl Sandburg: "Nada acontece a menos que sonhemos antes". Tente visualizar onde você quer estar no futuro como se isto já estivesse acontecendo. Sinta a emoção, o cheiro, o local, se tem música tocando, o som das pessoas, como você está vestido, o corte de cabelo, enfim, tente visualizar o maior número possível de detalhes, pois tudo que a mente pode visualizar e conceber, ela pode conquistar.

Como disse a consultora, temos uma força poderosa dentro de nós. O único limite que pode existir em nossa vida é a nossa imaginação, o nosso jeito de pensar e o nível de empenho que empregamos para tornar real os nossos sonhos.

Após visualizar todos os detalhes, descreva tudo que você imaginou e, se possível, cole imagens que representem seu futuro imaginado.

Nick

Qual(is) área(s) da sua vida ou comportamento(s) você precisa modificar para chegar na sua imagem de futuro?
Nick:
Área da vida: familiar
Comportamento: comunicação com o Klaus

LEITOR

Qual (is) área(s) da sua vida ou comportamento você precisa modificar para chegar na sua *imagem de futuro*?

Área da vida: _____

Comportamento: _____

_____

_____

_____

Nossa, este exercício mexeu comigo. Meu sonho parece tão distante e irreal. Mas, ao mesmo tempo, senti uma pontinha de excitação positiva de pensar nesta possibilidade. Como disse a consultora, quando nos depararmos com a frustração ou o fracasso na busca de um sonho ou objetivo não podemos desistir e sim, seguir adiante, pois ninguém jamais alcançou algo grandioso desistindo no meio do caminho. O esforço constante faz parte do sucesso de todos os campeões e isto ela explica mais na ponta dois da estrela, quando fala de atitude.

Lembrei de quando estava no exterior e em momentos de dificuldade, o meu avô, sempre ele, me aconselhava dizendo que "a vida testa as pessoas para ver se seus objetivos são fortes o bastante para seguir adiante, mesmo frente às dificuldades, e ver se a pessoa é digna da grande recompensa."

É, o Manfred sabe mesmo das coisas.

Preciso definir meus objetivos, pois são neles que me apegarei.

A consultora trouxe uma informação importante, ela nos disse que a velocidade com que as mudanças acontecem hoje faz com que alguns gestores menos experientes não planejem e não definam seus objetivos, levando-os ao famoso "fazejamento" o que pode causar prejuízo.

Definir um objetivo leva mais tempo, exige mais esforço, e a recompensa pode demorar um pouco mais para vir, porém os resultados são na maioria das vezes mais consistentes.

Acho que eu deveria ter planejado melhor minha chegada à fábrica, preciso mudar isto, só não sei ainda o que fazer na prática sobre a minha relação com o Klaus, para ele perceber que a melhor pessoa para ser sua sucessora sou eu.

Carla também nos disse que tem sido recorrente ver gestores e donos de empresa concentrarem mais energia realizando atividades operacionais do que definindo objetivos, planejando e trabalhando em estratégias de crescimento. O nível de determinação e esforço de uma pessoa na busca de um objetivo pode mover montanhas.

Continuando meus estudos, aqui na apostila diz que depois de fixar um objetivo nunca devemos desistir, é preciso manter a concentração e dedicação total na sua concretização. Concretizar algo implica em colocar a mão na massa, criar um plano de ação, definir metas. Estou gostando disso, trabalhar é comigo mesmo.

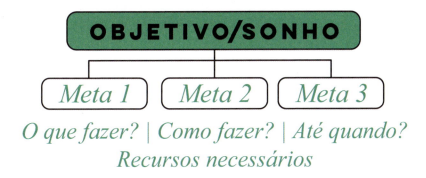

Definir metas nos níveis intermediários lhe permitirá alcançar seu sonho. Estas metas devem nortear grande parte das suas atividades diárias.

Defina também quem irá te ajudar a conquistar seus sonhos, este é um ponto importante, afinal é preciso ser muito arrogante para acreditar que é bom em tudo ou que é possível crescer sozinho.

Exemplo:

Objetivo: Emagrecer 10 quilos em 5 meses

Meta: Emagrecer 02 quilos por mês

Para conseguir emagrecer 02 quilos a cada mês, será necessário definir as metas intermediárias, estabelecendo a ingestão de calorias semanais, diárias e finalmente a quantidade de caloria por refeição, que sejam suficientes para favorecer o emagrecimento desejado.

Além das calorias ingeridas, trace também um plano de atividade física mensal, desdobrando em um plano semanal e finalmente em um plano diário.

Todas essas ações são as chamadas ações intermediárias e, juntas, farão com que o seu objetivo seja finalmente alcançado.

OBJETIVO/SONHO

META 1 · Meta 2 · Meta 3

O que fazer?	Como fazer?	Até quando?	Recursos necessários
		__/__/__	----------------------
		__/__/__	----------------------
		__/__/__	----------------------

Quanto mais claro for seu plano de ação, maior é a chance de você alcançar o que deseja.

Preciso acreditar que meus esforços não serão em vão como disse a consultora Carla, só assim nos dedicamos com toda intensidade.

Nem percebi, mas já é hora do almoço. Estou me sentindo mal. Meu coração está triste e minha alma fria. Não sei porque eu fiz toda esta confusão na minha vida se meu grande sonho é trabalhar na Haus Becker. Como conquistarei meu grande sonho se briguei feio com o Klaus?

Enquanto me lamento da vida e da minha situação, faço um sanduíche de carne, pego um suco de laranja de caixinha e vou comer na frente da TV. Acabo meu sanduíche e me enterro no sofá, desolada, refletindo. Esta coisa de pensar o que temos que mudar é muito difícil.

Neste momento eu chego a duvidar da minha própria capacidade e me acho uma fraude. Uma fraude, é isto que eu sou.

Fiquei bancando uma de durona e estou pagando. O Klaus não me procurou nenhuma vez desde que saí de casa e isto me dói muito. Eu gostaria muito que ele me procurasse, pedisse desculpas, me desse um cargo na empresa e começasse a me preparar para ser sua CEO. Mas acima de tudo, eu queria que ele me valorizasse como pessoa. Que ele visse o quanto eu cresci e mudei. Que eu tenho minhas próprias opiniões, minha própria visão de mundo e de negócios.

Acho que no fundo eu quero mesmo é fazer as pazes com o Klaus. Um suspiro profundo sai do meu peito e eu me enrolo em uma manta e fico mudando os canais no controle remoto, mas estou tão emocionalmente cansada que pego no sono.

Acordo com uma tempestade que cantava um som sinistro com o vento forte e suas lágrimas batiam com força nas janelas. Levanto para fechá-las e vejo que a água já está entrando em casa.

Sem muita vontade resolvo preparar algo para comer. Frito um filé de frango, faço abobrinha grelhada e uma salada de alface e tomate com queijo parmesão ralado por cima.

Mais uma noite a ser enfrentada, com muitas emoções borbulhando dentro de mim, precisando saber o que quero realmente da vida, quem sou e como melhorar como pessoa.

Resolvo ligar para o Junior na esperança de ouvir uma voz conhecida e não me sentir tão sozinha. Mas sei que minhas chances são remotas, pois hoje ele está ensaiando com sua banda.

O telefone toca e nada, chama até cair. Resolvo ligar novamente e no quinto toque desesperado atende.

— Junior?
— Oi, Nick.
— Estou atrapalhando?
— Não Nick, diga.
— Nada de especial. Pensei em ir na próxima semana no seu ensaio e ver você tocando. Eu não fiz isto desde que cheguei.

E neste momento minha voz embargo e as lágrimas foram contidas com muito esforço.

— Eu vou adorar. Nos falamos ao longo da semana para combinar. Agora preciso ir que estão me chamando. Um beijo.

Antes mesmo que eu pudesse responder o telepone já tinha sido desligado.

Ele fica diferente quando está com a banda, fica mais iluminado. Ao perceber isso, uma certa animação aparece em mim. Um exemplo de quando fazemos o que gostamos, nós nos modificamos. Mas quando me dou conta, me lembro da noite que terei que enfrentar.

Junto a louça na máquina de lavar, organizo a cozinha, tomo uma ducha rápida e faço um chá de hortelã.

Tomo o chá da maneira que adoro, olhando para o lado de fora da janela, hábito que adquiri em São Francisco nos dias de inverno. Eu ficava olhando a névoa e me vendo criança brincando com meus pais em nossas férias em família na neve em Lake Tahoe.

Esta lembrança me deixa nostálgica. Escovo os dentes e pego minha apostila do curso para ler os conceitos de autoconhecimento. Depois, pego o livro que ganhei no curso, *O dono da história*[5], e o leio até o sono tomar totalmente conta de mim.

---

5 WEISZ, Carla. *O dono da história*. São Paulo: Editora Évora, 2015.

Surpresa

Quatro dias já se passaram desde que comecei a fazer os exercícios de autoconhecimento e não consegui mais retomar. Estou em um estado lastimável, ansiosa e deprimida, horas agitada, horas sem vontade de me mexer. O telefone tem tocado pouco e resolvo olhar meus e-mails. No meio de tantas propagandas de vendas, uma mensagem para uma entrevista chama minha atenção. Checo minha caixa postal do celular e também tem um recado da mesma entrevista de ontem.

Inferno! Que merda, Nick, você ter ficado na deprê e perdeu uma oportunidade! Lavo o rosto, me animo e retorno a ligação.

Uhh! Tenho uma entrevista de emprego. Uhh! Danço de alegria pela casa. A empresa é uma multinacional de eletroeletrônica e tem fama mundial de ser um excelente lugar para trabalhar, um sonho de consumo pensar entrar lá. Estou realmente muito animada. Este é quase um emprego dos sonhos, só perde para a alegria que seria trabalhar na Haus Becker e conduzí-la em todos os desafios de transformação que ela apresenta.

Enfim o dia da entrevista chegou. Pulei da cama às 5h30 e fui correr um pouco na rua. Mal consegui dormir de tanta ansiedade. Precisei caprichar na maquiagem para esconder minhas olheiras. Fui para a entrevista radiante.

Enquanto esperava na recepção, vi em uma tv grande escrito "Bem-vinda, Nicole".

Oi? Nicole sou eu! Uau! Fiquei até emocionada. Me senti importante e mais que apenas uma candidata a uma vaga de emprego.

Fiquei olhando para todos os lados tentando entender aquela empresa e desejando aquele emprego.

Esperei por 15 minutos e fui chamada na hora marcada para a entrevista com a gerente de recursos humanos. Falei com ela e logo em seguida com a diretora, sua chefe.

Ambas as entrevistas rolaram bem e fiquei muito feliz. Acho que eu tenho chances.

As mulheres do recursos humanos disseram que a vaga vai ficar disponível por pouco tempo e que eles têm pressa. Isto me deixou mais eufórica ainda, não vejo a hora de começar a trabalhar. Não aguento mais ficar em casa e ainda preocupada em ficar sem grana antes de arrumar um emprego. Já se passaram 4 meses desde que saí de casa.

Volto para casa e resolvo olhar novamente os exercícios de autoconhecimento que fiz e refletir sobre eles sob uma nova perspectiva, afinal, hoje estou feliz, diferente de como me sentia no dia que fiz os primeiros exercícios.

Putz, quase me esqueço, hoje é dia de sessão com a dra. Linda e será ótimo mostrar o exercício de autoconhecimento e tentar entender de forma mais racional porque desenhar minha imagem de futuro mexeu tanto comigo. Quem sabe ela consegue me ajudar a entender o que eu mesma não consigo. Se quero tanto estar na Haus Becker, por que eu fui brigar com meu pai? Por quê?

Acho que vou precisar de muitas sessões de terapia para decifrar estas questões. Mas vamos em frente, não vou desanimar com isto. Afinal, tem coisas boas acontecendo, a perspectiva da última entrevista é ótima e é nisto que irei me apegar.

Alcançar um objetivo é muito importante a partir do momento que você consegue fixá-lo, mas a qualidade da jornada até lá é tão ou mais importante quanto a conquista em si. Ela é determinada pelo propósito, ou seja, porque você faz o que faz? Ou ainda, por qual causa você vive?

Cultive seus sonhos

Depois de duas semanas que fiz a entrevista com a diretora da área de marketing na empresa de eletroeletrônicos, eles me ligaram dizendo que eu não fui a escolhida.

Estou arrasada. Este era um quase emprego dos sonhos. A recusa que eles me deram tem relação com meu pouco conhecimento e inexperiência em liderança, pois a função comandaria em torno de 20 pessoas e eles valorizam muito a liderança e a aderência do candidato com a cultura organizacional, isto mais que os conhecimentos técnicos do próprio cargo. Justamente por isto eles eram reconhecidos mundialmente como uma excelente empresa para se trabalhar.

Com esta eu realmente não contava. Não sei se choro, se saio correndo ou se peço arrego para o meu pai.

Neste momento grito comigo mesma:
— Não, Nick, pare de sentir pena de si mesma e se autoflagelar. Não deixe toda a empolgação do treinamento do líder estrela se dissolver! Além do mais, pedir arrego não é uma possibilidade, fique firme! Aquilo que você almeja irá acontecer, acredite e faça sua parte.

Resolvo sair para correr e espairecer. Resisti à garoa que caia lá fora e deixava a cidade de São Paulo mais cinza do que ela já é normalmente.

Volto da corrida um pouco mais animada, mas ainda decepcionada comigo mesma e com a situação, afinal, continuo desempregada e todo meu currículo de cursos e experiência no exterior não foram suficientes para esta vaga. E eu achando que tudo isso seria o máximo...

Algumas fichas começam a cair. Talvez eu não seja tão boa quanto penso, ou talvez o mundo esteja mesmo diferente e credenciais não sejam mais suficientes, mas liderança e atitude sim.

Um lampejo de realidade me faz mudar meus pensamentos. Acorda, Nick. Não cai nesta de autossabotagem e vamos retomar os exercícios de propósito.

Qualquer coisa que você venha a fazer na sua vida ou qualquer atitude que queira tomar deve estar relacionada ao seu propósito para que você se surpreenda com seu resultado, focando toda a sua energia em realizar aquilo que faz seu coração bater mais forte.

Retomo a leitura da apostila no trecho que diz que a noção de propósito se refere ao que é importante para outras pessoas além de você. Um líder de alta performance consegue influenciar para que o emprego dos integrantes da equipe seja mais que um emprego, como inspira a parábola de três pedreiros:

"Perguntaram a três pedreiros: 'O que vocês estão fazendo?'
O primeiro responde: 'Estou assentando tijolos'.
O segundo responde: 'Estou construindo uma catedral'.
O terceiro responde: 'Estou construindo a casa de Deus'."

— *"O que vocês estão fazendo?"* —

Assentando tijolos   *Catedral*   *Casa de Deus*

O primeiro pedreiro tem um emprego, o segundo uma carreira e o terceiro uma vocação somada ao propósito.

- ✓ Concentre-se na pessoa mais importante: VOCÊ;
- ✓ Afaste suas preocupações, ansiedades, problemas ou quaisquer outras distrações.

Respire fundo, tome coragem e lembre-se: "Caminhante: não há caminho, o caminho se faz ao caminhar." (Antônio Machado)

Afinal, o que faz com que você queira levantar e sair da cama todas as manhãs? Tudo começa de dentro para fora, pelo porquê. Lembre-se que ele é uma declaração de quem você é. E você é quem você é, não importa o que você faz ou onde você vai. Seu propósito é aplicável em cada aspecto de sua vida, não apenas no seu trabalho.

Tenha em mente que o propósito irá clarear o seu caminho, como disse William A. Burke III no livro *Propósito*[6]: "O propósito começou como uma fagulha, que se tornou um fogaréu e iluminou o caminho a ser trilhado pela RCP" (Willian A. Burke III – Rubbermaid Commercial Products).

O modo como você vê seu trabalho é mais importante do que o nome em si que você dá para ele. E isso quer dizer que você pode ir do emprego para a carreira e da carreira para o propósito sem mudar de ocupação.

---

6 REIMAN, Joey. *Propósito: por que ele engaja colaboradores, constrói marcas fortes e empresas ponderosas.* São Paulo: Alta Books, 2013.

Exercício 1: PREPARAÇÃO

Para descobrir seu propósito é importante uma pequena preparação. Ele nasce de suas experiências passadas, é a soma das lições que você aprendeu, das experiências de teve e dos valores que adotou à medida que amadureceu.

Procure se lembrar de histórias que iluminem quem você é em sua melhor versão. Tome nota dessas passagens para utilizá-las à medida que desenvolve o exercício. Tente se lembrar de umas cinco histórias que foram impactantes para você. Podem ser exemplos vividos em casa, na escola, no trabalho ou de qualquer área da sua vida.

Você pode listá-las de modo aleatório ou cronológico. Anote uma ou duas frases que façam você lembrar dela.

Exemplo:

Desenhe uma linha horizontal ao longo da folha de papel e escreva os marcos da sua vida, as histórias que influenciaram você. Mas antes de seguir para o primeiro exercício, reflita sobre as questões abaixo:

— Meu trabalho faz do mundo um lugar melhor?
— O que o mundo perderia se meu trabalho não existisse?

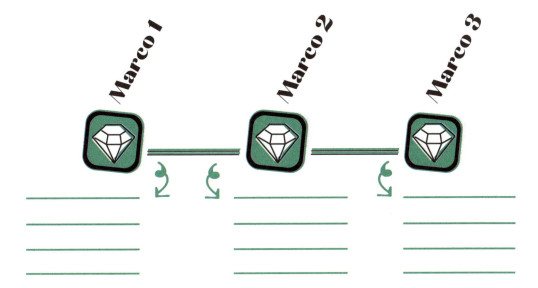

- *Meu trabalho faz do mundo um lugar melhor?*
- *O que o mundo perderia se meu trabalho não existisse?*

Preparação

Exercício 2: IMAGEM MENTAL

O objetivo deste exercício é refletir sobre você e como imagina que os outros te veem.

Feche os olhos por alguns minutos e vamos viajar no tempo. Leve a sério esta reflexão de visualização, pois ela deve te colocar em contato com seu sistema interno, com questões íntimas que envolvem o seu porquê, ou seja, porque você faz o que você faz ou porque isto te motiva a fazer.

Construa uma imagem mental de você: imagine-se em um futuro bem distante, no seu aniversário. Vamos pensar que se passaram uns 40 anos. Imagine o bolo, seu sabor, o local, as pessoas que você mais ama ao seu redor e muitos amigos queridos te olhando. Depois que você apaga as velinhas, elas vêm te abraçar e cada uma diz algo a você. O que gostaria que elas lhe dissessem?

De surpresa, três pessoas, uma de cada vez, preparam um discurso para fazer nessa noite especial. São elas: uma pessoa da sua família, um amigo pessoal e uma pessoa que trabalhou com você por muitos anos. O que cada um iria discursar a seu respeito?

Agora que pensou nas palavras dessas pessoas, escreva:

— "O que cada uma das pessoas falaria *a seu respeito*?" —

Exercício 03: DESCOBERTA

Identifique temas, ideias, palavras e sentimentos recorrentes que emergiram até aqui. Uma dica útil é encontrar um parceiro que possa lhe ajudar, com o papel de ver padrões nas suas narrativas.

Anote temas que possam surgir, como ajudar os outros ou ensinar.

Agora, com todos os temas listados, circule os que são mais recorrentes ou os que são mais fortes.

Exercício 04: PERCEPÇÃO DOS SEUS AMIGOS

Neste exercício você irá escutar a opinião de pessoas que te conhecem bem. Por que seus amigos são seus amigos?

Passo 1: faça uma lista de três a cinco amigos mais próximos

Essas são as pessoas que você confia e ama incondicionalmente, aquelas que você poderia chamar às 4 da manhã com um dilema, que você viajaria ao redor do mundo para ajudar. São os amigos que sempre estarão lá a postos para você, assim como você sempre estará lá para eles. Faça sua lista:

1.

2.

3.

4.

5.

Passo 2: pergunte a essas pessoas: "Por que vocês são meus amigos?"

Mesmo que eles estranhem a pergunta, fale que você está fazendo um exercício para aprender mais sobre si mesmo.

Passo 3: ouça

Continue ouvindo o que eles têm a dizer até começarem a declarar sentimentos como:

"Eu sinto . . . "

"Você me faz sentir . . . "

"Quando estou perto de você, eu sinto. . . "

Passo 4: clarificar/esclarecer

Como você provavelmente nunca teve essa conversa com seus amigos, ative sua curiosidade sobre o que eles compartilham e use a pergunta para explorar e esclarecer o que elas significam. Veja um exemplo:

Seu amigo: "Eu me sinto bem quando você está por perto. Acho que não importa o que eu faça, você continuará meu amigo"

Você: O que você quer dizer com "se sentir bem"?

Seu amigo: "Eu não sei. Me sinto calmo, sinto que não importa o quanto eu esteja estressado, quando estou em sua companhia me sinto mais calmo e sei que você vai me aceitar".

Passo 5: compare

Quando você compara o que anotou nas suas reflexões iniciais com as conversas que teve com seus amigos, percebe que seus amigos estão dizendo coisas semelhantes sobre você. Pegue essas palavras-chave ou frases e liste-as.

Exemplo:

Meus melhores amigos dizem que eu...

1. Coloco as coisas em perspectiva;
2. Ajudo a tornar as coisas mais claras;
3. Ajudo-os a ver o quadro geral.

Escrevendo seu propósito

Uma vez que você descobriu o que você tem que seus amigos não recebem de nenhuma outra pessoa e identificou seus temas, você está um passo mais perto de articular seu propósito e o que é que você faz naturalmente para deixar sua marca no mundo.

As anotações realizadas anteriormente irão te ajudar a encontrar o seu porquê. Releia as respostas dos exercícios anteriores e tente encontrar quais situações/sentimentos/características foram mais recorrentes neles. Existiu algum padrão de características que se repetiu? Quais características citadas você acredita que mais se encaixam com as expectativas da pessoa que você quer ser? E com a pessoa que você já é? Extraia essas informações e tente chegar no seu porquê ao final desse módulo.

O quadro abaixo (*frame*) pode te ajudar a raciocinar sobre o seu Porquê. Exemplo:

Declaração de propósito da Nick

1. PARA QUEM?
↳ *Para quem e como é sua contribuição.*

tornar a vida mais funcional e colorida

2. PARA QUE?
↳ *Impacto da sua contribuição.*

das pessoas

Sua Declaração de propósito

1. PARA QUEM?
↳ *Para quem e como é sua contribuição.*

2. PARA QUE?
↳ *Impacto da sua contribuição.*

Este exercício de propósito exige muito de nós, não dá para fazer em uma tacada só. Liguei para as três pessoas como recomenda o exercício e depois de refletir sobre mim mesma arrisco dizer que meu propósito é:

Declaração de propósito: Tornar a vida das pessoas mais funcional e colorida para conectá-las ao seu verdadeiro estado de espírito com otimismo, alegria, garra e leveza.

Agora, releia o quadro que você acabou de preencher e avalie como você está em relação à sua declaração de propósito:

( ) Me sinto bem;
( ) Estou quase lá;
( ) Preciso trabalhar mais um pouco e refletir sobre o que realmente gosto.

É importante você sentir que este é o seu propósito e não que é a coisa certa ou o que "pega bem fazer".

Lembre-se que o propósito é o que dá sentido para nossas vidas, é o que te faz acordar todos os dias de manhã para trabalhar. Sendo conciso, é a declaração de como você pretende contribuir com a humanidade sendo você pessoa física ou jurídica.

Ufa, cansei. Chega por hoje. Amanhã, depois da corrida, começo os exercícios de valores.

Como disse Viktor E. Frankl com um "porquê" você irá suportar "quase qualquer como". Ele foi prisioneiro de guerra e viveu nos campos de concentração.

Valores

Pulo da cama às 5h30 para correr e começar logo cedo meus exercícios da apostila. Agora é questão de honra terminá-los. Se eu tivesse feito todos eles com mais afinco durante o treinamento talvez eu tivesse respostas melhores para dar a respeito de como eu lidero a equipe e o que deveria fazer para ter um excelente lugar de trabalho e ainda dar resultados ao mesmo tempo.

Hoje a garoa está bem leve, mas o frio é intenso, deixando mais desafiadora minha corrida matinal.

Como hoje me sinto mais fortalecida, no final da corrida resolvi ligar para o Manfred e marcamos um jogo de tênis para quinta de noite. Tenho certeza que vou tomar um côro dele pois estou meio destreinada. Tudo bem, será ótimo para matar as saudades do meu avô querido. Eu o tenho evitado pois não quero que me veja mal e saque seu cheque da carteira para me bajular. Não é dinheiro que espero da família Becker.

Após os exercícios, a primeira pergunta que me deparo é:

Quais são os seus valores profissionais? Este exercício está dividido em 2 etapas.

Etapa 1: Analise os valores que sugerimos na tabela abaixo e caso sinta falta de algum, complete a lista nas linhas em branco. Agora, marque com um X na coluna A os valores que mais tem relação com você. Depois, na coluna B, coloque números de 1 a 10, sendo 1 o valor mais importante e 10 o valor menos importante. Desta forma, você saberá qual sua hierarquia, ou seja, o que mais valoriza.

Esta descoberta irá te ajudar a tomar decisões e saber como você funciona como líder.

E por que descobrir seus valores é tão importante? Porque a partir do momento que você se conhece, saberá tomar decisões alinhadas com seus valores e isto lhe trará paz e mais felicidade.

Então vamos lá, responda esta pergunta: "O que é mais importante para mim na vida?"

VALORES (*da Nick*)	A — O que mais valorizo	B — Importância de 1 a 10
DINHEIRO		
CARREIRA	X	4
PONTUALIDADE		
LIBERDADE	X	5
CRIATIVIDADE	X	6
SEGURANÇA		
PODER	X	7
PAIXÃO	X	8
ESTABILIDADE		
SAÚDE	X	9
Reconhecimento	X	1
Fazer a diferença	X	2
Ser importante	X	3

Seus VALORES

	A O que mais valorizo	B Importância de 1 a 10
DINHEIRO		
CARREIRA		
PONTUALIDADE		
LIBERDADE		
CRIATIVIDADE		
SEGURANÇA		
PODER		
PAIXÃO		
ESTABILIDADE		
SAÚDE		

    Ao elaborar a sua lista, provavelmente você teve que fazer escolhas, e ao fazê-las aprendeu um pouco mais sobre você. Se autoconhecer é fundamental para ser um bom líder e contratar bem. Tudo começa com você!

    Por exemplo, se você escolheu como valor número um a criatividade, seguido de paixão, liberdade e saúde, você provavelmente tomará decisões diferentes das pessoas que escolheram remuneração seguido de hierarquia, pontualidade e segurança.

Uma pessoa cujo valor principal é liberdade toma decisões da mesma maneira que alguém que preza pontualidade acima de tudo? Você acha que essas pessoas buscariam os mesmos objetivos, ou se sentiriam bem trabalhando juntas?

Conhecer quem você é e o que você valoriza vai contribuir muito quando precisar formar seu time, pois os valores de vocês não podem entrar em choque.

Sigo direto para o próximo exercícios sobre crenças.

O que você acredita que pode te limitar

E o que é uma crença? Crença é um modelo de mundo, é um sentimento de verdade que você tem perante a vida, diferente de um fato. Um fato, por exemplo, é este livro que você está lendo onde todos vamos concordar sobre sua composição, número de páginas, cores, conteúdo, etc.

Já uma crença é diferente. Se eu te disser que ganhar dinheiro é fácil, ou que ganhar dinheiro é difícil, ou que mudar é difícil, ou que a área de marketing é complicada, enfim, estas ideias todas são crenças, sentimentos de verdade perante a vida.

Nossas crenças são formadas e instaladas em nossa mente na infância, geralmente pelos nossos pais, pela escola ou pelos grupos que frequentamos.

Crenças funcionam como programação dentro da nossa cabeça e foi colocada lá dentro por N circunstâncias. Só conseguimos ter comportamentos que estejam alinhados com o que acreditamos, ou seja, crenças/pensamentos geram comportamentos e comportamentos geram resultados.

Se você como líder está querendo se reinventar, crescer, atingir metas e objetivos, novos patamares na carreira, sucessos, enfim, estou aqui te ensinando sobre a importância de traçar um objetivo ousado, e na ponta 5 da metodologia vamos falar de execução. Mas qual é o problema? Por que muitas pessoas não conseguem atingir os objetivos? Por que todos nós temos crenças e pensamentos que nos limitam?

Minha dica para você agora é: faça uma lista do que você acredita a respeito do dinheiro e do sucesso que possam estar te limitando e reescreva todas elas com um novo significado.

Crenças sobre **dinheiro e sucesso**

1 CRENÇA LIMITANTE

RESIGNIFIQUE
" _____
_____
_____
_____ "

2 CRENÇA LIMITANTE

RESIGNIFIQUE
" _____
_____
_____
_____ "

3 CRENÇA LIMITANTE

RESIGNIFIQUE
" _____
_____
_____
_____ "

A crença negativa é como uma autossabotagem, um freio de mão que te puxa, que segura o desenvolvimento do seu potencial. Muitas pessoas não valorizam o poder da crença sobre os resultados, mas são elas que nos levam até eles, bons ou ruins, porque nós executamos e funcionamos de acordo com tudo aquilo que acreditamos. Em uma organização, precisamos fazer com que as pessoas acreditem nos mesmos pontos. Falaremos mais disto na ponta cinco da metodologia do líder estrela.

Para a grande maioria das pessoas a crença é inconsciente e elas não se dão conta. Por isto você está fazendo algo muito bom por você ao tomar contato com este conteúdo. O autoconhecimento é a melhor maneira de conhecer suas crenças.

Por isto, se você quer ser um líder que brilha na carreira, tem alta performance e por isto conquista seus objetivos mais ousados, a primeira coisa a fazer é descobrir quais são as crenças que te limitam, que te seguram. Depois você precisa ressignificá-las, desenvolver novas crenças e em terceiro praticá-las, ou seja, acreditar nas novas crenças com suas entranhas. A forma para fazer isto é a repetição diária.

Então vamos lá, pegue uma folha de papel e escreva seu objetivo, depois responda a seguinte pergunta:

OBJETIVO: _____
_____

↪ *1. O que me impede de conquistá-lo?*
_____
_____
_____

2. O que me atrapalha ou reduz minha velocidade para atingir meu objetivo?
_____
_____
_____

Aqui uma dica: crenças funcionam como uma cebola, você precisa ir descascando e tirando as camadas para chegar em sua origem. As primeiras respostas tendem a ser racionais como: o que me impede é o mercado, é meu chefe porque não me dou muito bem com ele... Mas o que você precisa descobrir aqui é algo muito íntimo e profundo, pode ser até que você não tenha pensado nisto nos últimos anos da sua vida.

Exemplo:

Eu ouvi quando criança que dinheiro não dá em árvore e nas entrelinhas estava dito que ele é difícil de ganhar. Isto me limitou por muito tempo e eu passava dificuldades financeiras. Foi quando eu mudei a crença e passei a acreditar que tem muito dinheiro no mundo, eu só preciso de um plano para acessá-lo.

Fazendo este exercício você conseguirá grandes resultados. E seguindo toda a metodologia do líder estrela você aumenta muito sua chance de conseguí-los.

Resumindo, todos nós temos crenças limitantes e todos podemos descobri-las e dar novo significado para elas.

Hum, bem difícil o exercício de crenças, pois ele mexe com questões profundas e antigas. Como toda família, a nossa também tem crenças muito fortes que vieram de geração em geração e muitas foram formadas na época da guerra. Uma das crenças mais fortes que meu pai tem e de alguma forma deve estar em mim é sobre ser firme e não demonstrar as emoções.

Outra crença positiva e que tem me ajudado neste período é a disciplina e fazer as minhas tarefas com dedicação.

Competências

Seguindo a leitura da minha apostila, entro em um tema mais visto e valorizado pelo mundo corporativo, as competências. Todos devem desenvolvê-las para chegar onde se deseja.

É importante dizer que não tem período para trabalhar nas suas competências, e sim que você deve desenvolvê-las a vida toda. Enquanto você tiver sonhos, ambições, propósito e objetivos é tempo de desenvolver suas competências.

Já ouviu falar do CHA? Conhecimento, Habilidade e Atitude? Atitude é tão importante, que será explorada na próxima ponta da nossa metodologia com o destaque que merece pelo papel fundamental que ela exerce em nossos resultados.

Aqui, vamos abordar Conhecimento e Habilidade.

Conhecimento é a parte teórica, o estudo, a leitura, adquirir novos repertórios, a parte intelectual, ou seja, eu preciso saber primeiro para depois desenvolver a habilidade.

Habilidade é a parte prática, em que transformo o conhecimento em resultados.

Habilidade é igual a saber fazer.

Agora, faça uma lista das suas principais competências (aquilo que você sabe como fazer) e em seguida, analise-as e veja se elas irão te ajudar a conquistar seus objetivos. Por último, escreva quais competências você precisa desenvolver para conquistar seus objetivos.

Em geral, as empresas têm definido as competências para os níveis de gestão, mas caso sua empresa não tenha esta definição, abaixo você encontra algumas competências que são requeridas. Se você não tiver alguma delas, liste em ordem de importância aquelas que você precisa desenvolver e faça um plano de ação.

OBJETIVO:

COMPETÊNCIAS ATUAIS
O que eu faço bem

NOVAS COMPETÊNCIAS
A serem desenvolvidas

Aqui, algumas competências importantes para o líder nesta nova era:

- **Aprendizagem constante:** o que funcionou ontem não é necessariamente a melhor estratégia para hoje ou amanhã, portanto a abertura para "desaprender" e continuar a aprender de forma autônoma é fundamental;
- **Pensamento crítico:** essa competência reflete aquilo que as máquinas não podem fazer. A capacidade de formar um julgamento sobre um tópico englobando aspectos morais e éticos ainda é uma exclusividade humana. Os profissionais precisam ser capazes de discernir informações e questioná-las para a busca de soluções;
- **Inteligência emocional:** segundo o LinkedIn, à medida que a tecnologia acelera, as habilidades sociais crescem em demanda. Ou seja, as máquinas podem fazer quase tudo, mas não podem ser humanas. Enquanto as ações forem desenvolvidas por pessoas, será preciso saber lidar com elas. Nesse sentido, é preciso exercitar o autocontrole, a expressão e a observação das relações interpessoais no local de trabalho. Inegavelmente, a inteligência emocional é essencial para trabalhar coletivamente e garantir um ambiente produtivo e de respeito, tendo a empatia como uma das principais características requeridas para os líderes;
- **Comunicação:** falar com clareza com as equipes, de forma assertiva e eficaz, deixando claro suas expectativas, oferecer feedback constante, manter o canal de comunicação aberto para que as pessoas se sintam à vontade para expor ideias, sugestões e críticas, além de transmitir informações com precisão, transparência e respeito;
- **Consciência cultural (jeito de ser e fazer de uma organização):** a cultura é o que acontece nas interações do dia a dia. O líder precisa ter consciência de como a cultura se forma e como gerenciá-la, e não deixar que aconteça o inverso;
- **Criatividade e flexibilidade para mudanças:** este novo mundo exige novas formas de pensar, e a criatividade é fundamental para a inovação. Em primeiro lugar, não é mais possível pensar em negócios que se mantém por anos no mesmo patamar. Empresas que não inovam deixam o mercado. Em segundo lugar, é preciso saber adaptar-se a essas mudanças;
- **Protagonismo, senso de dono:** assumir a responsabilidade por tudo que está sob sua gestão, incluindo os erros caso não saia como o planejado, buscando em seguida, e com sua equipe, soluções para resolver os problemas sem apontar o dedo. Fazer tudo que estiver ao seu alcance para solucionar as questões que lhe apresentam;

- **Colaboração:** a habilidade de trabalhar em equipe é um dos pilares dos novos tempos, ainda mais nos casos de distâncias geográficas e interação *on-line*. Por outro lado, a liderança deve compreender como inspirar todos os colaboradores em um ambiente diversificado e multicultural, mantendo o foco do negócio em todas as atividades.

Muito legal este exercício de competências. No início, quando conheci a metodologia no treinamento pareceu muita coisa para desenvolver, mas agora estou entendendo a importância de cada atividade proposta. Quem deseja ter alta performance não pode pegar atalhos, pois os atalhos neste caso não irão desenvolver a musculatura necessária para alcançar o objetivo.

Aprendizagem constante

Continuo minha leitura cada vez mais animada. A negativa que tive para o emprego na empresa de eletroeletrônicos me deu um banho de água fria, mas consegui retomar meus estudos com a disciplina dos Becker.

Agora a apostila entra em uma parte que fala de modelo mental, um assunto que tem sido muito comentado no mundo dos negócios. E como já foi mencionado, a dra. Carol Dweck traz duas abordagens muito úteis para o desenvolvimento de qualquer profissional, especialmente para os líderes, o mindset fixo e o mindset de crescimento.

Leio a apostila com muita dedicação. Estou determinada a me transformar em uma líder de verdade. E nunca mais perderei uma oportunidade por não estar pronta e não ser a líder que esperam de mim no meu cargo.

O mindset de crescimento evolui com o tempo e está em constante evolução. Aqui algumas estratégias para desenvolvê-lo:
- **Acreditar em si mesmo.** Se você não acreditar em você, quem poderá fazê-lo? Muitas pessoas assumem que não são capazes e por isto não conseguem conquistar seus sonhos;
- **Assumir seu nível de conhecimento para determinada tarefa.** Se você não sabe como fazer algo, alguém sabe. No mundo de hoje, com acesso a informação de forma rápida, alguém, em algum lugar do planeta, sabe realizar o que você deseja aprender. E se por acaso você não encontrar quem saiba, pode ter aqui uma oportunidade de negócio;
- **Construir sua própria jornada de sucesso e não se basear no palco das outras pessoas.** É como admirar quem está tendo sucesso e esquecer de olhar os bastidores, ou seja, as horas que a pessoa se dedicou a estudar e praticar, a errar, os tombos que ela levou, os desafios enfrentados e, muitas vezes, são as pessoas que criam suas próprias objeções na sua mente. Com certeza quem está tendo sucesso hoje já passou por muita coisa e você, para ter sucesso e ser um líder estrela, precisará estudar e se dedicar ao seu desenvolvimento para conquistar seu sonho maior;
- **Assumir sua batalha e tentar transpor seus obstáculos ao invés de desviar, pegar um atalho ou desistir.**

Mude, mas mude devagar para que a mudança seja consistente.

Mais importante que ir rápido é ter clareza da direção e o que você deseja alcançar. Isto dará um estimulo extra para levantar todas as vezes que cair.

Se você sofreu uma derrota, persista. Mesmo as derrotas mais duras são de valor inestimável pois elas te preparam para seu grande objetivo. Aproveite e avalie o que pode fazer de diferente, o que pode fazer melhor, corrija, prepare-se e persista.

É por isto também que Glen Mill, coach de velocistas jamaicanos, costuma dizer a seus pupilos que "é preciso perder para aprender a ganhar".

Quem consegue a vitória é aquele que crê plenamente e adota um método. Mantenha em sua mente todos os dias a imagem de futuro que você construiu aqui e repita para você mesmo quantas vezes for necessário, de forma afirmativa, que você é ou já está na posição que desenhou, pois tudo que a mente pode visualizar e conceber ela pode realizar com o treinamento adequado.

Um bom exemplo é o nadador medalhista olímpico Michael Phelps. Seu coach, Bob Bowman, pediu-lhe que nadasse em um filme na sua cabeça. Ele deveria mostrar como Phelps gostaria que as provas fossem e como não deveriam ser. Então, ele aprendeu a rodar o filme em sua mente todos as noites antes de dormir e, com o tempo, passou a rodar o filme também pelas manhãs.

Nada, nem mesmo o talento ou diplomas em escolas renomadas, superam a persistência. Existem muitas pessoas com diplomas na parede que não chegaram a lugar algum porque faltou atitude e acabou por desistir. Mas isto é o que vamos com mais detalhes na próxima ponta do método.

CAPÍTULO 5

OPINIÕES **NÃO TÃO** BEM-VINDAS

Minha partida de tênis com o Manfred foi ótima. Que delícia que é estar com meu avô! Nós nos divertimos muito e não tivemos tempo de conversar sobre minha situação. Consegui me esquivar das poucas perguntas que ele fez, dizendo que tudo estava bem. Não quero e não vou pedir ajuda ao Manfred.

Depois do jogo de tênis, saí correndo pois emendei logo um jantar com o Junior no meu apartamento. Isso foi ótimo para não dar chance de ter conversas profundas com o Manfred. Ele é tão sedutor e acolhedor comigo que, depois de uma hora de conversa, eu seria capaz de entregar meu estado de espírito e o quanto estou sofrendo, mas eu não posso baixar a guarda.

Fui para casa voando, tomei uma ducha rápida e comecei os preparativos para o jantar.

O cardápio será frango com aspargos e salada de batata. Queria comemorar com o Junior a sua banda de rock e dizer para ele o quanto eu o admirei o vendo tocar tão bem. Ele realmente tem muito talento.

Quase não posso acreditar que ele está sendo preparado para ser o sucessor do meu pai e não eu. É realmente inacreditável isto, pois além de amar a Haus Becker eu estou muito mais preparada do que ele. Fui eu que tive a coragem de ir viver sozinha nos Estados Unidos super nova, literalmente eu era a garotinha superprotegida pelo papai e pelo vovô. E, mesmo assim, me desvencilhei da superproteção e fui estudar fora. Diferentemente do meu irmão, que mal tem coragem de falar da banda dele para meus pais e faz tudo o que o Klaus pede.

Como um bom alemão o Junior chegou na hora marcada. Eu ainda estava meio atrapalhada com os preparativos. Abrimos uma garrafa de vinho tinto e começamos a beber e comer queijo enquanto conversávamos. E no balcão mesmo jantamos. O clima estava ótimo até que eu disse para ele a verdade e ele não aceitou muito bem.

Disse apenas tudo o que penso sobre a sucessão da empresa e que ele não está preparado para esta empreitada, que deveria sim ser músico e ganhar o mundo com sua banda de rock and roll.

E ele respondeu:

— Nick, eu posso até não estar preparado, mas com certeza você também não está. Se você for comandar uma empresa com essa sua postura e ansiedade, vai matar as pessoas de estresse. Ninguém

vai querer ter uma chefe arrogante como você está demonstrando ser, ninguém vai querer ter alguém assim em uma equipe.
— Junior?
— É isto mesmo que eu disse, Nick. Você deveria guardar sua avaliação sobre mim para você, porque eu não perguntei sua opinião ou pedi conselhos a este respeito. Você se acha a dona da verdade e que sabe tudo, mas não sabe não, Nick. E sabe muito menos sobre pessoas e relações. Acha que só porque estudou nos Estados Unidos é melhor do que eu? Você até pode ter mais conhecimento técnico, mas de seres humanos não entende nada. Te falo com todo respeito e amor que tenho por você. Você está precisando ouvir umas verdades. Eu não avançaria o sinal se você não tivesse começado e vejo que está fazendo escolhas que podem comprometer seu futuro e detonar seus sonhos. Suas atitudes não te levarão a lugar algum, na verdade elas te deixarão aqui, sozinha neste apartamento. Sem família, sem amigos e sem emprego. Sei que você adora trabalhar e o quanto ama a Haus Becker, talvez seja justamente isto que está te levando a agir impulsivamente e sem pensar nas pessoas.

Meu irmão nunca falou comigo assim, não sei o que foi que eu disse que o deixou furioso.
— Junior?
— Já que você começou o assunto, vai me escutar até o final. Você me diminuiu dizendo que eu não sirvo para suceder o papai. Acha mesmo que se eu quiser não posso aprender?
— Mas você ama a música...
— E por que eu não posso ser músico e executivo?
— Pode, claro. Depende se quer a música como hobby ou profissão. Ou executivo é que será o hobby? Está vendo como você irá cuidar da empresa?
— Será que você não percebe que suas atitudes são erradas? E quanto mais o tempo passa você fica mais mimada do que já era. Só porque o papai não te prometeu a sucessão da empresa, você bateu o pé como a garota mimada que é e saiu chorando porque não ganhou o presente. Fez igual uma criança, Nick. Percebe? Acha que é assim que a mulher e executiva, dona de uma empresa que você almeja ser resolve os seus problemas?
— Acho que você está errado! Você não entendeu nada do que aconteceu e porque acabei brigando com o papai. Ele não me respeitou

como profissional da mesma forma que respeita você e, pior, queria me dar mesada! Eu só queria um cargo e um salário compatível.
— Nick, você ficou 10 anos fora do Brasil e da empresa e queria o quê? Que no seu estalar de dedos o Klaus criasse um cargo para a filhinha dele? Acha que é assim que se administra uma empresa? Você demonstra ser a dona da verdade e não é assim que as coisas funcionam na prática. Se você for gerir os negócios da forma como está se comportando, fará igual ou pior do que o Klaus.

Baixei os olhos, coloquei o guardanapo no meu colo e resolvi não argumentar, pois ele não está entendendo o meu lado. Eu amo meu irmão, mas ele está errado sobre mim. Será que ele ainda tem ciúmes de mim da forma que tinha quando éramos crianças?

Resolvi não discutir com ele em nome da nossa relação que sempre foi muito boa. Quando criança e adolescente o Junior me livrava dos meus pais quando eu aprontava, éramos muito unidos.

Nosso jantar começou muito bem mas acabou totalmente indigesto. O Klaus Junior me disse coisas horríveis e foi totalmente inconveniente. Foi embora mais cedo do que o esperado e por último, já na porta de saída, ele disse docilmente:
— Irmã, eu te amo. Você está de olhos vendados e não enxerga o óbvio. Minha sugestão é que repense a sua postura. Eu estou aqui caso queria conversar. Não quero que você sofra. Mas, infelizmente, muitas vezes é desta forma. Sei que está difícil para você sozinha neste apartamento e sem falar com o papai. A forma como vai agir diante de tudo isto depende só de você, minha irmã, e das escolhas que irá fazer a partir de agora.

Obrigado pelo jantar, a comida estava deliciosa. Desculpe se avancei o sinal, mas precisava te dizer algumas coisas para ver se você cai na real. Esta briga com o papai não vai te levar muito longe e sinto que você também não está feliz. O papai sente sua falta.

Você fala dele, mas está agindo da mesma forma. Pense nisto!

Organizei a cozinha e fui para o quarto meio zonza, não sei se por causa do vinho ou por tudo que ouvi do Junior. Acho que de fato ele exagerou e muito no que me disse.

Caí na cama e apaguei.

No dia seguinte

Acordei às 4h30 da manhã com as palavras do Junior reverberando em mim e com um nó no estômago. Acho que ele exagerou e viajou nas coisas que me disse.

Resolvi pegar meu livro e ler um pouco até amanhecer.

Ontem, de certa forma, eu fui desafiada e quero começar meus estudos sobre atitude para constatar como meu irmão está errado sobre mim. Não sou e não quero ser igual ao Klaus e nem passar por cima de ninguém para conquistar meus objetivos, quero apenas meu espaço.

O dia amanheceu lindo. Apesar de ser inverno e estar frio em São Paulo, o dia estava convidativo para eu estudar. Antes vou olhar nas redes sociais, pesquisar mais as empresas que me interessam e ver se tem alguma posição que posso me inscrever, mas farei isso depois do meu café da manhã. Estou faminta pois não comi muito no jantar de ontem com toda aquela falação do meu irmão sobre mim. Analisando agora, ele me detonou e sei que está errado.

Não vou deixar que o jantar de ontem estrague minha vontade de aprender sobre liderança, nem perder uma oportunidade por não estar preparada.

Entro no meu escritório com uma xícara grande de café, abro minha apostila e dou de cara com a frase:

"Atitude é uma palavra mágica, ela pode mudar a sua vida. Controle o medo de mudar, pois na maioria das vezes a mudança representará a sua libertação".

Fico alguns minutos pensando sobre isto. As palavras do Junior ficam martelando na minha cabeça e não estou conseguindo me livrar delas.

Resolvo parar por uns minutos e tentar a técnica de respiração para aumentar meu foco no estudo, mas não sou lá muito bem-sucedida. Sigo em frente mesmo assim nos meus estudos e luto contra os pensamentos que brotam na minha cabeça como ervas daninhas.

Se eu mudar meus pensamentos e minhas atitudes, eu realmente irei tomar as rédeas de minha vida.

Seguindo os estudos vem a explicação sobre protagonismo e accountability. Como a consultora disse, um conceito é evolução do outro, para uma pessoa ser accountable ela precisa ser protagonista primeiro. E se 35% das pessoas na sociedade e nas empresas se portassem como protagonistas já teríamos resultados bem diferentes.

Me deparo com um teste de autoavaliação e o faço com muita seriedade. Aliás, este foi o grande pedido no treinamento, fazer os exercícios com a maior sinceridade possível, pois não podemos mentir para nós mesmos.

Líder protagonista – DONO DA PRÓPRIA HISTÓRIA

Marque um X para cada resposta "sim" que você já tenha pensado ou dito. (Fonte: Carla Weisz Consultoria)

#	Pergunta	SIM	NÃO
1	Você já se pegou reclamando das suas metas por elas serem muito altas?	☐	☐
2	Você tem medo de ser superado por alguém da sua equipe?	☐	☐
3	Diz com frequência que quem pediu a tarefa foi seu chefe?	☐	☐
4	Diz que a culpa é da empresa ou do RH ou de outra área?	☐	☐
5	Usa desculpas verdadeiras como: "Meu chefe não me disse nada" ou "Eu não sabia"	☐	☐
6	Atribui a responsabilidade pelo insucesso aos outros como cliente, mercado, câmbio, concorrente?	☐	☐
7	Acha que você já sabe tudo sobre seu negócio?	☐	☐
8	Tem dificuldade de olhar para o futuro e fica preso aos erros?	☐	☐
9	Diz coisas do tipo: "não temos alternativa, cortaram o budget, falta recurso, a equipe é fraca"	☐	☐
10	Faço as conexões das pequenas tarefas e metas diárias com minhas metas corporativas.	☐	☐
11	Eu incentivo a resolução de problemas, propondo novas formas de agir.	☐	☐
12	Eu passo a maior parte do tempo reclamando e achando que alguém está me sabotando do que buscando soluções.	☐	☐
13	Você já disse "não ganho pra isto" e esperou que alguém resolvesse o problema?	☐	☐
14	Alguma vez você já contou uma história pra justificar o atraso ou não cumprimento de algum compromisso?	☐	☐
15	Você já se pegou pensando que faria diferente se você fosse seu chefe?	☐	☐

PONTUAÇÃO:

Marque 01 ponto para cada "sim" que você marcou e depois some todos.

TOTAL de pontos: _____

SE VOCÊ MARCOU 0 PONTOS não está sendo sincero com você, volte e refaça o teste.

SE VOCÊ MARCOU 2 PONTOS sabe que é humano e pode cair na vitimização. Mantenha a consciência alta sobre você.

SE VOCÊ MARCOU DE 3 A 7 PONTOS você é humano e precisa aumentar a consciência sobre suas atitudes e o que o levam a ter atitude de vítima.

SE VOCÊ MARCOU DE 7 A 9 PONTOS percebe que pode cair facilmente na atitude de vítima.

SE VOCÊ MARCOU ACIMA DE 9 PONTOS, você está agindo como vítima e precisa urgente mudar sua atitude.

Caramba, meu resultado no teste deu que estou agindo como vítima da história, achando que tudo e todos estão contra mim.

E agora? O que eu faço? Começo a tomar contato com a realidade que me assola, quando olho no relógio e vejo que já está na hora de eu me arrumar para a consulta com a dra. Linda.

Enquanto me arrumo, penso em tudo o que o Junior me disse, na vaga de emprego que perdi na empresa de eletroeletrônicos e no emprego propriamente que não vem. Envio vários currículos com carta de apresentação, tudo como manda o figurino e nada. Acho que o mundo está contra mim, deve ser praga do meu pai, só pode ser.

Fico pronta rápido, pois estou muito acelerada. Mal presto atenção na roupa que coloco, quero mesmo aprender mais sobre esta ponta do líder estrela e uso os minutos que ainda tenho para ler um trecho da apostila sobre o conto de um CEO.

"Certa vez, ao assumir a presidência de uma companhia, um executivo encontrou seu antecessor, que tinha acabado de ser demitido.

"Durante a conversa, o antigo chefe disse ao substituto que deixaria a ele três envelopes lacrados e numerados, e o aconselhou: 'abra as cartas sequencialmente nos momentos de crise'.

"Alguns meses depois, um problema sério surgiu, e o novo presidente leu a primeira mensagem, que dizia: 'culpe seu antecessor'. Foi isso que o CEO novato fez – e se sentiu melhor.

"Na segunda crise, o executivo recorreu aos envelopes e leu o novo conselho: 'culpe a equipe'.

Ele achou que aquela era boa ideia e tomou essa atitude.

"Não demorou muito para que surgisse mais uma situação delicada e a última carta precisasse ser aberta. Dessa vez, o recado era o seguinte: 'Escreva três cartas'.

"Moral da história: um chefe que não assume a responsabilidade por seus erros com humildade e integridade, mais cedo ou mais tarde, será demitido."

> **"Um chefe que não assume a responsabilidade por seus erros com humildade e integridade, mais cedo ou mais tarde, será demitido"**

Culpe seu antecessor   *Culpe sua equipe*   *Escreva 3 cartas*

No meio dos meus devaneios recebo uma mensagem da Andreia me convidando para um happy hour amanhã. Vai ser ótimo conversar com ela. Ando muito só ultimamente vivendo meu processo onde o mundo parece estar contra mim, tentando sobreviver a ele.

Hum... Muito interessante este conto… Nossa, olho no relógio e vejo que está na hora da sessão com a dra. Linda.

Uma provocação

A dra. Linda pegou pesado comigo hoje. Será que o mundo está mesmo contra mim? Ela me fez duras provocações e no final da nossa sessão, uma pergunta pegou bem no meio do meu estômago como um grande soco. Ela me questionou até quando eu vou ficar achando que o mundo me deve algo, incluindo meu pai.

Saí da sessão sem rumo. Resolvi ir até o shopping e andar um pouco para espairecer. Minha cabeça estava virada do avesso. Primeiro o teste em que descubro que me posiciono como vítima e depois esta provocação da dra. Linda. Será que eu realmente estou me portando como vítima? (Sim! Você está!)

Passei praticamente o dia perambulando pelo shopping. Comprei um livro, tomei uns 3 cafés, fiquei com vontade de comprar uma roupa, mas consegui me controlar e economizar. No meio da tarde comi umas esfirras num restaurante barato e retornei para casa ainda muito pensativa.

Resolvo não deixar tudo isto me paralisar. Decido continuar meus estudos e entro no item senso de dono, que é igual a protagonista e parecido com accountable.

Definição: Uma escolha pessoal de superar as circunstâncias e demonstrar senso de propriedade (moral) necessário para alcançar os resultados.

Seguindo a apostila, "propriedade moral, como exemplo traz a visão de que mesmo que uma pessoa não seja o dono da praça pública, se ela tiver senso de dono, irá cuidar da praça, não jogando por exemplo papel no chão e ficando brava quando alguém faz algo que danifique ou suje a mesma praça.

"Quem tem a postura de senso de dono (protagonista + accountable) está dentro do jogo e poderá influenciar o resultado. Enquanto a vítima está fora do jogo, não poderá influenciar e sofrer as consequências das ações executadas por outras pessoas.

"Ao longo da vida da consultora Carla ela disse sempre ter se perguntado porque algumas pessoas têm sucesso e outras não, porque algumas empresas que concorrem no mesmo segmento, com as mesmas condições de mercado, têm sucesso e outras não. Segundo seus estudos de mais de 15 anos sobre este tema, o que faz a diferença é a atitude de senso de dono. Ela estudou a cultura de países bem-sucedidos, atletas de alta performance, músicos, executivos e empresas que se destacam pelos seus resultados e chegou à conclusão que o senso de dono é a base para tudo isto.

"Quem tem senso de dono não reclama, pois esta é uma postura infantil. E as crianças agem como vítimas porque elas esperam o reconhecimento de seus pais. Ela age desta forma porque tem ganhos que, em geral, são:

- Reconhecimento;
- Amor;
- Isenção;
- Perdão.

"Quando uma criança cresce sem aprender sobre responsabilidade ela se torna uma expert em culpar os outros, desenvolve a habilidade da culpabilidade e se torna um adulto vítima da vida, que não tem o comando sobre suas ações.

"Alguns dados empíricos de observação de muitos estudiosos mostram que entre 70 e 80% do que acontece na vida de alguém tem relação com suas escolhas e sua attitude; entre 10 e 15% tem relação com o ambiente e apenas 10% tem relação com outras pessoas.

"E como se comporta a vítima? Ela reclama da vida, culpa fatores externos por seus insucessos e culpa as outras pessoas como se o mundo estivesse contra ela.

"É importante não confundir reclamação com indignação. Quem tem senso de dono se indigna quando vê algo errado e tenta resolver a situação ao invés de ficar parado esperando que alguém resolva. Geralmente a pessoa que tem senso de dono trabalha mais que as outras, pois ela vê o erro e tenta resolver. O maior cuidado e atenção aqui é não ficar arrogante, se portando como 'sabe tudo'.

"A vítima usa, na maioria das vezes, desculpas verdadeiras. Exceto por algumas questões como cor dos olhos, local onde nasceu, família, doença e outros detalhes, o restante são desculpas verdadeiras que a vítima usa para se defender e se colocar na posição de inocente. Esta é uma pessoa que de fato é um grande reclamão e pede até inconscientemente que alguém o salve da situação que se encontra. O ponto é que a vítima não se dá conta – em geral que está agindo como vítima e quando usa uma desculpa verdadeira acaba ficando paralisada, sem ação e sem poder resolver o problema.

"Enquanto isso, a pessoa que tem senso de dono assume a responsabilidade. Se separarmos no meio a palavra responsabilidade, vemos que esta palavra nos remete à habilidade de responder com resultado aos eventos da vida. Responder com resultado é uma ação, ao contrário de simplesmente dizer que irá fazer algo e nunca mudar de atitude.

"É importante dizer que quem tem senso de dono e resolve ser dono da própria história não é um super-homem ou uma mulher-maravilha, apenas é uma pessoa que resolve fazer a sua parte ao invés de ficar reclamando da vida. São pessoas que buscam ao máximo seu poder de ação para superar a si mesmo e aos obstáculos encontrados. Elas olham os limites e as dificuldades e sempre trazem a situação para seu próprio colo. Agora, é importante dizer que, se o desafio for maior que sua própria capacidade de influenciar a situação, a pessoa com senso de dono irá fracassar.

"E aí vem a pergunta: quando fracassar e não conseguir influenciar a situação, ela faz o quê? Em primeiro lugar, ela não reclama do outro e em segundo lugar, ela define um plano de ação para sair da situação onde fracassou. Vou contar um exemplo que ilustra isto.

"Certa vez, trabalhei em uma empresa que passou por uma fusão e as coisas mudaram muito, ficaram estranhas. O discurso da liderança não batia com as ações praticadas. Por um ano, eu tentei influenciar os processos, conscientizar sobre a incoerência dos atos com as falas e tudo que era publicado na comunicação interna mas não fui bem-sucedida. Eu não estava disposta a mexer na minha hierarquia de valores naquele momento. Então tracei um plano e comecei a executá-lo. Como primeira ação, refiz meu currículo e investi na minha rede de relacionamentos até que pedi demissão rumo a um outro desafio.

"Neste exemplo, inúmeras pessoas estavam usando desculpas verdadeiras sobre o caos que estava na empresa, mas usavam estas desculpas como paralisia e não como oportunidade de mudança. E também não podemos negar que existiam problemas reais, a empresa amargou um prejuízo enorme em função do clima e da quantidade de processos trabalhistas. O grande ponto é como lidamos com os problemas, qual atitude resolvemos ter, a de senso de dono que assume para si a responsabilidade pelo seu sucesso ou a de vítima da história que fica em uma empresa infeliz, reclamando dos chefes, de suas decisões e paralisado, entregando sua felicidade para outros.

"As desculpas verdadeiras são muito comuns, e estão presente tanto no ambiente corporativo quanto na vida das pessoas, afinal, as pessoas agem nas empresas como elas são de verdade no seu dia a dia. Foi o tempo em que um funcionário agia na empresa diferentemente do que ele é na essência.

"Agora, quais são os ganhos de ter o senso de dono:
- Realização;
- Sucesso;

- Satisfação;
- Tornar-se o dono da própria vida

"E como age quem tem senso de dono:
- Assume a responsabilidade;
- Foca em soluções;
- Olha para o futuro;
- Não reclama e quando o faz ajusta seu comportamento;
- Não espera as coisas acontecerem, vai lá e faz, busca alternativas;
- Não usa desculpas verdadeiras;
- Escolhe a vida que deseja ter e seus resultados;
- Tem humildade para aprender;
- Se vê como parte dos problemas e, assim, se vê como parte da solução."

Hora de mudar

A minha consciência toma um choque de realidade e a primeira ficha cai ao ler este conto de um bispo anglicano que diz:

"Quando eu era jovem e livre, e minha imaginação não tinha limites, sonhava em mudar o mundo; conforme envelheci e me tornei mais sábio, concluí que o mundo não mudaria.

"Decidi encurtar um pouco minha perspectiva e mudar apenas meu país. Mas este parecia imutável.

"Quando cheguei aos meus anos de penumbra, em uma última e desesperada tentativa, ansiei por mudar somente minha família, aqueles próximos a mim, mas nem mesmo eles aceitaram algo assim.

"E aqui estou eu, em meu leito de morte, concluindo (talvez pela primeira vez) que se eu houvesse começado mudando a mim mesmo primeiro, então, talvez pelo exemplo, pudesse ter influenciado minha família e, com apoio e o encorajamento deles, pudesse ter melhorado o país e, quem sabe, houvesse até mudado o mundo."

Percebo que realmente não adianta querer mudar o mundo e os outros sem mudarmos a nós mesmos. Me lembro do Klaus e fico angustiada com este choque, pois de fato não sei como fazer, não sei como lidar, meu dinheiro está indo embora e eu ainda não tenho um emprego.

Com tudo que li agora e as coisas que ouvi do meu irmão, mais as provocações da dra. Linda, vejo que eu preciso repensar sobre minhas atitudes. A vida está sendo explícita comigo e eu não compreendia que precisava mudar primeiro.

Percebo que estou agindo como vítima da história, achando que o mundo está contra mim e esperando que algo mágico aconteça ou que a sorte abra um largo sorriso na minha direção.

Acho que não existe sorte, pois se eu acreditar nela, também tenho que acreditar em azar, afinal, são dois lados da mesma moeda.

Me parece que a forma como tenho pensado e agido são comportamentos de vítima e o que não me faltam são desculpas verdadeiras.

Até o treinamento que eu fui, percebo que, de certa forma, eu o desperdicei pelo meu estado, sentindo pena de mim mesma, pois eu poderia ter me dedicado muito mais, feito mais relacionamentos. Ir a um treinamento ou evento e ficar na postura defensiva como eu estava não adianta de nada. Mas ainda bem que eu tenho este material incrível para estudar, agora só depende de mim.

Eu preciso assumir o comando dos meus pensamentos e das minhas atitudes.

O Mário da MoD bem que podia me ligar. Paro por um momento e ao invés de ficar esperando, resolvo mandar uma mensagem para ele, afinal, trocamos ideias no treinamento e de certa forma ele me deu esta liberdade. Por que ficar esperando se posso fazer algo? Não posso ficar o resto da vida amargurada, se não a amargura vai me devorar como uma cobra piton gigante. Vamos lá, Nicole, cabeça aberta para se desafiar e abordar os problemas por uma outra perspectiva.

E é para já!

"Olá Mário. Espero que esteja bem. Tenho me dedicado a fazer os exercícios da apostila do treinamento que fizemos juntos. E você? O treinamento foi útil? Será que podemos tomar um café um dia destes para trocar ideias sobre o curso? Abraços, Nicole."

Droga, agora que tive uma atitude preciso lidar com a ansiedade da espera. O que fazer? E se ele não responder? E se ele nem lembrar de mim? E se ele responder me dando um corte bem dado?

Espero 5 minutos, 10 minutos e nada de resposta. Vejo pelo sinal da mensagem que o Mário viu, mas por que será que não responde? Para distrair volto para minha apostila e continuo a leitura.

"A grande oportunidade de ter vivido e trabalhado perto de grandes líderes e empresários deste país e outros em processo de aprendizagem me deu uma perspectiva muito acurada do que produzem os grandes líderes. E posso garantir para vocês que em hipótese alguma um grande líder é alguém vitimizado e arrogante. Ao contrário, os que são grandes têm atitude de responsabilidade, são humildes, fazem o que falam e, por isto, conquistam a confiança das pessoas. Eles são grandes porque conseguem levar as pessoas junto e agem com muita gana para conquistar seus objetivos, mas sempre de forma íntegra.

"Os grandes líderes são grandes porque não aceitam baixa performance e nem desculpas de suas equipes. Diferentemente de gestores vítimas que procuram manter na equipe pessoas de baixa performance, mais fracos do que ele para ninguém o desafiar e ameaçar. Desta forma tornam o dia a dia mais fácil de lidar, não lhe dão muito trabalho e, com isto, acabam não entregando ou superando resultados e depois arrumam um monte de desculpas verdadeiras.

"Líderes de alta performance buscam montar um time melhor do que eles, mas falaremos mais sobre isso na próxima ponta de nossa estrela.

"Líderes vítimas da história agem e pensam coisas do tipo:
— Não entreguei resultado pois a meta era muito alta;
— O planejamento estratégico está errado;
— Minha equipe não funciona;
— Meu chefe não me deixa agir como eu gostaria;
— Aceita ter uma equipe de pessoas que agem como vítima;
— Atribui sempre a responsabilidade para as outras pessoas;
— Diz que não tem os recursos necessários ou que a equipe é fraca;
— Contrata pessoas fracas e que tem postura e atitude de vítima."

Uma noite e um despertar

Paro meus estudos de cabeça cheia. Mais uma parte da metodologia do líder estrela que mexe comigo. Bem que a consultora disse que as duas primeiras pontas representam um grande mergulho interno.

Vou me arrumar para encontrar a Andreia, mal posso esperar para ter uma noite agradável com minha nova amiga.

Enquanto me arrumo penso que desde a minha chegada ao Brasil estou apegada a velhos pensamentos. Tinha metido na minha cabeça que ia chegar e assumir uma diretoria na Haus Becker e não consigo ainda aceitar que meus planos foram desmantelados. Neste período estou apegada a pensamentos negativos ou à crença que estou sendo vítima do mundo, mas preciso enfrentar tudo isto e não sei exatamente como.

Uma parte de mim acredita mesmo que o Klaus é o único culpado por eu estar nesta situação. E, para completar, o Brasil está em crise e a dificuldade para arrumar um emprego ainda é grande. Que hora fui voltar!

Chego no restaurante antes da hora marcada e a Andreia ainda não está lá. Escolho uma mesa para nós e aguardo olhando para meu celular, indignada pelo Mário não ter respondido minha mensagem. Que filho da mãe desalmado e sem consideração pelo outro que nem respondeu! Nem ao menos um "oi" ou uma negativa para meu convite. Este cara é no mínimo sem educação... Imagina se eu estou no processo seletivo desta empresa, ele não deve dar retorno para os candidatos.

Uma das coisas que aprendi com a família Becker é que não podemos deixar ninguém sem retorno ou nos esperando. Se não formos cumprir um acordo, chegar no horário ou mesmo a um compromisso, seja por qual razão for, devemos avisar a pessoa. Quando não cumprimos um simples acordo entramos para a posição de devedor.

Claro que as coisas podem mudar e imprevistos acontecem, mas devemos sempre negociar antes. Bom, neste caso específico o Mário não está devedor pois não fez acordo comigo, mas foi sem educação ao não responder minha mensagem. Podia ao menos dizer "Olha, Nicole, estou ocupado e falo com calma com você na próxima semana". Sei lá, podia ter dito qualquer coisa, mas deixar uma pessoa sem resposta é horrível e muito deselegante. (Amiga, calma, foi só uma mensagem)

Sou interrompida em meus pensamentos que já estavam virando braveza pela Andreia que chega linda e radiante.

— Olá, Nick.

— Olá, Andreia! Que alegria te encontrar! Estava precisando muito sair, obrigada pelo convite.

— O prazer é meu. Meu marido viajou novamente, estou sozinha e doida para saber o que achou do curso. Está fazendo a mentoria?

— Mentoria? Caramba! Eu comprei a mentoria em grupo com a Carla e não compareci a nenhuma, não acredito!

— Nick, também não acredito. Ela faz toda a diferença em nosso desenvolvimento como líderes. Eu estou amando. Para tudo! Vamos começar a conversa novamente e deixar este assunto um pouquinho mais para frente, pois sinto que ele merece dedicação. Deixa eu chegar, pedir algo para beber e você me conta tudo, o que tem feito desde que chegou, o que achou do curso, emprego, enfim, quero saber de você. Sabe, meu marido e eu gostamos muito do seu irmão, ele é um grande e querido amigo nosso. Conhecemos um pouco da sua história por ele, pelos olhos dele e te conhecer naquela balada foi incrível. Garçom? Vamos tomar vinho, Nick?

— Sim, claro!

— Espumante ou tinto?

— Tinto, se você não se incomodar. O dia fez sol, mas agora já está gelado novamente e o vinho tinto irá cair bem nesta noite. Nick, me conta, já arrumou emprego?

— Ainda não. Participei de um processo seletivo, mas fui gongada.

— Puxa, que chato. Provavelmente não era para você este emprego.

— Ah, era sim. Uma empresa famosa mundialmente e que já foi eleita várias vezes como uma excelente empresa para se trabalhar.

— Pode ser que você tenha que aprender algo com esta situação toda de ter sido gongada.

— É, acho que foi isto mesmo. Eu não estava preparada para a posição.

— Agora que nosso vinho chegou, me conte o que achou do treinamento do método do Líder Estrela.

— Eu adorei o treinamento, mas não aproveitei como deveria e vejo hoje, estudando tudo novamente, que foi minha responsabilidade. Estou relendo a parte da apostila que fala sobre atitude e, ao fazer o teste, lá pude perceber que estou me colocando na posição de vítima.
Estou querendo que as coisas mudem sem eu mudar. Me lembro de uma frase de Epiteto, que me marcou muito, dita no treinamento: "É impossível o homem aprender aquilo que ele acha que já sabe". Pensando nesta frase e em tudo que está acontecendo, lembro do que o meu irmão disse sobre minha arrogância. Se eu não me colocar na posição de humilde não irei aprender nada.
— Me permite dizer o que penso?
— Claro!
— Primeiro me diz uma coisa, por que você comprou a mentoria e ainda não foi? Você quer que as coisas aconteçam, quer aprender sobre liderança tanto que fez um curso, quer arrumar um emprego ou voltar para a empresa da sua família e não está fazendo direito a sua parte? Por quê?
— Eu realmente não tive vontade de ir na mentoria.
— Sabe, me parece que você está ocupada demais se vitimizando. O grande problema disto é que você pode entrar em uma espiral descendente e se afundar cada vez mais.
— Andreia, é assim que eu me sinto. Afundando, mas em areia movediça. Tenho dias de lampejo, mas que não se sustentam. Vez ou outra me pego como vítima da vida e continuo puta com meu pai.
— Se você não mudar de vez sua atitude e passar a ser a dona da sua história, sinto lhe dizer, mas ninguém fará isto por você. Tem coisas que somente nós podemos fazer por nós mesmos. Você escolhe. Onde quer ficar? Claro que todos nós temos nosso momento vítima. Aliás, aprendi com a Carla que devemos abraçar a vítima que existe dentro de nós, isto é humano. Mas podemos escolher onde queremos passar a maior parte do tempo de nossa vida, como vítimas ou como donos de nossa história. Que atitude você acha que está transmitindo para as pessoas?

Abaixei a cabeça para pensar.
— Não precisa me responder, mas precisa pensar sobre isso e tomar consciência, pois atitude é algo que você pode controlar. E acredite, suas atitudes irão voltar para você como bumerangue, você

joga para os outros atitudes positivas e colhe atitudes positivas da vida. É a velha regra da causa e efeito. Se você quer mais da vida, tenha certeza que você pode conseguir, minha cara! Não são suas condições que determinam seu sucesso, mas sim suas atitudes. A mentoria seria bárbara para você. Lá discutimos mais detalhadamente os assuntos do curso e podemos tirar dúvidas, colocar nossas angustias na mesa e a mentora nos ajuda com estratégias para entrarmos num círculo virtuoso de crescimento, seja na carreira ou na vida. Quando estamos bem conosco, temos uma chance maior de irmos bem em nossa vida pessoal ou na carreira. Me diz uma coisa, você encara seus objetivos e sonhos com paixão?

— Sim, claro!
— Então, minha cara amiga, você precisa empregar esta mesma paixão no percurso para chegar lá. A atitude é isto, transformar a paixão em ação e alimentá-la todos os dias pela paixão do seu sonho. Nós vimos no curso que gana tem a ver com unir a paixão (nosso propósito) e perseverar na sua busca. Sem esforço não existe conquista.
— Mas eu estou lendo toda a apostila novamente e fazendo os exercícios com muita dedicação.
— Ótimo que esteja fazendo isto, é muito bom mesmo, mas poderia estar bem melhor se tivesse participado das sessões de mentoria e eu te garanto, elas fazem a diferença. Fez para mim, sinto enormes mudanças em mim e estes dias recebi um elogio muito legal do meu diretor falando da minha mudança de comportamento e, para coroar minha alegria, recebi também um elogio de uma pessoa bem difícil da minha equipe. Ou melhor, uma pessoa que eu julgava difícil, mas aprendi no treinamento que a responsabilidade da equipe é minha e se tem alguém difícil na equipe eu tenho escolha de como lidar com ela.
— Parabéns Andreia. Um brinde!
— Tim-tim!
— Vamos pedir a comida enquanto falamos?
— Sim, claro. Garçom?

E nosso papo continuou. De forma muito educada e amável a Andreia me deu um chacoalho daqueles. Ela me relembrou a importância da prática disciplinada para conquistarmos nossos objetivos e os princípios que norteiam a prática disciplinada.

- Ter uma meta ambiciosa (já tenho);
- Concentração e dedicação total (estou 50% pois não fui nas sessões de mentoria coletiva);
- Feedback imediato e informativo (recebi do Junior e não dei muita atenção e, agora, estou recebendo outro da Andreia Definitivamente, decidi ouvir todos eles);
- Repetição com reflexão e aprimoramento (estou no caminho e vou melhorar, pois vou iniciar a mentoria para meu aprimoramento).

Nosso jantar, apesar da conversa tensa, foi muito gostoso, acho que realmente somos amigas. A Andreia foi gentil comigo e ao mesmo tempo me deu uma grande dura por eu não estar me esforçando por completo e não ter ido na mentoria. Ela frisou muito para eu continuar os exercícios e toda a leitura da apostila sem pressa, sendo a mais sincera possível, especialmente nas duas primeiras pontas da estrela. Reforçou ainda para eu fazer o exercício de garra.

Fui para casa pensativa. Pedi para o taxista fazer o caminho mais longo para eu pensar. Eu amo a cidade de São Paulo de noite com suas luzes acesas. O percurso foi revigorante. Como disse a Andreia, não adie a sua mudança interior, comece agora.

Cheguei em casa e fui procurar na apostila o exercício de garra. Fiquei super curiosa para saber meu nível. Ele deve ser muito baixo neste momento.

Fiz o exercício e continuei a leitura por mais um tempo.

Orientação para o exercício:

Leia cada frase da tabela abaixo e, nas colunas da direita, assinale os números que mais representa você. Faça isto sem pensar muito.

		nada a ver comigo	**não muito** a ver comigo	**um pouco** a ver comigo	**bastante** a ver comigo	**totalmente** a ver comigo
1	Novas ideias e novos projetos às vezes me distraem dos anteriores.	5	4	3	2	1
2	Obstáculos não me desestimulam. Eu não desisto com facilidade.	1	2	3	4	5
3	Muitas vezes eu defino um objetivo, mas depois prefiro buscar outro.	5	4	3	2	1
4	Sou um trabalhador esforçado.	1	2	3	4	5
5	Tenho dificuldade para manter o foco em projetos que exigem mais de alguns meses para terminar.	5	4	3	2	1
6	Eu termino tudo o que começo.	1	2	3	4	5
7	Meus interesses mudam de um ano para o outro.	5	4	3	2	1
8	Sou dedicado e nunca desisto.	1	2	3	4	5
9	Já estive obcecado durante algum tempo por certa ideia ou projeto, mas depois perdi o interesse.	5	4	3	2	1
10	Já superei obstáculos para conquistar um objetivo importante.	1	2	3	4	5

(Fonte: DUCKWORTH, Angela. Garra: o poder da paixão e da perseverança. São Paulo: Intrínseca, 2016, p. 67-68.)

"Tenha em mente que sua pontuação é reflexo de como você se vê agora. O grau de garra pode variar de acordo com a situação e hoje pode ser diferente de quando você era mais jovem.

"Segundo descreve em seu livro *Garra*, a autora diz que esforço conta o dobro do que o talento.

"Garra ou gana tem relação com você manter o mesmo grande objetivo, o seu sonho definido por muito e muito tempo.

"Às vezes as pessoas confundem anos de trabalho árduo com sorte ou talento. E o sucesso tem relação com perseverança, esforço, muito esforço e foco. Além disto, é importante se manter em constante aprendizado. Mas falaremos disto mais na ponta de execução."

A Andreia me tirou da minha zona de conforto, e sair dela é a única forma de crescer. E quanto mais uma pessoa protela em sair da zona de conforto, mais protela o alcance de seus sonhos. E é isto que tenho feito. Muitas vezes é uma delícia não assumir riscos e ficar no mesmo lugar, na nossa zona de segurança. Como disse a consultora Carla, "nosso cérebro irá nos jogar para a zona de conforto para economizar energia".

Eu preciso assumir a responsabilidade pela minha mudança, pois ninguém irá fazer isto por mim. Percebo que só poderei ser uma grande executiva se a mudança começar por mim.

Amanhã vou terminar o estudo da atitude, a ponta dois do líder estrela e vou atrás do lance da mentoria.

Vítima?

Abro a minha apostila enquanto tomo o café da manhã e começo logo a estudar. Meu telefone toca e é minha mãe me convidando para jantar amanhã na casa grande para comemorar o aniversário de 63 anos do meu pai e meu aniversário de 30 anos. O Klaus e eu fazemos aniversário com três dias de diferença.

Ela resolveu de última hora fazer uma comemoração íntima na esperança de que nós, o meu pai e eu, no mínimo, voltemos a nos falar.

Este convite mexeu comigo. E agora? O que faço? Com que cara vou olhar para o meu pai? E vamos falar sobre o quê? Em geral todos encontros da família acabam na Haus Becker e não sei se suportaria isto justamente por eu não fazer parte.

Enfim, prometi para minha mãe que iria pensar e dar uma resposta hoje.

Neste momento me lembro que o Mário ainda não respondeu minha mensagem. Que droga! Achei que ele fosse um cara legal, mais uma decepção com as pessoas.

Olho para a apostila e vejo mais uma definição de vítima:
- Culpa os outros o tempo todo;
- Arruma desculpas verdadeiras;
- Justifica seus insucessos sem assumir a responsabilidade;
- Nega sua responsabilidade nas situações;
- Muitas vezes age com arrogância;
- Ignora os fatos e a realidade, sua parte na situação que se encontra;
- Espera passivamente que as coisas mudem como milagre;
- Reclama das pessoas e das situações.

"Como já dito, a vítima age assim pois ao longo da vida aprendeu que tem ganhos com essas atitudes, por isto ela continua.

Para sair da vitimização é importante ter consciência de como você está agindo, refletindo, aliás, a consciência é o nome do 'jogo' do líder de alta performance. A jornada é um ir e vir, ou seja, avanço e reflito sobre minhas atitudes e tomo consciência se estou agindo conforme meus valores, se estou no caminho do meu objetivo e se vivo de acordo com meu propósito.

"O líder de alta performance adquire a confiança das pessoas pelo exemplo, por honrar sua palavra e colocar seus valores em prática. Ele precisa ser do tipo "dito e feito" para conseguir a confiança e, assim, o comprometimento dos integrantes de sua equipe.

Nos momentos que os líderes são colocados em xeque é a hora da verdade sobre suas declarações de valores, se não, elas se tornam irrelevantes e ninguém o irá seguir. O líder estabelece padrão pelo exemplo.

"A consciência plena está naqueles que percebem o mundo e a si mesmos de maneira rápida e precisa. São pessoas que conseguem ter uma compreensão adequada e produtiva sobre tudo aquilo que as cerca.

'Libertei mil escravos, poderia ter libertado outros mil se eles soubessem que eram escravos.'
(Hariet Tubman, abolicionista norte-americana, década de 1860)

"Nenhuma mudança intencional acontecerá na sua vida, na sua área, na empresa, sem **consciência dos resultados atuais** e de como será o futuro se você continuar com os mesmos comportamentos."

Por um instante, paro para refletir sobre isto e resolvo ir no jantar na casa dos meus pais. Acho que será uma boa oportunidade para praticar o que estou aprendendo.

De repente entra uma mensagem, é do Mário!

"Nicole, peço desculpas pela demora em te responder. Estamos aqui em plena transformação, o que tem tomado muito da minha agenda. Será um prazer tomar um café com você em um momento mais oportuno. Imaginei que iria te encontrar nas sessões de mentoria do curso, estou fazendo e tem sido muito útil. Mário"

"Mário, entendo sua correria. Obrigada pelo retorno. Tive problemas pessoais e por isto não fui na mentoria, mas vou retomá-las. Espero te reencontrar em breve. Nicole"

Putz, que oportunidade que eu perdi não indo nas sessões de mentoria, não acredito que fiz isto. Nicole, você está mesmo precisando mudar suas atitudes.

Paro tudo e escrevo uma mensagem para a Carla Weisz Consultoria, para reativar minhas sessões de mentoria. Já passei do prazo de início e inclusive de ter meu dinheiro de volta caso desistisse. Que merda, Nicole!

Eles foram muito gentis na consultoria, disseram que iriam avaliar minha situação e me retornariam em sete dias. Enfim, é minha responsabilidade se eu perder as sessões que comprei, mas, se eu perder, irei comprá-las novamente! É uma promessa e vou pagar caro pelo meu erro e minha própria vitimização.

"Na vida ou nos negócios, você acabará se defrontando com uma situação ou um desafio, que para ser superado você precisará se aventurar para fora da sua zona de conforto. Você irá passar pela zona do medo como se fosse um alongamente antes do exercício, e entrará na zona de crescimento para chegar aos seus sonhos e objetivos mais ousados.

"Para a mudança é necessário seguir estes passos:

- **Consciência**

Adote o autoconhecimento. Antes de mais nada você precisa se conhecer, conhecer o seu propósito, o que te move, seus talentos, o que te traz felicidade e também o que você não gosta e não quer para sua vida. Tome consciência dos seus pensamentos e atitudes, perceba quando eles te levam para cima ou para baixo;

– **Humildade**

Reconheça quando estiver reclamando, dando desculpas (mesmo que verdadeiras), justificando ou se queixando da vida. Traga a responsabilidade para si e fale na primeira pessoa;

– **Saia da zona de conforto**

Adote o mantra: "o que EU ainda não fiz que, se passar a fazer, posso obter o resultado desejado";

– **Responsabilidade**

Tenha respostas, acompanhadas de atitudes que gerem resultados. Por exemplo, você está atrasado para um compromisso. Entre em contato avisando que está atrasado (assuma a responsabilidade) e já proponha uma extensão da reunião ou outro horário para concluir o assunto (atitude com resultado).

Torne a responsabilidade um hábito. Adote esta postura em seu dia a dia, desde as pequenas coisas até as decisões mais relevantes e em pouco tempo ela fará parte do seu ser.

Passo a passo do dono da história

"Um líder que age com responsabilidade e quer ter a confiança das pessoas pede desculpas quando erra, explica a situação, negocia, faz novo acordo, refaz o compromisso e retoma sua consciência para aprender. Ele usa o mantra do protagonista para se manter com o mindset de crescimento e aprendizagem constante:

"Para crescer na vida e na carreira é preciso se manter em aprendizagem constante. Falaremos mais disto na ponta cinco da metodologia do líder estrela."

Mantra do protagonista

1 O QUE EU AINDA NÃO FIZ *que se eu fizer,* **AUMENTA MINHA CHANCE** *de obter o resultado desejado:*

------

2 O QUE EU AINDA NÃO DISSE *que se disser,* **AUMENTA MINHA CHANCE** *de obter o resultado desejado:*

------

3 O QUE EU AINDA NÃO PENSEI *que se pensar,* **AUMENTA MINHA CHANCE** *de obter o resultado desejado:*

------

4 O QUE EU FIZ *que se eu não fizer,* **AUMENTA MINHA CHANCE** *de obter o resultado desejado:*

------

5 O QUE EU DISSE *que se eu não disser,* **AUMENTA MINHA CHANCE** *de obter o resultado desejado:*

------

6 O QUE EU PENSEI *que se eu não pensar,* **AUMENTA MINHA CHANCE** *de obter o resultado desejado:*

Frio na barriga

Chegou o dia do jantar, minha mãe e o Manfred ficaram muito felizes com minha decisão. Passei o dia inteiro com frio na barriga. Já ensaiei umas mil vezes o que vou dizer para o Klaus, mas não sei bem como me portar e o que dizer de fato.

Como a família deve estar? Acho que meu pai e eu não teremos tempo para conversar sobre qualquer assunto. Mas, de fato, não sei com que cara vou olhar para ele. Começo a me arrepender de ter confirmado minha presença. E se eu inventar algo, uma boa desculpa e não ir mais?

Hum, esta pode ser uma boa, hein, Nicole? Não! Pare com isto. Você precisa assumir a responsabilidade por seus atos e escolhas. Neste momento, retomo minha consciência e termino de me arrumar. O que adianta estudar com tanto afinco se não viver a vida e as situações desafiadoras para praticar? É isto, vou no jantar, ser educada com meu pai e participar deste importante momento em família, sei que o Manfred valoriza muito e vou por ele.

"O autoconhecimento nos dá uma grande capacidade de nos percebermos, colocarmos o sistema 2, o neocortex, para funcionar e agir com consciência. Devemos assumir uma postura nova com humildade, um ingrediente fundamental do líder estrela que conquista a alta performance.

"Humildade para aceitar uma nova ideia, para reconhecer quando erram e pedir desculpas, reconhecer que não estavam indo no caminho certo, mesmo com as melhores intenções e para se ver como parte do problema e ajudar na busca de uma solução. Líderes com atitude de dono desenvolvem a humildade, diferentemente dos líderes que agem como vítima ou arrogantes.

"Assim, eles constroem uma visão clara de onde estão, qual a situação real e o que devem fazer para chegar onde desejam."

Todo este aprendizado me mostra que devemos agir como seres integrais. É extremamente difícil você ter uma postura de dono no trabalho e não ter na sua vida. Somos uma coisa só, uma única pessoa.

Então Nicole, força, humildade e vamos lá encarar a situação com seu pai. O que será que me espera? Será que já aprendi a ter uma melhor gestão das minhas emoções para não agir com impulso?

CAPÍTULO 6

JANTAR EM FAMÍLIA

Cheguei para o jantar e já estavam todos lá. Fui recebida pelo Manfred com um grande abraço caloroso. Minha mãe se iluminou quando eu cheguei, acho que ela duvidou que eu fosse. Até aí tudo fácil, o difícil mesmo foi o primeiro contato com meu pai. Senti um frio na barriga, meu coração acelerou, meu sangue começou a correr mais rápido pelo meu corpo.

Klaus e eu nos cumprimentamos sem grandes euforias, mas de forma educada, como se fôssemos estranhos que acabaram de ser apresentados.

Conversei com meus tios que eu não via a muito tempo e passei a maior parte da noite conversando com meu irmão.

A reunião corria bem, eu até já tinha me acalmado e meus batimentos cardíacos tinham voltado ao normal quando, após o jantar, Klaus me chamou para conversar no escritório.

Nossa, eu fervi por dentro, sem saber como lidar, dizer sim ou não. Por esta eu não esperava, ele me pegou de surpresa. Achei que estaria livre de qualquer embate. Minha vontade foi de sair correndo dali e meu elefante interno ficou desgovernado. Por um instante, fiquei sem reação e acabei concordando, mas resolvi dar uma passada no banheiro antes. Foi a forma que encontrei de me acalmar, ganhar tempo e fazer algumas respirações, as técnicas que aprendi no curso para domar minhas emoções e acionar o meu sistema 2, agindo com consciência e não apenas reagindo a tudo que estava acontecendo.

Consegui retomar um pouco da consciência e me acalmar. Emoções controladas, chegou a hora de encarar meu pai e ouvir o que ele tinha a dizer.

Nossa conversa foi um fiasco. Saí do escritório e meu pai ficou. Me despedi de todos rapidamente e fui embora.

Foi uma noite longa para mim, onde mal preguei o olho me culpando, pensando sobre como ainda não consigo controlar minhas emoções em relação ao meu pai.

Eu fiz tudo errado! Klaus quer ficar em paz comigo, mas não quer rever sua posição em relação ao trabalho e a mim. Ele continua insistindo na ideia de que eu deva ser sua suposta assistente ou ajudante, seja lá o nome que for, mas o fato é que ainda não tem uma posição para mim.

Tudo que eu queria é que ele criasse uma área de inovação na empresa, não só por mim, mas por ela também. A Haus Becker precisa mudar e se reinventar para continuar a ter sucesso.

Hoje descobri que ainda não estou pronta para resolver minha história com meu pai. Nós pensamos muito diferente e não fomos bem-sucedidos em nossa conversa. Eu não fui nada humilde, parti para a agressão e as palavras proferidas não tem mola.

Preciso seguir em frente e parar de ter expectativas com meu pai. De fato, acho que isso é que tem me paralisado e por isto eu ando neste looping emocional. Dias com muita vontade de mudar minha vida, arrumar um emprego e outros que queria mesmo que não tivesse existido a briga com o Klaus e que, ao pisar no Brasil, eu tivesse um cargo na Haus Becker. Mas como disse a dra. Linda, preciso aceitar a realidade de uma forma nova, olhar para tudo o que está acontecendo com o olhar de possibilidades e, ao invés de fazer perguntas com "por quê?" ou do tipo "por que isto está acontecendo comigo?", preciso fazer perguntas com o "como", do tipo "como posso aproveitar para aprender com tudo isto?".

Segundo o que aprendi a respeito do nosso cérebro no treinamento do líder estrela, "perguntas do 'por quê?' levam a gente a pensar no passado e abrem caminho para a vitimização. Já as perguntas com o 'como?' ou 'o quê?' nos levam a pensar no futuro e agir".

E é isto que vou fazer agora. Preciso dar a volta por cima e aprender a lidar com minhas emoções se quero ser bem-sucedida tanto profissionalmente quanto pessoalmente.

A pergunta que devo fazer para mim mesma agora é: o que posso fazer de diferente para mudar meu jeito de ser?

Esta pergunta ficará ruminando aqui dentro até que a resposta venha até mim. Ela me faz pensar no que posso fazer no presente para ativar o meu futuro.

O que vou mesmo fazer agora é descansar um pouco e aceitar os meus limites. Depois vou retomar o contato com a consultoria e ver se consigo fazer as sessões de mentoria.

Boas notícias também acontecem

Fiquei muito feliz que a consultoria me abriu uma exceção e eu poderei começar as sessões de mentoria. Não vou perder o dinheiro e, o mais importante, conseguirei me desenvolver.

Esta nova perspectiva fez um bem danado para mim. Poder contar com a ajuda de outras pessoas do grupo e ainda com a orientação da Carla Weisz será fundamental para o meu crescimento. Nestas sessões discutiremos o conteúdo aprendido no curso *versus* as situações do dia a dia, os desafios que cada um enfrenta como líder.

Bom, no meu caso, como ainda estou sem emprego, irei aprender muito com as experiências dos outros líderes, o que ainda tem um valor enorme e, sempre que precisar, irei me exercitar pensando no Klaus. De fato, resolver nossas questões seria um grande avanço para mim, porque terei aprendido a lidar com uma pessoa difícil e que pensa diferente de mim.

Resolvi voltar aos estudos e seguir com minha apostila do curso. A próxima ponta do líder estrela é a equipe.

"A tarefa fundamental de um líder estrela é montar uma equipe de sucesso e, para isto, é preciso investir tempo nas pessoas. Caso você já tenha uma equipe, o conteúdo aqui descrito servirá para suas reflexões e práticas da mesma forma.

"Uma equipe de sucesso é feita de pessoas complementares, diversas e aí vem a importância da consciência como líder. E aqui vamos recorrer novamente a neurociência.

"Nosso cérebro emocional, o nosso sistema límbico vai nos dizer se gostamos ou não de alguém por alguma similaridade. Lembre-se que quanto mais um indivíduo desenvolve a consciência sobre si mesmo, melhor será a qualidade de suas decisões.

"A amigdala fica localizada no nosso sistema emocional e ela trabalha junto com o hipocampo para ter o aprendizado. Por exemplo, quando você encontra alguém que conhece, a fisionomia será reconhecida pelo hipocampo, pois ele armazena fatos puros, mas é a amigdala que vai trazer a resposta afetiva do quanto você gosta desta pessoa.

"A nossa inteligência emocional vem da somatória do nosso córtex pré-frontal com a amigdala e o desafio é conseguir que estas duas estruturas trabalhem em harmonia. A melhor forma de fazer isto é pelo autoconhecimento e o autodesenvolvimento.

"Sabendo disto, ao escolher as pessoas da sua equipe, você deve usar seu neocórtex consciente para fazer as melhores escolhas, as racionais e não somente escolher porque você foi com 'a cara da pessoa'".

Nossa, é muito fascinante conhecer o nosso cérebro e como ele funciona, cada vez que leio mais sobre o assunto fico encantada.

Sou interrompida por uma ligação telefônica que me deixou muito, muito eufórica. Era o Mário, me chamando para fazer a segunda entrevista (a primeira foi com o próprio Mário naquele almoço? É que não pareceu uma entrevista, mas sim uma conversa de colegas de sala) na MoD e desta vez será com o diretor da área. Isso me abre novas perspectivas novamente. Preciso ser otimista, pensar positivo e não deixar a minha emoção, fruto da decepção do último processo que passei, tomar conta de mim com pensamentos negativos.

Agora vou mentalizar tudo de positivo que eu desejo e me ver trabalhando, feliz e empolgada por ter um emprego e mais que isto, uma possibilidade de fazer um ótimo trabalho e ser reconhecida por isto. Já fiz este exercício de visualização na ponta 1 da estrela e por tudo que estou aprendendo sobre o cérebro, acredito que ele é eficiente. Sei que vários coachs no esporte usam a visualização para fortalecer os atletas, fazendo-os se imaginarem ganhando, no pódio.

A neurociência já descobriu que o cérebro não faz distinção do que é real e o que é irreal. Então se você, com muita concentração, fizer um exercício de visualização rico em detalhes e emoções, aumentará suas chances de o fato imaginado acontecer. Claro que não adianta ficar só pensando e não agir, mas visualizar rotineiramente ajuda no resultado uma vez que o cérebro tem a capacidade de estimular seus sentidos e, com isso, criar experiências realmente físicas.

Alguns neurocientistas, sabendo dessa faculdade cerebral, iniciaram estudos visando o aprendizado de novas habilidades e melhoria de algumas delas através da imaginação. O prêmio Nobel Santiago Ramón y Cajal propôs em 1894 que o órgão do pensamento é maleável, dentro de certos limites, e pode ser aperfeiçoado pelo exercício mental bem orientado.

Em 1904, ele argumentou que os pensamentos repetidos no "exercício mental" devem fortalecer as conexões neurais existentes e criar outras novas. Ele também intuiu que esse processo seria particularmente acentuado em neurônios que controlam os dedos de pianistas, que se dedicam muito ao exercício mental.

O Mário foi muito gentil quando me entrevistou, como eu imagino que devesse ser uma entrevista com um diretor de RH nestes novos tempos. Ele investigou muito o que sou capaz de fazer e não somente o que eu fiz no meu passado e que consta no meu currículo.

Conversamos sobre transformação digital e cultural. Tenho certeza que ele estava tentando descobrir se eu tenho aderência à cultura que querem criar. No nosso treinamento foi falado sobre a importância de contratar pessoas aderentes à cultura e quando isto não acontece, aumentam os riscos de insucesso.

Após terem reorganizado a empresa eles agora irão exatamente passar pela transformação cultural e o foco será o cliente. Compartilhei minhas ideias e tudo que aprendi nos Estados Unidos. Ele me ouviu com muito interesse e me senti muito bem em nossa conversa.

Mal posso esperar para o dia da entrevista com meu suposto chefe.

Ter conhecido o Mário no curso abriu esta possibilidade, como dizem por aí, movimento gera movimento. O único ponto é que as coisas nunca acontecem na hora que queremos, mas na hora que tem que ser. O que não podemos é ficar parados e vejo o quanto foi importante para a minha vida ter feito o curso do líder estrela.

É importante aprender a respeitar o tempo. Existem algumas coisas na vida que, por mais que a gente tente acelerar o tempo, não conseguimos fazer. A natureza nos ensina isto, tem o tempo de semear a terra, de plantar, germinar e cuidar da planta para ela crescer no seu tempo.

Existe o tempo CRONOS, aquele tempo que aprendemos desde criança, especialmente o mundo ocidental. É o tempo que contamos, que colocamos no cronograma, e conseguimos até distribuir nossas atividades. E existe também o tempo KAIRÓS, que é o tempo das coisas. Por mais que façamos, por mais que tenha o nosso esforço e suor, existe um tempo natural a ser respeitado. No exemplo do plantio, é o tempo de brotar e crescer a planta.

Isto não significa que ficaremos de braços cruzados esperando, ao contrário, mas também nos fornece paz quando fazemos tudo que está ao nosso alcance. Entendemos que tem um tempo para as coisas acontecerem, pois a nossa vida está interligada a outras.

Acredito que o fato de já termos nos conhecido facilitará o processo, até porque ele sabe da minha baixa experiência em liderança e justamente por isto eu estava no curso, para aprender mais sobre a arte de liderar pessoas. E falando em liderar, preciso conter minha euforia e voltar agora aos estudos.

Hora de devorar conhecimento

Vamos lá Nicole, de volta à sua apostila. Você precisa acelerar e absorver todo o conhecimento possível.

"Para começar a montar uma equipe, você precisa fazer um mapa das pessoas que já estão na sua equipe e verificar se elas dispõem das competências necessárias para entregar seus objetivos e se elas complementam suas habilidades. Caso você não tenha as pessoas certas, precisará contratá-las, dentro ou fora da empresa.

"Neste capítulo da apostila, vamos nos concentrar na hipótese de que você já tenha uma equipe ou está assumindo uma existente. Imagine que você assumiu uma equipe que já estava formada. A primeira coisa a fazer é conhecer as pessoas para colocar cada uma no lugar certo e aproveitar o melhor que elas têm a oferecer para o negócio.

"Para isto, você precisará conversar individualmente com cada integrante da equipe, considerando prioritariamente as pessoas que estão diretamente ligadas a você. Por exemplo, se você é um gerente e tem dois coordenadores na equipe, você deverá conversar com cada um deles e mapear as forças, competências e nível de desenvolvimento de cada um.

"Se você é um gerente e todos os integrantes da equipe se reportam diretamente a você, é recomendado que converse com todos. Neste momento, você deve estar pensando no trabalhão e no tempo que isto irá levar. Se pensou isto, você está correto, por outro lado, liderar é dedicar tempo para as pessoas para elas se dedicarem ao negócio.

"Conhecer melhor as pessoas não só fará com que você se sinta mais à vontade quando tiver que recorrer a elas mas também demonstrará que se importa com as pessoas, pois onde você dedica seu tempo, passa a mensagem do que realmente valoriza. Veremos mais sobre isto na ponta de execução.

"A seguir, tem um exercício de John O'Keeffe, retirado do livro *Levando as pessoas com você*, que foi adaptado por nossa consultoria e que pode ser utilizado com qualquer pessoa a quem queira pedir ajuda para alcançar um grande objetivo. A chave é se lembrar de que, quanto mais forte o relacionamento, mais se pode contar com o outro.

"Primeiro, faça estas cinco perguntas à pessoa. Resista ao impulso de responder-lhe ou comentar o que ela disser. Em vez disso, só escute e agradeça pelas respostas. Comente que esta é uma forma de vocês se conhecerem melhor e que beneficiará a relação do dia a dia.

1. O que você acha que eu deveria saber a seu respeito?
2. Como você gostaria de ser tratado(a)?
3. O que faz você dedicar seu tempo para esta empresa?
4. Do que você gosta em um líder?
5. O que eu poderia fazer para você se sentir mais motivado(a)?

"Em seguida, dê a ela a oportunidade de formular as mesmas perguntas a você.

"Eis o segredo: realizar três rodadas desta dinâmica. Na terceira, vocês terão dificuldade em encontrar respostas, mas não desistam. Ser incisivo realmente faz a diferença. Respostas superficiais desenvolverão relacionamentos superficiais.

"Outra dica que usamos em nossos treinamentos corporativos é pedir para que cada pessoa conte algo a seu respeito que ninguém sabe ainda. Podem sair coisas interessantíssimas, engraçadas e isto aproxima o grupo. Uma vez em um treinamento, um integrante de um grupo disse que tinha medo de palha de aço. Isto foi motivo de novas especulações e criou um clima descontraído no início da reunião.

"É importante você ter um mapa das pessoas da sua equipe para recorrer a ele sempre que precisar, refletir a respeito de como você deve tratar cada integrante e o que deve ser feito para estimulá-los. Considere que pessoas diferentes precisam ser tratadas de forma diferente pois elas tem motivações, desejos, aspirações e estão em um nível diferente de desenvolvimento. E lembre-se de atualizar ao menos a cada 6 meses seu mapa de pessoas.

"Mas antes de conversar com a equipe, liste a partir dos seus objetivos e do seu autoconhecimento características de pessoas que interesse ter na sua equipe e que completam seu estilo.

"Lembre-se que é fundamental ter pessoas que te complementam para ter uma equipe de alta performance. Só assim você será capaz de entregar todas as suas metas e conquistar seus objetivos pessoais e organizacionais, aqueles que você definiu na ponta um da estrela em autoconhecimento.

"Nós vivemos um momento de mercado onde o trabalho em equipe vem ganhando cada vez mais destaque e é o responsável pelo sucesso de muitas empresas e líderes. Fortalecer e engajar a equipe traz resultados positivos e abre portas para diversas oportunidades para todos. É o famoso ganha-ganha, pois quando as pessoas se sentem valorizadas, atuando em um ambiente onde elas podem contribuir e crescer, o resultado disto é um maior engajamento. Quanto maior o engajamento, melhor será o seu resultado como líder.

"Talentos querem trabalhar em empresas que fazem sentido para suas vidas e para líderes que se preocupam com seu desenvolvimento. Pense no seu próprio exemplo, você fica satisfeito em trabalhar para alguém que não ajuda no desenvolvimento da sua carreira? Alguém que não te apoia quando você tem um problema para resolver?

"Pensando nisto, montando uma equipe de alta performance você garante mais agilidade e coesão para entregar suas metas e, como bônus, ainda pode construir um legado que poderá durar além da sua função na empresa. Você sentirá orgulho de si mesmo por ter contribuído com a vida das pessoas.

Ferramentas

"Aqui um exemplo de mapa que você pode utilizar ou mesmo co-criar a partir deste modelo.

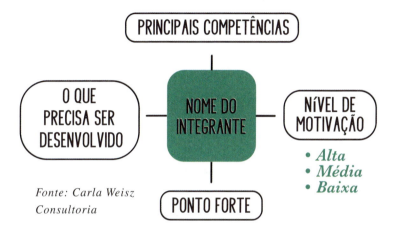

Fonte: Carla Weisz Consultoria

"Um outro modelo recomendado é a Liderança Situacional II® de Ken Blanchard.

"A abordagem central desta proposta é que não há um único estilo de liderança que funcione em todas as situações, a eficiência de cada perfil varia conforme a situação, funcionando de uma forma diferente para cada uma delas de acordo com o nível de desenvolvimento dos membros da equipe para cada tarefa ou meta.

"Assim, o líder precisa ser capaz de entender as necessidades de seus colaboradores em determinados momentos para conseguir atendê-los da melhor forma possível. A liderança situacional promove mudanças que incentivam a produtividade e a motivação da equipe.

"Partindo do princípio de que o líder deve se adaptar e priorizar as competências que melhor servirão ao cumprimento de seus objetivos, a liderança situacional é capaz de ajudá-lo.

"Para determinar esse nível de desenvolvimento, Ken Blanchard utilizou duas variáveis: competência e comprometimento.

"Competência: como vimos na ponta de autoconhecimento da metodologia do líder estrela, trata-se de conhecimentos, habilidades e atitudes individuais, o famoso CHA.

"Comprometimento: também traduzido como engajamento, empenho ou entrega, trata-se do grau de vontade e envolvimento que um indivíduo tem para cumprir uma determinada tarefa ou meta. Esse fator ajuda o líder a perceber o nível de desenvolvimento de cada um frente ao que deve realizar. Para apoiar o diagnóstico e conhecer melhor os integrantes de sua equipe você precisa deste fator de desenvolvimento. Ken Blanchard determina que o indivíduo deve ser avaliado quanto à sua:

— Motivação em desempenhar uma determinada tarefa ou meta. Ou seja, essa pessoa está focada, energizada e entusiasmada para alcançar o resultado?;
— Autoconfiança para cumprir a tarefa. O quanto esta pessoa precisa de apoio ou da orientação do líder para desempenhar a tarefa. Ou seja, esta pessoa consegue realizar a tarefa ou meta sozinha de forma independente? Ela tem iniciativa própria e convicção para isso?

"A combinação dos dois fatores, competência e comprometimento, é que vai determinar o estágio de desenvolvimento do membro de seu time, sendo que cada estágio é classificado como D1, D2, D3, D4.[7]

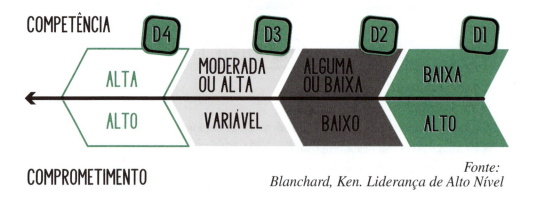

Fonte: Blanchard, Ken. Liderança de Alto Nível

"Um fator importante para destacar é que competência, neste modelo, tem relação com a tarefa ou a meta e não com o indivíduo. Por exemplo, você pode ser uma pessoa muito competente em um determinado sistema, mas o mesmo foi trocado, assim, neste novo sistema, você tem baixa competência no início do manuseio e está altamente comprometido em usá-lo.

"Na ponta quatro da estrela iremos falar de engajamento quando apresentaremos os estilos da Liderança Situacional II®, extraídas do livro *Liderança de alto nível*. Por hora, vamos entender mais sobre cada nível de desenvolvimento.

"**D1:** o iniciante entusiasmado, com baixa competência e alto compromisso. Essa pessoa está disposta a aprender e é otimista, mas está apenas começando.
Competência baixa: funcionário novo na tarefa, inexperiente;
Comprometimento alto: curioso, entusiasmado, confiante que tem as competências necessárias para desempenhar a tarefa.
"**D2:** o funcionário desiludido com alguma competência e pouco comprometido. Quem chega a este nível descobriu que a realidade é cheia de

---

[7] BLANCHARD, Ken. *Liderança de alto nível*: como criar e liderar organizações de alto desempenho. 3 ed. São Paulo: Bookman, 2019.

inconsistências e que o trabalho no mundo real é mais difícil do que na teoria. Por esse motivo, sua autoconfiança pode flutuar.

Competência alguma ou baixa: não sabe como seguir em frente, tem desempenho ou progresso inconsistente, está em fase de aprendizagem;

Comprometimento baixo: desencorajado e frustrado, pode querer sair, está confuso e preocupado e tem receio em cometer novos erros.

"**D3:** o funcionário capaz, porém cuidadoso, com competência moderada à elevada e comprometimento variável. O desempenho está melhorando, então não há necessidade de muita liderança direcional. No entanto, a autoconfiança ainda é baixa.

Competência moderada ou alta: faz boas contribuições, já demonstrou habilidades e têm certa experiência;

Comprometimento variável: as vezes hesita, tem autocrítica e, por isto, pode ficar aborrecido ou apático.

"**D4:** o funcionário está pronto para produzir sozinho e ele precisa de liberdade, pois dispõe de alta competência e motivação para realização da tarefa ou da meta.

Competência alta: é reconhecido pelos outros por ter domínio, já é reconhecido como expert e apresenta competência consistente;

Comprometimento alto: autoconfiante, autônomo, inspirado e inspira os outros a tentarem também.

"Seu papel como líder estrela é:
— Administrar conflitos;
— Inspirar as pessoas para a ação;
— Ter equilíbrio emocional;
— Saber lidar com pessoas diferentes;
— Valorizar as diferenças;
— Calibrar o foco entre as pessoas e as atividades operacionais;
— Possuir bom humor;
— Colocar foco nos resultados e nas pessoas.

"Um ponto muito relevante para ter uma equipe de alta performance é você, como líder, ter uma atitude mental de questionar continuamente a si mesmo.

"Pensando no seu estilo de liderança, seu propósito e objetivos e na cultura organizacional que tem construído até aqui, responda:
— Suas atitudes estão lhe ajudando a se tornar um líder melhor?
— Se você fosse escolher um líder, você escolheria você?
— O que pode estar impedindo o seu sucesso?

"Assim, o mantra do líder estrela é:
'Sempre há espaço para aprender, crescer e me aprimorar.'

Perguntas

"Neste novo cenário que vivemos de mudanças, o líder precisa gostar de gente para ter sucesso. Quem gosta de gente tem interesse pelas pessoas, demonstra este interesse perguntando genuinamente e prestando atenção nelas no dia a dia ao invés de ficar distante.

"O líder que gosta de gente precisa fazer perguntas abertas para saber o que está acontecendo com a pessoa, obter informações e, assim, poder decidir claramente sobre o que fazer e como fazer. Saiba que nós podemos aprender e treinar a fazer perguntas abertas.

"Aqui, uma lista de perguntas questionadoras para lhe ajudar[8]
(fonte: Liderança Tranquila – David Rock – pag 134)
'Há quanto tempo você tem pensado sobre isto?'; '
Com que frequência você pensa sobre isto?';

'Qual a importância dessa questão para você em uma escala de 1 a 10?';
'Você tem clareza suficiente sobre esta questão?';
'Que prioridade essa questão tem para você no trabalho e na vida?';
'Qual o seu nível de comprometimento para resolver isto?';
'Pensar sobre esta questão exerce algum tipo de impacto sobre você?';
'Você tem um plano para mudar esta questão?';
'Seu pensamento tem clareza suficiente sobre o plano?';
'O que você está observando sobre seu pensamento?';
'Que insights você teve?';
'Como pode aprofundar este insight?';
'Vale a pena transformar este insight em um hábito?';
'Você sabe o que fazer para transformar isso em um hábito?';
'Você tem clareza quanto a seu próximo passo?';
'Qual a melhor forma de ajudá-lo mais?

"Usar perguntas é a melhor forma de você conhecer as pessoas a ajudá-las a pensar e ter insights. Mas o que são insights? São soluções que vem do nosso inconsciente para o nosso consciente de forma repentina, onde juntamos informações antigas com soluções

---

[8] ROCK, David. *Liderança tranquila*: não diga aos outros o que fazer, ensine-os a pensar. São Paulo: Alta Books, 2017, p. 134.

novas. A junção destas informações nos geram insights. No momento do insight o rosto da pessoa se ilumina e esta é a hora de pegar um papel e uma caneta e anotar tudo para não se esquecer depois. Quando você anota o insight no momento que ele acontece você consegue capturá-lo por inteiro e com muita fluidez.

"Os insights mudam o cérebro. É como aquela sensação que você tem depois que descobre a solução de um problema e sente que a resposta era óbvia.

"A Neurociência, ciência que estuda a influência do sistema nervoso sobre o corpo e mente, nos mostra que os insights contribuem para o aprendizado e desenvolvimento humano.

"O líder precisa ajudar as pessoas da sua equipe a ter insights.

"As perguntas são um recurso poderoso para transformar o desempenho.

Livre-se das ameaças

"Nós vamos agora falar de neurociência social, que investiga a maneira como os humanos se relacionam entre si e consigo mesmo.

"Em geral, as pessoas associam o cérebro à razão, mas a neurociência nos diz que nosso cérebro é muito mais emoção que razão. Nós capturamos todas as informações primeiro pelo sistema límbico — emoção e depois nosso neocórtex — em seguida o cérebro racional decide o que fará com a informação. O sistema límbico não tem linguagem, ela fica no neocórtex.

"Por isto que quando você entra em algum lugar e tem a sensação de que já esteve ali, é possível que o seu cérebro emocional esteja associando o lugar com alguma situação familiar, e como ele não conseguiu expressar em palavras, racionalizar ou fazer conexões, você fica apenas com a sensação.

"O cérebro aciona atitudes e comportamentos de aproximação ou afastamento, manifestando-se também sob a forma de tensões musculares.

"A dor física e a dor emocional acionam as mesmas áreas do cérebro. Ele está sempre checando se estamos perto de alguém ou local que representa segurança ou ameaça, e processa a 'dor social' da mesma forma que processa a dor física.

"Quando a parte emocional do cérebro aprende que as situações não são, por natureza, boas ou ruins, e que temos uma enorme capacidade de influenciar os resultados, nos tornamos mais fortes e preparados diminuindo assim o sofrimento e a sensação de ameaça, potencializando a sensação de recompense. Neste momento permitimos que a parte racional do cérebro participe das decisões e, por consequência, chegamos a resultados melhores.

"O líder precisa agir de tal forma a preservar o bom andamento das ideias e geração de insights evitando provocar a sensação de ameaça no cérebro dos integrantes de sua equipe.

"Este conhecimento é fundamental para o líder estrela, pois ele é o grande agente regulador da dor social dentro das organizações, já que a relação líder e liderado acontece na interação.

Sendo um ato de relacionamento, a qualidade desta interação implica diretamente no nível de dor social das pessoas e consequentemente nos resultados.

"No livro *Your Brain at Work*, ainda sem tradução no Brasil, David Rock apresenta uma ferramenta muito interessante para conhecer as pessoas e seus motivadores. Ela é o acrônimo SCARF, em português, conhecido também como RICAS.

"O propósito desta ferramenta é conscientizar e propor maneiras de agir sobre o que a neurociência chama de 'cérebro social', resultando em interações menos traumáticas e mais colaborativas.

"O modelo RICAS pode ser aplicado (e testado) em qualquer situação onde as pessoas colaboram em grupos, incluindo todos os tipos de locais de trabalho, ambientes educativos, contextos familiares e acontecimentos sociais. O modelo envolve cinco domínios da experiência social humana que ativam estes dois mecanismos de resposta comportamental que são:

R (Relação): está associada à maneira como enxergamos as pessoas (amigos ou inimigos), guiando respostas de aproximação ou afastamento que virão desta observação. Está diretamente ligada à percepção da pessoa com o senso de pertencimento ao ambiente onde está inserida.

"Líderes que promovem a colaboração conseguem também criar ambientes mais saudáveis com base na confiança e empatia entre as pessoas. Para o cérebro, estas sensações promovem em nós o sentimento de pertencimento. Ao saber disto, é importante criar um ambiente onde tenha transparência, confiança e empatia, ajudando o cérebro a reconhecer os diferentes como amigos. E a melhor forma de fazer isto é criar ambientes saudáveis.

"Compreender o papel do relacionamento pode ajudar os líderes a evitar práticas organizacionais que ativem respostas 'de ameaça'. Alguns cuidados como evitar comparações com outras pessoas, feedbacks agressivos e avaliações de desempenho superficiais podem ajudar bastante. Falaremos mais disto na ponta quatro da metodologia do líder estrela, sobre a importância de fazer elogios frequentes e rápidos aos funcionários.

I (Imparcialidade): desejo de que haja justiça nas trocas entre as pessoas. Vale lembrar que, para alguns, isto pode significar que todos sejam tratados iguais. Para outros, que todos sejam tratados como indivíduos.

"A percepção de injustiça gera no cérebro uma resposta intensa no nosso sistema emocional (sistema líbico), minando a confiança e aumentando o nível de hostilidade e resistência das pessoas.

"Assim como acontece com o relacionamento, as pessoas percebem a justiça em termos relativos, e sentem-se mais satisfeitas quando existe troca justa entre as pessoas, ou seja, ele doa algo e recebe algo de mesmo valor emocional em troca.

"A necessidade cognitiva é tão forte em tantas pessoas que elas se dispõem a lutar por uma causa que acreditam ser justas.

"Dentro das organizações, a percepção de injustiça cria um ambiente que impede o desenvolvimento de confiança e colaboração. Líderes estrela precisam tratar as pessoas como elas merecem, desejam e de forma justa, evitando a qualquer custo formar as tais 'panelas' que ofereçam privilégios para alguns, pois isto aumenta a resposta de ameaça para quem não faz parte deste grupo privilegiado, colocando estas pessoas em situação mais corriqueira de ameaça.

C (Certeza): refere-se a ser capaz de prever o que vai acontecer no futuro.

"Vale lembrar que o cérebro precisa de previsibilidade e algumas pessoas precisam mais que as outras. Quando o cérebro tem incerteza ou não sente segurança ele requer mais energia neural das pessoas, pois o cérebro registra ambiguidades ou confusões como um sinal de bug do sistema, falha ou tensão, algo que precisa ser corrigido para que ele possa se sentir confortável novamente.

"Alinhar expectativas, compartilhar uma visão de futuro, estabelecer planos e objetivos claros e bem definidos, conversar sobre as mudanças propostas, reorganizações, e informar sobre como e porque as decisões são tomadas aumenta a transparência, ajuda a promover a percepção de segurança e diminui naturalmente a sensação de incerteza nas pessoas, deixando-as mais confiantes para realizarem o trabalho que precisa ser feito.

A (Autonomia): ligado à necessidade de ter controle sobre os eventos. Quando as pessoas sentem que podem tomar decisões sem que sejam 'nanogerenciadas', o sentimento de segurança aumenta e, assim, elas conseguem manter o estresse sob controle. Isto vai totalmente contra o estilo gerencial de 'comando e controle'.

"O líder estrela pode fortalecer esta dimensão do modelo, dando liberdade para que elas façam suas próprias escolhas e tomem decisões dentro do seu nível de desenvolvimento. Aqui entra a importância do diálogo e de fazer perguntas. Ao fazer isto, o líder permite que as pessoas apresentem opções e organizem suas próprias tarefas com menos estresse e sem imposição do líder.

"A percepção de autonomia tem sido relacionada pela neurociência com o aumento do bem-estar, melhora do funcionamento cognitivo e da saúde das pessoas no ambiente corporativo.

"Conforme uma pessoa aumenta sua responsabilidade na função é importante que ela adquira também a sensação de autonomia na mesma proporção, pois do contrário seu estresse pode ser aumentado.

"Existem pesquisas em que se observam que profissionais com **maior sensação de autonomia** relataram **maior satisfação** no trabalho e redução no nível de ansiedade.

"Assim, quanto mais as pessoas sabem o que precisa ser feito para alcançar o que desejam, maior é a sensação de autonomia e, consequentemente, o engajamento. Falaremos mais destes pontos na ponta quatro e cinco do método do líder estrela.

S (Status): é a percepção que temos sobre a nossa posição em relação a um grupo. Este não está diretamente conectado com a posição hierárquica dentro da organização, mas sim com a sua autopercepção e por sentir que pertence e faz parte do ambiente onde vive.

"A inveja pode levar uma pessoa a praticar um ato destrutivo e até criminoso para conseguir o que deseja', explicou Hidehiko Takahashi, 37 anos, pesquisador-chefe do Departamento de Neuroimagem Molecular do Instituto Nacional de Ciência Radiológica, localizado no subúrbio da capital japonesa. O resultado da pesquisa foi publicado no *American Journal of Science* em fevereiro de 2009.

"A pesquisa mostra que, quando as pessoas percebem que podem estar sendo comparadas de maneira desfavorável a outras, o mecanismo de resposta 'de ameaça' entra em cena, liberando cortisol e outros hormônios relacionados ao estresse.

"Compreender a função do status como preocupação fundamental para os indivíduos pode ajudar os líderes estrela a evitar práticas organizacionais que ativem o sequestro da amigdala ou as tais respostas de ameaça. O líder estrela deve evitar comparações entre pessoas, feedbacks agressivos e sempre que possível, convidar o funcionário de alta necessidade de status a participar da discussão de novos projetos e ideias.

"A percepção de status aumenta quando a pessoa adquire uma nova habilidade, quando recebe apoio do líder para desempenhar melhor, e quando aquilo que ele faz é reconhecido.

"A meritocracia, por exemplo, é uma maneira de reforçar e ampliar o status.

"A grande contribuição da neurociência para a liderança é que, a partir do entendimento de como o cérebro funciona, o líder consegue aumentar a produtividade das pessoas, diminuir o estresse e consequentemente gerar um ambiente mais saudável e produtivo para a alta performance dos negócios e das pessoas. Quando as equipes estão focadas e o modelo RICAS é aplicado elas perdem menos tempo com fofocas e alimentam seus próprios cérebros com projetos, ideias e desenvolvimento.

"As organizações que promovem a competição interna como forma de crescimento reforçam a ideia de haver apenas duas situações possíveis, ganhadores e perdedores, e neste caso, a resposta de ameaça é enaltecida nas pessoas que não se sentem parte dos vencedores.

"Para pensar de forma criativa, trabalhar em equipe e tomar boas decisões o ser humano precisa estar livre das supostas ameaças que falamos aqui. E o líder é um grande agente para criar este ambiente e proporcionar o sentimento de segurança a sua equipe tornando-a mais produtiva e feliz.

"O líder estrela precisa considerar que todas as pessoas têm necessidades de todas as letras em algum grau, e na maioria, alguma das letras irá predominar no indivíduo. Por isto a importância de você conhecer as pessoas e, novamente, a melhor forma de fazê-lo é perguntando o que o outro valoriza e conhecendo suas maiores motivações."

Entrevista

Ufa, este conhecimento todo foi fundamental. Tenho certeza que ele será muito útil tanto para mim quanto para todos que desejam ter uma equipe de alta performance.

Ele me forneceu muita inspiração para minha próxima entrevista. Estou muito animada e confiante que irei fazer uma excelente entrevista.

Acredito que posso entender outras pessoas por meio do modelo RICAS e que posso me conhecer melhor também.

Entendo cada vez mais sobre o quão importante e de alta responsabilidade é o ato de liderar. A função da liderança e dos líderes é transformar a vida das pessoas e das organizações para melhor.

Vejo que nossa geração está carente de bons líderes. Mas isto pode ser apenas uma inferência minha pelo o que leio e escuto. O Junior algumas vezes, em sua forma sutil de ser, comentou sobre esta deficiência na Haus Becker.

Eu serei uma líder que irá fazer a diferença na vida das pessoas, nos negócios e na organização que eu estiver, custe o que custar. A cada momento entendo mais o quanto é desafiante ser líder e o quanto é necessário aprender, aprender, desaprender e aprender novamente e junto com isto, praticar. Afinal, sem pessoas sobram apenas paredes e tijolos nas empresas.

Eureca! Hoje não tem mais esta de "eu já sei tudo". Parece simples e trivial, mas não é. O escritor Yuval Harari, autor de *Sapiens, Homo Deus* e *21 lições para o século 21* acredita que esta será a principal competência a ser desenvolvida e para isto, precisamos de protagonistas antes de tudo. Existe muita informação e conhecimento hoje disponível no mundo, o lance é não ficar parado achando que o que sabemos é suficiente. Quem pensar assim daqui para frente corre um risco enorme de ficar obsoleto, de ficar para trás.

A liderança deste século deve ser aquela que elimina a frieza do tradicional mundo corporativo para olhar para as pessoas como seres humanos. Isto muda a lógica dos negócios e pode ajudar a eliminar as previsões da OMS de que a depressão será a principal causa de afastamento no trabalho. As pessoas estão adoecendo dentro das empresas e isto não é produtivo para os negócios, é o famoso perde-perde.

Uma liderança baseada em pessoas deve levar em conta a integração do corpo e da mente. A disciplina diária em se alinhar valores com comportamento em todas as situações é uma batalha possível. Com os avanços da neurociência podemos liderar de uma forma nova e nos reinventarmos para este novo mundo.

Minha geração precisa aprender sobre liderança e a geração mais velha que a minha deve reaprender a liderar e ter a mente de aprendiz. A forma do comando e controle não funciona já a algum tempo, mas muitos ainda se apegam a ela.

Liderar de uma forma nova deve dar um trabalhão, mas depois que a gente pega o jeito acredito que irá até sobrar tempo na agenda.

Falando em agenda, hora de ir para minha entrevista. Mal posso esperar para conhecer meu suposto novo chefe.

No caminho, vou ouvindo a parte do treinamento que gravei para não perder o ritmo. Tenho certeza que irei pegar trânsito e aprender é uma ótima forma de não me estressar, tornar o trajeto agradável e ainda maximizar o tempo fazendo uma coisa útil.

"Como vimos, os avanços nas pesquisas do cérebro nos últimos 30 anos são muito úteis para as lideranças. Eles se tornaram realidade através da evolução tecnológica, pois hoje é possível monitorar com muita precisão um cérebro vivo e em atividade.

"Estas pesquisas deixam mais claro que o comportamento humano não funciona como os empresários da 'velha' (anterior a minha) geração pensam, o que nos ajuda a entender por que fracassam muitos esforços e iniciativas de mudança organizacional.

"Os líderes que compreenderem os recentes avanços da ciência cognitiva poderão gerenciar negócios, e pessoas e influenciar a mudança consciente de suas organizações, especialmente aquelas que foram criadas no século passado e tem uma história de sucesso que os faz resistir às mudanças do mundo.

"A professora Christine Comaford, neurocientista renomada que trabalhou como engenheira da Microsoft, da Apple e foi consultora de dois presidentes americanos, recomenda em seu recente livro sobre o assunto, *Smart Tribes* (Tribos inteligentes em tradução livre para o português), três variáveis a serem observadas e respeitadas num processo de liderança:

1. **Segurança:** quando a pessoa se sente segura;
2. **Pertencimento:** quando a pessoa se sente acolhida e pertencente a um grupo social;
3. **Importante:** quando a pessoa percebe que é importante e/ou que suas atitudes são relevantes para os demais indivíduos do grupo social. Ou seja, tem a ver com o funcionário ser considerado, ser respeitado, ser importante de alguma forma para o líder ou para o grupo ao qual pertence.

"Os três sentimentos acima são fundamentais para o líder construir a motivação de sua equipe. Tendo consciência destes fatores prioritários para o cérebro humano, o líder estrela pode fazer escolhas de como agir no dia a dia."

Fiz uma entrevista que deu orgulho de mim mesma, sinto-me cada vez mais preparada. Fiquei tão satisfeita com minha performance que, ao sair da entrevista, me sentei na recepção e fiquei ali uns minutos curtindo aquela sensação boa, olhando em volta, apreciando o lugar e ouvindo meu coração. Definitivamente eu quero muito trabalhar aqui.

Por outro lado, se algo não der certo, fico em paz, pois fiz a minha parte do melhor jeito possível.

A ficha caiu

Hoje tive minha primeira sessão de mentoria do curso do líder estrela e estou muito animada. Foi uma pena não ter encontrado o Mário, gostaria de sondar se o processo seletivo que estou participando evoluiu depois das duas últimas entrevistas que fiz.

Sinto que me saí muito bem nos dois processos. Estou com minha autoestima lá em cima.

Ter trabalhado nos Estados Unidos me ensinou uma lição que foi importante nestas experiências, o presidente de uma empresa é uma pessoa como nós e ele não pode e não deve nos intimidar em uma conversa. Temos sim que respeitá-lo por sua posição e experiência, assim como devemos respeitar o porteiro em sua posição, mas não nos sentirmos inferiores nem superiores. Este princípio me ajudou muito a fazer uma excelente entrevista.

O presidente da MoD está muito determinado a contratar as pessoas que têm aderência a cultura organizacional que eles desejam construir e tem entrevistado todos os candidatos finalistas que irão ocupar posições de liderança na empresa. A minha gerência nem será muito sênior ainda, mas irei ajudar a desenvolver uma etapa importante na empresa.

O processo de me conhecer melhor, lidar com minhas dores, estar me desenvolvendo e ter mais clareza do que é importante para mim e onde quero chegar contribuíram muito para eu estar me sentindo assim e ter feito boas entrevistas. De fato, a gente sabe quando se sai bem, quando nos saímos mais ou menos ou quando realmente pisamos da bola.

Hoje entendi melhor o quanto a mentoria poderá me ajudar e o legal é que as coisas estão acontecendo juntas.

A mentoria é uma excelente forma para uma pessoa se desenvolver com orientações e suporte de alguém capacitado e com experiência no assunto, no meu caso a liderança. E por ser em grupo, ela também proporciona aprendizado a partir da experiência de outras pessoas, o que permite ouvir sobre erros e acertos já cometidos e replicar as ideias que funcionaram em nosso dia a dia. É uma troca fantástica!

Na saída fiquei conversando com a mentora, pois quero absorver todo o conhecimento que deixei passar. No treinamento de imersão não sei se conseguiria abordá-la no meio de tanta gente, além do mais não seria possível conversar com calma e colocar minhas questões.

Hoje eu ganhei duplamente, com a experiência do grupo e com alguns minutos valiosos sozinha com a mentora. O foco da mentoria é nos ajudar a alcançar objetivos, encontrando caminhos a partir das provocações feitas e da discussão mais aprofundada de algum conteúdo do curso.

E o mais legal, tudo isto acontece informalmente, o clima estava descontraído, o que favoreceu o entrosamento de todos sem perder o foco em conversas estratégicas para que cada participante possa alcançar seu objetivo e atingir um patamar mais elevado de carreira ou mesmo de vida.

A partir das conversas é possível acumular mais conhecimento e cada um assumir a responsabilidade por agir e saber qual o melhor caminho a seguir para atingir um objetivo.

E isso aconteceu comigo, não diretamente, mas de tabela recebi uma chapuletada virtual que me deixou zonza e me fez perceber o quanto eu sou responsável pela relação que está estabelecida com o Klaus e que tanto tem me causado sofrimento. Ele pode até ter sua parte da culpa, mas se eu quero resolver a situação, sou eu quem devo fazer algo de diferente. Eu só não tinha percebido isto ainda. Agora parece até obvio, mas precisei estar na mentoria para cair esta ficha.

Se eu quero mudanças e um dia estar no comando da Haus Becker, preciso virar o jogo e praticar na minha vida as mudanças que tanto quero ver no Klaus. Não que seja fácil, racionalmente eu até sabia de muita coisa no nosso encontro de comemoração dos nossos aniversários, mas não consegui colocar em prática e hoje percebi porquê.

É muito cômodo estar na posição de vítima e ficar reclamando do outro. Por mais confortável que possa ser esta posição no primeiro momento, não irá me levar adiante e conquistar meus objetivos.

Quem tem atitude de dono sabe que a única coisa que tem sob controle é a si mesmo. Pensamentos, emoções, sentimentos e principalmente ações.

Nós não temos controle sobre o outro e nem mesmo sobre a maioria das situações da vida. Se alguém assalta sua casa em um final de semana que você foi viajar, temos um evento que não podemos controlar, mas podemos decidir conscientemente como iremos reagir ou lidar com o acontecido e como evitar que se repita. Além disto, podemos escolher ficar com a parte boa, agradecer por não estar na casa, por estar bem fisicamente e por ganhar seu dinheiro honestamente sem tripudiar em ninguém para ganhá-lo e, assim, poder comprar novamente o que lhe foi roubado.

Quem desenvolve a postura de dono da própria vida trabalha para cada vez mais ter consciência das suas atitudes, tem a si próprio sob controle e quando não tem, busca recursos para adquiri-lo.

A pessoa com senso de dono sabe que tem escolhas de como atuar frente às situações que se apresentam e, a partir daí, age com responsabilidade, gerando resultados excepcionais e sustentáveis.

O primeiro passo eu dei hoje, que foi ver a minha parte da relação com o Klaus. Eu enxerguei a situação de outra forma, me dando liberdade de escolher como vou lidar.

Como diria Pablo Neruda, todos somos livres para fazer nossas escolhas e prisioneiros das consequências.

Agora, o próximo passo que preciso dar é me apropriar da situação e me sentir parte do problema, somente desta forma irei atuar para resolvê-lo. Isto me lembra o que aprendi sobre humildade.

Depois, preciso encontrar uma solução e vou me dedicar a pensar mais a respeito e me preparar com a dra. Linda para uma conversa com o Klaus como filha e depois com o presidente da Haus Becker.

E por fim, efetivar a solução, agir, fazer e mudar o rumo da nossa história familiar e quem sabe, do meu futuro profissional.

Nova fase

Após três longas semanas de espera hoje é um dia de muita alegria para mim. Irei trabalhar na MoD S.A e serei a nova gerente de marketing. Entre outras atividades, vou apoiar o processo de transformação da empresa para que os colaboradores entendam o novo posicionamento estratégico, apoiar a expansão da marca no Brasil, de 25 para 40 lojas em 2 anos e desenvolver as vendas on-line.

Os acionistas almejam ser uma empresa voltada para o design centrado nas necessidades do ser humano, não apenas nos produtos, ou seja, uma empresa focada no cliente e que precisa também ter uma pitada de inovação.

Mal posso esperar para começar. Vou assumir uma equipe de 10 pessoas com duas coordenações. E vou precisar montar a equipe para desenvolver as vendas on-line.

Isto é ainda mais desafiante, ao mesmo tempo que me dá um frio na barriga. Nunca gerenciei uma equipe deste tamanho, minha única experiência em liderança foi com 2 estagiários nos Estados Unidos.

Isto é realmente o máximo, tudo o que eu queria. Nossa, como valeu a pena esperar por este momento! Vivi meses de angustia aguardando por um emprego e participando de alguns processos malsucedidos. Eu realmente buscava algo que me fizesse feliz, que me fizesse vibrar novamente e me deixasse empolgada.

Agora penso novamente no conceito de Kairós, a natureza e o universo tem um tempo que muitas vezes não conseguimos ver quando estamos no meio da tormenta do processo de desenvolvimento ou mesmo de mudança. Se este emprego tivesse surgido antes, acho que eu é que não estaria pronta. Mas precisamos confiar e desenvolver o otimismo. Claro que não significa ficar parado esperando e vendo a vida passar, mas ao mesmo tempo que nos movimentamos, devemos aprender a controlar nossa ansiedade em relação ao futuro e fincar o pé no presente para viver a vida, afinal somos tão vulneráveis...

CAPÍTULO 7

PREPARAÇÃO

Após realizar minha semana de integração com áreas da empresa e outros gestores, farei uma grande reunião com minha nova equipe para conhecê-los melhor e vice-versa. Ganhei carta branca do meu diretor para mexer na equipe caso precise. E como aprendi no curso do líder estrela, um processo de transformação cultural muitas vezes ejeta pessoas. O líder precisa tomar a decisão de trocar membros da equipe que não queiram se adaptar à nova cultura organizacional.

Minha intenção é dar oportunidade, desenvolver genuinamente as pessoas antes de qualquer troca. Exceto pela situação de um coordenador da área que parece ser crítica.

Estou muito animada, ao mesmo tempo com frio na barriga e ansiosa. Vou dedicar todas as minhas noites e o final de semana para me preparar. É importante causar uma boa primeira impressão, mas como venho aprendendo, é mais importante ainda a gestão do dia a dia e praticar tudo o que falamos.

Preciso que minha nova equipe conheça meus valores, minhas ideias e a contribuição que posso dar na vida e na carreira deles. Em troca, eles deverão oferecer seu melhor trabalho e construiremos uma relação ganha-ganha.

Agora vou poder exercitar na vida real tudo que aprendi nas pontas três, quatro e cinco da metodologia do líder estrela. Na ponta três aprendi a formar uma equipe vencedora, com as pessoas certas no lugar certo, quais as competências necessárias, o desempenho esperado, quais seus motivadores, quais os níveis de desenvolvimento de cada um e como desenvolvê-las.

Já a ponta quatro traz muito conhecimento a respeito da importância da comunicação como uma das principais ferramentas da gestão e ensina como influenciar a equipe, ser assertiva, ou seja, fazer com que as pessoas me entendam e, ao mesmo tempo, acolher o momento de dúvida e ansiedade que eles próprios devem estar vivendo. Afinal, eles devem estar apreensivos também por ter uma nova líder, somado ao momento do processo de transformação cultural que a empresa está passando. Claro que tudo isto é suposição, saberei mais sobre eles quando eu fizer as reuniões individuais. Tudo que tenho agora são inferências de processos como este. A melhor forma de ter alguma certeza é perguntando.

E, por fim, mas não menos importante, vem a execução. Uma vez dominadas as 4 primeiras pontas, chegou a hora da ação, de fazer a gestão da cultura organizacional, desenvolver planos táticos e colocar metas, promover a aprendizagem constante da equipe, incentivar a criatividade, a reinvenção permanente e ser uma líder do tipo "dito e feito", que pratica o que diz. Afinal, as palavras convencem e os exemplos arrastam, ou seja, inspiram as pessoas a nos seguirem.

Penso que este momento deve ser muito delicado, especialmente para os que tem mais tempo de empresa. Eu mesma, apesar de ter tido alguma experiência no exterior, não vivenciei um processo de transformação cultural.

As pessoas resistem à mudança não pelo processo em si, mas especialmente por não conseguirem visualizar onde toda a confusão inerente à mudança irá levar a todos e os ganhos que cada um irá obter. Muitos processos de mudança e transformação são fracassados porque os líderes empresariais negligenciam o ser humano e suas necessidades.

Neste momento me lembro do mito da caverna de Platão, que narra o diálogo de Sócrates com Glauco e Adimato. A história conta a vida de alguns homens que nasceram e cresceram dentro de uma caverna e ficavam voltados para o fundo dela. Ali contemplavam uma réstia de luz que refletia sombras na parede. Esse era o seu mundo. Certo dia, um dos habitantes resolveu voltar-se para o lado de fora da caverna e logo ficou cego devido à claridade da luz. E, aos poucos, vislumbrou outro mundo com cores e "imagens" diferentes do que estava acostumado a "ver". Voltou para a caverna para narrar o fato aos seus amigos, mas eles não acreditaram nele e, revoltados com a "mentira", o mataram.

Mito da caverna de Platão

O filme Os Croods da DreamWorks Animation, desenho animado de 2013, retrata algo parecido de forma divertida e vale muito a pena assistir.

Em nossos dias, muitas são as cavernas em que nos envolvemos e pensamos ser a realidade absoluta. O mito da caverna e o filme Os Croods são um convite permanente à reflexão. Qual será a caverna que eu mesma estou presa? Lembrei-me da minha péssima relação com o Klaus, ou melhor, da minha não-relação, pois não falo com ele há muito tempo. Se ele pensa que eu vou procurá-lo, vai cansar de esperar porque isso eu não farei de jeito nenhum.

Quem deve me procurar é ele que me machucou, mas acho que vou ficar a vida esperando, porque ele é tão arrogante e autoritário que não irá dar o braço a torcer.

Nem tudo são flores

Assumir uma equipe nova em processo de transformação é mais desafiante do que eu tinha imaginado.

O Luiz é um coordenador na equipe que assumi e passou a reunião de apresentação inteira me provocando, me alfinetando, me desafiando. Tudo que eu dizia, ele retrucava ou reclamava.

Cada ideia que eu apresentava ele colocava um empecilho ou dizia que já tinha sido tentado no passado. Claramente se comportou como vítima e eu deixei ele influenciar minha performance geral da reunião, pois eu também estava tensa. Esse momento representa muito para mim.

Em alguns momentos fiquei nervosa, senti um calor subir para minha cabeça, parecia que eu iria explodir. Tentei disfarçar, mas acho que não fui bem-sucedida, meu rosto branco ficou corado e me denunciou. Teve um momento que perdi o autocontrole, dei uma resposta atravessada e percebi as pessoas mudarem suas expressões faciais. Fiz merda na minha primeira reunião com a equipe. Que situação difícil e inédita. Aliás, praticamente tudo na gestão de pessoas tem sido inédito para mim.

Acho que a reunião só não foi pior porque eu estou estudando liderança já faz algum tempo e agora terei oportunidade de praticar.

Pensando bem, as pessoas são inéditas, por isto, não podemos parar nunca de nos desenvolver enquanto líderes e quanto mais conhecermos do comportamento humano, melhores resultados iremos entregar.

Sinto que terei muito trabalho com esse tal Luiz. Cara folgado, abusado e arrogante! Quanto aos demais, a maioria se demonstrou muito atenta, mas fizeram poucas perguntas. Eu esperava muito mais, aliás, esperava que eles me bombardeassem de perguntas e demonstrassem interesse através delas. A melhor forma de obter informação, de conhecer alguém e demonstrar interesse pelo outro é por meio da pergunta.

E olha que eu me esforcei para fazer uma reunião leve, falei de mim, das minhas experiências, das minhas credenciais, a respeito das minhas expectativas em relação às pessoas, do que propriamente do trabalho do dia a dia. As pessoas me pareceram passivas. Vixi, terei trabalho... E eles também terão que trabalhar muito, não gosto de gente que faz só o necessário, precisamos de algo a mais para termos sucesso e eu estou aqui para isto. Preciso provar para o Klaus que eu posso.

Contei para eles minhas ideias e estava na maior parte do tempo animada, me esforçando para não deixar o Luiz dominar meu momento com a equipe, mas ele realmente me gerou incômodo e não foi só pelas perguntas ou resistência que demonstrou, tinha algo no seu olhar que eu não consegui decifrar e isto me deixou muito intrigada. Geralmente consigo ter uma leitura maior sobre as pessoas mas, desta vez, não sei ainda explicar.

Minha intuição e a experiência na reunião de hoje me dizem que o Luiz irá sofrer muito no processo de mudança que a empresa está vivendo.

Quando percebemos que a mudança é muito complexa, nos dedicamos a pensar porque as coisas mudam. Na Grécia antiga foram criadas duas posições opostas e complementares a respeito do que é a mudança. Heráclito dizia que a mudança é a única coisa constante que existe no Universo. Tudo flui, tudo muda. E sua famosa frase que "um homem não irá se banhar no mesmo rio duas vezes porque o rio muda e o homem também", atravessa a história e serve de inspiração ainda hoje, pois os pensadores da antiguidade já se questionavam a respeito dos aspectos da existência humana e as condições do meio que o cerca. Esta é uma das características básicas do homem, refletir e usar sua criatividade para desenvolver e moldar o ambiente a sua volta.

Se quisermos entender a mudança precisamos compreender, ou melhor, aceitar o fato de que ela é inevitável. Costumo dizer que tenho três certezas na vida, uma que vou errar – só preciso calcular o tamanho do erro, a segunda é que as coisas irão mudar e a terceira é que vou morrer, mas a maioria de nós não foi educada para lidar com ela, e sim para viver em um mundo linear, onde as coisas demoravam décadas para mudar.

Já Parmênides, ao contrário de Heráclito, diz que o ser é unidade e imobilidade e que a mutação não passa de aparência. Para Parmênides, o ser é completo, eterno e perfeito. Se conseguirmos ultrapassar esta ilusão da mudança vamos descobrir o ser que é imutável, que é permanente.

Desde então, estas duas correntes de certo modo deram as direções da filosofia. E hoje um filósofo chamado Zygmunt Bauman propõe uma solução contemporânea para este enigma. Ele parte do princípio que os tempos que vivemos são tempos líquidos, porque o líquido, ao mesmo tempo em que muda a forma dependendo do recipiente em que se encontra, ele mantém algumas de suas propriedades essenciais. É justamente este paradoxo entre a mudança e a permanência que caracteriza o nosso tempo moderno.

Refletindo mais a respeito da mudança

Preciso refletir mais a respeito da mudança e o que ela representa. Preciso estudar mais sobre este tema para aplicar a metodologia do líder estrela e conseguir montar uma equipe realmente extraordinária, porque a mudança que a empresa está passando faz parte do contexto onde minha equipe e eu estamos inseridas.

Afinal, uma mudança não é livre de tensões, de paradoxos, de problemas, dúvidas e até angustias. Meu desafio como indivíduo, mulher, líder, parte de uma sociedade e de uma organização é entender quais mudanças são necessárias, ao mesmo tempo, do que não posso abrir mão para manter minha identidade tanto na minha vida pessoal como na empresa.

Se olharmos para a biologia do nosso corpo, encontraremos razões na ciência para questões que a humanidade, com seus muitos pensadores, já nos traz.

Nossa história na Terra é marcada por mudanças, mas nunca na velocidade como acontecem agora. O homem, desde sua existência, sempre teve abertura, desejo pelo novo para uma vida melhor e ao mesmo tempo temor pela mudança.

Muitas das resistências humanas são em função do medo de perder sua identidade. Humberto Maturana, neurobiólogo chileno que desenvolveu vários trabalhos de ruptura na área de neurofisiologia da percepção, propõe exatamente isto, preservar o que é da minha identidade e mudar o que é necessário para eu me adaptar ao mundo.

O homem não resiste à mudança simplesmente pelo fato da resistência em si, mas por não conseguir visualizar os benefícios que a mudança irá proporcionar, não consegue tangibilizar que o sacrifício que está sendo proposto ou que será necessário para a transformação é menor que o ganho futuro que acarretará.

E aqui está o meu desafio enquanto líder: mostrar este benefício depois que eu conhecer bem as pessoas do meu time e fizer meu planejamento alinhado às expectativas da empresa. Aí, terei oportunidade de treinar a comunicação assertiva, influência e empatia descritas na ponta quatro da metodologia do curso.

Preparação

Resolvi seguir a cartilha e fazer como aprendi. Vou agendar uma conversa individual de 1h30 com cada integrante da minha nova equipe, deixando um intervalo de 45 minutos entre uma reunião e outra. Este intervalo é uma margem de segurança, caso aconteça de alguma das conversas necessitar de um tempo a mais.

Além disto, esta "margem de segurança" servirá também para checar meus e-mails ou alguma mensagem importante, uma vez que, durante as entrevistas, quero estar totalmente dedicada por não ter experiência em reuniões dessa natureza, e isto pode sugar minha energia.

Se este plano funcionar irei falar com 4 pessoas por dia e em três dias terei conversado com todos. Eu sei que existem os chamados testes de personalidade, que auxiliam a revelar características pessoais mais profundas e menos óbvias até mesmo para a pessoa que está respondendo ao teste, mas sei também que alguns deles devem ser avaliados e interpretados por psicólogos, para não incorrer no erro de limitar ou rotular as pessoas.

Eu confio na minha intuição, e em tudo que tenho aprendido nestes tempos. Estarei totalmente atenta, ouvidos em alerta para captar cada detalhe a respeito de cada um dos membros da minha equipe.

Depois desta maratona de conversas, precisarei de uns dias para digerir, pensar e interpretar tudo. Meu diretor deseja que eu apresente meu plano de trabalho em quinze dias, mas com certeza esta não é a parte mais difícil. Além de planejar, eu preciso ser capaz de ter as pessoas certas no lugar certo. Entregar o planejado e isso só será possível com uma equipe de primeira. Eu não conseguirei entregar os resultados, as metas que esperam de mim sem o apoio, engajamento das pessoas. Para isso, preciso ter certeza sobre as competências dos integrantes da minha equipe, seus motivadores e pontos a desenvolver.

Mas como terei estas conversas? Hum, vou precisar planejar primeiro. Minha dúvida é se converso com a Renata, consultora de recursos humanos — que atende a nossa diretoria, uma espécie de consultora interna de RH — primeiro ou depois. Ela tem, ou deveria ter, o conhecimento das pessoas e seus históricos aqui na empresa.

Onde ganho e onde perco?

Bom, se eu falar com a Renata primeiro, vou conseguir direcionar as conversas para os pontos que mais me chamaram atenção. Por outro lado, se eu for para cada conversa limpa, ou seja, sem saber nada sobre cada integrante da equipe, poderei, entre outras coisas, testar como me saí no mapeamento e entendimento das pessoas quando for confrontar o meu entendimento com as avaliações registradas no RH.

Entendo cada vez mais que os seres humanos são naturalmente complexos, por isto é impossível classificar todas as características de uma pessoa em um padrão restrito. Existem muitos testes profissionais no mercado que servem de orientação e ajudam no auto-conhecimento, sendo positivo para o indivíduo e seu gestor, mas ninguém pode ser rotulado.

Vou preparar um roteiro para me orientar nas perguntas, um tipo de guia para facilitar o processo com o cuidado de não tornar estes papos tensos. Preciso que as pessoas sintam confiança e tranquilidade para conversar comigo e se expressarem livremente, pois esta é a melhor forma de não os intimidar e conhecer cada um em suas potências e pontos de desenvolvimento.

Decidi que irei falar com as pessoas antes de conhecer seus históricos. Será um desafio e tanto para mim, mas estou com muita vontade, determinada e cheia de gana para me desenvolver como líder. Uma vez ouvi que a melhor forma de ganharmos maturidade é vivendo experiências intensas e esta será das boas.

Além disto, a Mod irá desenvolver um novo conjunto de competências para o futuro, então o passado serve como referência. Mas no momento preciso identificar o que as pessoas são capazes de fazer para apoiar os objetivos de crescimento e a cultura que a empresa está definindo.

Uma estratégia que adotei foi começar pela pessoa que me pareceu mais fácil, ou seja, que pareceu mais aberta, flexível, disposta a conversar. Umas deram sinais mais sutis e outras mais claros e o Luiz evidenciou em palavras e na sua expressão corporal que estava absolutamente incomodado. Apenas não tenho claro se o incômodo é comigo, com o processo de mudança que a empresa está vivendo ou ambos.

Um a um

A estrutura de entrevista que utilizei foi muito útil, só resta agora conversar com a Renata sobre cada pessoa da equipe, especialmente o Luiz e a Rafaela, pois ambos ocupam o cargo de coordenação e a postura deles será fundamental.

O grande desafio que enfrentei foi identificar se as pessoas em posição de coordenação tinham as competências básicas que todos os colaboradores devem ter somadas às competências de liderança que iremos precisar nesta fase da empresa.

Dividi minha conversa individual em três partes:

1. CONHECER A PESSOA.
↳ O que elas *valorizam*, vida fora da empresa, seus *hobbies* e *paixões*.

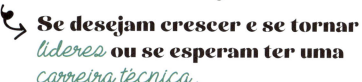

2. CONHECER OS OBJETIVOS DE CARREIRA DE CADA INTEGRANTE DA EQUIPE.
↳ Se desejam crescer e se tornar *líderes* ou se esperam ter uma *carreira técnica*.

3. IDENTIFICAR AS MAIORES COMPETÊNCIAS, AS POTENCIALIDADES DE CADA UM.
↳ E o que irei *desenvolver em cada pessoa* para cumprir o que preciso na empresa.

E as perguntas que formulei para identificar a competência de liderança da coordenação deixaram o Luiz, em especial, muito desconfortável, especialmente na pergunta quatro. Eu aprendi que todos vêm para entrevistas de empregos preparados para falar somente coisas boas, aliás nunca vi um currículo ou uma lápide dizer algo que não fosse muito bom sobre a pessoa. Além disto, um líder que não assume a responsabilidade, inclusive pelo erro, não poderá formar uma equipe de pessoas de atitude e protagonistas. Somado a isto, uma empresa que deseja ter uma cultura centrada no cliente precisa de líderes humildes.

Perguntas para identificar competência de liderança:

1. Me fale sobre um projeto ou um objetivo que você entregou e que dependia da equipe. Como você fez para engajar as pessoas para entregar os resultados que eram esperados?
2. Você se lembra de alguma orientação que precisou passar para a equipe e conseguiu faze-la eficaz? Me conte como você estruturou sua fala.
3. Qual foi o projeto que você conduziu e que envolvia pessoas de outras áreas da empresa? E quais resultados foram alcançados?
4. Me conte um erro que você cometeu e como lidou com ele perante a equipe e seu superior.

Foi exatamente na pergunta quatro que ficou claro e evidente a arrogância do Luiz, pois ele deu uma volta tremenda para dizer que não tinha cometido erros. Ficou evidente que sua forma de fazer gestão das pessoas é das antigas.

Todos nós cometemos erros, especialmente se tentamos fazer coisas novas. E neste momento que a empresa precisa se reinventar, tentar o novo será importante para oferecermos o melhor para o cliente.

Minha percepção me diz que terei problemas com o Luiz. Não consegui identificar nele competências importantes para este momento da empresa, nem competências ou qualidades que faltam em mim, afinal isso nos tornaria uma equipe forte. Ao contrário, vi uma pessoa amarga, meio pessimista, apegada ao passado e praticamente do contra.

Claro que o passado da empresa é importante, foi este passado que fez ela chegar até aqui, mas se todos não encararem a necessidade de mudança, o risco é muito grande em permanecer igual.

No livro *21 lições para o século 21*, Yuval Noah Harari diz que a principal habilidade que alguém pode aprender neste século é se reinventar várias vezes, ou seja, desaprender e aprender novamente. Para Harari, a questão não é mais aprender qualquer fato ou equação física, mas como se manter aprendendo e mudando ao longo da vida.

Não sabemos como será o mundo no futuro, ninguém sabe, mas uma coisa é certa, permanecer do mesmo jeito é declarar a morte.

Tensão

Ao finalizar as conversas individuais, fiquei umas quatro noites sem dormir. Percebi que o Luiz irá me dar muito trabalho na relação do dia a dia, pois ele se acha o sabe tudo e, com isso, a humildade fica longe. Ele tem dificuldade de assumir responsabilidade e não age com senso de dono.

O que passa a ser um problema, pois na base de uma cultura saudável e que entrega resultados está esta competência, além de abertura para o novo. Mas isto não é o pior, pois da mesma forma que aprendi mais sobre atitude de senso de dono no curso e aprendo todos os dias, a pessoa tem que querer aprender e, para isto, ela precisa reconhecer que não sabe e isto só é possível para pessoas humildes. Como diria o filósofo Epiteto, o homem só aprende aquilo que ele reconhece que não sabe.

Outro fato, quem não tem humildade tem muita dificuldade de se adaptar a uma cultura de cliente. Imagina só como ele irá reagir perante uma reclamação do cliente... é capaz de dizer que a culpa é do cliente, achar que ele é burro, que ele não sabe usar nosso *e-commerce*, e por aí a fora. E neste tipo de cultura, a reclamação do cliente é utilizada para melhorar processos, produtos, serviços e desenvolver habilidades internas que não estão instaladas. Em qualquer cultura, o cliente dá consultoria de graça para a empresa, ajudando ela a melhorar.

O cliente que reclama deveria ser levado muito a sério, pois ele se deu ao trabalho em entrar em contato com a empresa, não só porque está descontente, mas porque, muitas vezes, ainda pretende continuar cliente. O grande problema são os clientes que não reclamam e simplesmente vão embora.

Acho que tive dificuldade de dormir pelo conflito que se instalou na minha cabeça. Será que estou sendo prematura ao achar que, por apenas uma reunião de equipe, uma conversa individual e algumas interações do dia a dia, o Luiz não serve neste momento? Será que eu, enquanto líder, deveria tentar desenvolver o Luiz?

Estou em um grande conflito. Não quero ser injusta com ninguém, ao mesmo tempo, por outro lado, não posso comprometer o processo de mudança da empresa com alguém que não demonstra abertura e disposição para apoiar o cumprimento das minhas metas e objetivos.

Que difícil. Estou com muita dificuldade de tomar uma decisão, especialmente porque o histórico de entrega do Luiz na empresa é muito bom. Segundo o RH, ele sempre cumpriu suas metas e no ano passado ele superou as expectativas, indo na contramão da maioria dos funcionários. Alguns gestores até o veem como um "super astro".

E para completar minha tormenta deste momento de estresse, tive uma discussão com minha mãe ao telefone. Ela continua insistindo para eu procurar o Klaus como se nada tivesse acontecido. Mas eu ainda estou muito magoada, ele me fez sofrer muito me afastando da Haus Becker e olha: foi muito difícil arrumar um emprego e tudo porque ele é cabeça dura e não me respeitou profissionalmente. Ele é outro que se posiciona o tempo todo como o sabe tudo.

Puta merda, tanta coisa para eu administrar e realmente não sei como conduzir a situação do Luiz. Sei que preciso tomar uma decisão, pois é necessário formar uma equipe que caminhe junto comigo.

Outros problemas

Além do problema mais latente que sinto em relação ao Luiz, identifiquei que três pessoas na equipe parecem estar desmotivadas e duas delas apresentaram resultados abaixo da média no último ano, segundo a avaliação de desempenho.

Percebi a desmotivação através do uso repetido de palavras negativas, pelo crescimento da ansiedade pelo término do expediente, por fazerem somente o esperado e não tentar ir além, pelos resultados do trabalho que estão realizando e por não demonstrarem interesse em fazer algo diferente para este momento da empresa.

Inferno, terei muito trabalho para desenvolver estas pessoas. Que porcaria o meu antecessor fez? Até que ponto ele trabalhou com base em favoritismo? Será que foi isto que desmotivou parte do grupo? O sentimento de injustiça é algo que realmente gera desmotivação e até estresse nas pessoas.

Além disto, fica evidente que eles não sabem trabalhar em equipe, que existem conflitos e até certa tensão entre algumas funções.

Me parece que terei que demitir algumas pessoas. Aprendi que os primeiros 3 meses são cruciais para um novo gestor formar a equipe certa. O sucesso nesta empreitada me dará condições indispensáveis para entregar minhas metas.

Um gestor não pode se arriscar a ter as pessoas erradas na equipe e este tem que ser o meu norte neste momento.

Preciso de força, coragem e ter atitude. Eu herdei uma equipe já formada e agora preciso decidir o que fazer com cada uma das pessoas que aqui estão.

As decisões mais importantes que preciso tomar neste início será em relação à equipe. Quando ouvi isto no curso, não tinha ficado tão claro a importância desta decisão como agora. Manter a equipe errada por muito tempo pode ser desastroso para mim.

Não posso sair demitindo pessoas sem conhecê-las, sem saber do potencial e disposição de cada um para se desenvolver. Por outro lado, também não posso mantê-las tempo demais a ponto de comprometer o negócio e até a minha moral perante outros integrantes da equipe.

Demitir pessoas sem conhece-las é desumano. Não é este o tipo de gestora que eu sou. Quero dar resultado e respeitar as pessoas, até porque, se eu cometer este erro, a equipe que ficar terá medo e não confiará em mim. A falta de confiança é fatal e elimina a possibilidade que eu tenho de desenvolver uma equipe de alta performance.

O que vou fazer é conversar com meu diretor, alinhar isto com ele e renegociar o prazo para entrega do meu plano de trabalho. Eu me precipitei em firmar um acordo com ele antes de ter alguma noção das pessoas com que posso contar, pois sem as pessoas certas e no lugar certo o meu plano ficará apenas no papel e não é este meu objetivo.

Se eu tiver que trocar pessoas, o que parece que irá acontecer, preciso praticar o que aprendi, contratar devagar e demitir rápido. E na hora que eu decidir demitir, preciso ter certeza se será uma pessoa, duas ou mais e fazer tudo de uma vez para não instalar o pânico nas pessoas que irão ficar. Também precisarei dar muita transparência sobre as razões que as pessoas foram demitidas aos que ficarem para passar a mensagem correta. Afinal, como bem entendi, gerenciar a cultura organizacional é gerenciar mensagens que são transmitidas pelo líder ao longo do tempo e que demissão e contratação é uma poderosa mensagem cultural sobre o que o líder valoriza na prática.

Depois que eu tiver montado a equipe certa, precisarei estipular aos coordenadores da área suas metas e paralelamente engajar toda a equipe no meu objetivo e no objetivo da empresa. Todo movimento da equipe deve ter alinhamento organizacional, do contrário estarei caindo em uma armadilha tremenda.

Dilemas

Qualquer empresa é como um navio que navega no complexo e turbulento mar dos negócios e formar uma equipe é igual a ajustar um navio em alto mar. Parar leva tempo e aí, não se chega no destino como o previsto.

Procurei a Renata para discutir a respeito dos meus dilemas em relação à equipe e voltei para minha mesa mais angustiada ainda, pois ela acredita que eu deveria manter o Luiz, que apesar da sua cara meio fechada, ele é muito bom e que poderá ser importante para mim e para o cumprimento de meus objetivos.

O que aumentou minha angústia foi sua visão. Ela deve ter sido uma profissional de RH muito competente em outros tempos que não se atualizou e, em algum momento, temo que ela corra o risco de perder o emprego. O Mário, seu diretor, veio do mercado para a MoD-S.A. para liderar a transformação cultural. Ele tem uma visão muito atual sobre o papel do RH e conhece bastante sobre transformação cultural e o papel fundamental da liderança em um negócio de sucesso. Tanto que ele mesmo estava lá no curso, estudando atento a tudo, e mesmo com toda sua experiência, em vários momentos comentou o quanto aprendeu.

E aí vem justamente a questão, o Luiz realmente parece ter boas competências técnicas, mas seu comportamento não me parece estar ajustado ao que eu preciso fazer aqui e a nova diretriz e a cultura desejada pela empresa.

Depois da conversa com a Renata, achei que poderia procurar o Mário, mas me pareceu mais sensato procurar meu diretor primeiro e foi aí que azedou tudo de vez. Nossa conversa foi truncada, ele não me entendeu, não deu muita atenção aos meus argumentos sobre a equipe e especialmente sobre o Luiz. Trouxe o mesmo argumento que a Renata sobre os bons resultados apresentados por ele.

Saí da sala dele com vontade de chorar, me sentindo totalmente incompreendida em tão pouco tempo de trabalho. Parece que eu estava falando grego.

Puta merda, ninguém me entende!

Estou sozinha, com um desafio enorme na mão e não quero fracassar. Sinto que será quase impossível fazer meu trabalho com excelência com um funcionário problema, outros desmotivados e ainda com resultado ruim em avaliação. Onde meu diretor estava que não tomou uma decisão e me entregou esta porcaria de equipe ruim?

Será que ele não sabe a importância das pessoas para os resultados do negócio?

Esta situação toda está acabando com minha energia e me sinto cansada pelas noites mal dormidas.

Tudo de errado está acontecendo. Até a Rafaela, que tinha se mostrado como alguém diferenciada, anda estranha esta semana. Não sei bem o que está rolando, mas percebi ela diferente.

Mais dilemas

Como em tão pouco tempo de empresa eu posso estar com tantos dilemas e sofrendo? Cheguei aqui muito diferente de como estou hoje e quanto mais eu conheço as pessoas, mais eu percebo os problemas que eu herdei. Imagino que, com exceção de um negócio novo, todos os gestores herdam equipes com uma dinâmica própria, onde sempre tem alguém que desejava ser promovido e que fica absolutamente frustrado quando chega uma nova chefe.

Bom, eu já fiz a:

1. **Avaliação** da equipe, agora é hora de:
2. **Tomar decisões** sobre o que fazer com as pessoas e;
3. **Como organizar** a área, para depois eu;
4. **Planejar** efetivamente a mudança e aí partir para a;
5. **Execução**.

Isso tudo deve acontecer com alinhamento da organização. Mas como farei sem o apoio do meu diretor? Eu sou nova aqui e sinto que ele está cometendo um grande erro, porque o que está fazendo comigo é delargação, não delegação. Ele não deve conhecer o conceito que eu aprendi sobre, ou se conhece, deve achar que não é importante, que é tudo balela.

Aprendi que mesmo um funcionário sênior como eu, no início de uma nova tarefa ou projeto, precisa de direção e aí o ciclo segue (figura abaixo) e só por último que o líder pode delegar e, mesmo assim, precisa acompanhar de alguma forma, mostrar que está junto com a pessoa.

Mais ou menos a cada 6 meses, ou sempre que elas concluírem um projeto, eu deverei reavaliar as pessoas e ver se elas mudaram de quadrante.

O MODELO DA LS II

Os 4 estilos de liderança

Fonte: Blanchard, Ken. 2004

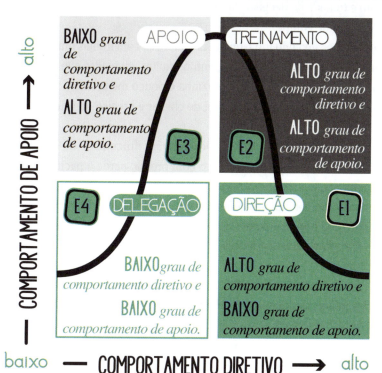

Gostaria muito de poder contar com meu diretor. Acho que neste momento eu estou em E2 em relação a equipe, pois cheguei na empresa faz pouco tempo e precisava muito do apoio dele. Ele me deixa absolutamente sozinha.

No momento da minha integração ele disse que fazia reunião com a equipe toda semana para alinhamento e tomada de decisão. Já se passaram quase dois meses que estou aqui e só tivemos duas reuniões de equipe.

Entendo que estamos vivendo um tsunami na empresa, com muitas mudanças, implementação de sistemas, treinamentos, workshops, enfim, muitas atividades que demandam esforço extra, mas isto não justifica ele me deixar sozinha e pouco me orientar. Ele não está sendo nada empático com meu momento. Eu acabei de chegar e preciso de orientação, clareza do que é esperado de mim.

Além disto, ele fala de um jeito que as pessoas têm dificuldade de entender o que ele deseja, ele enrola para falar e, de repente, fica com pressa, perde a paciência e muda completamente o semblante.

Pelo o que eu ouvi do gerente de produto, nosso diretor é ruim mesmo de comunicação, é confuso e todo mundo pira para entender o que ele fala e o que ele deseja.

Uma luz

Estava me sentindo muito sozinha, perdida, desorientada e sem saber o que fazer, além de sentir muito medo de tomar uma decisão errada até que encontrei com o Mário e ele perguntou como eu estava.

No primeiro momento relutei em falar verdadeiramente o que estou sentindo, com medo de parecer despreparada ou mesmo de falar besteira a respeito da Renata ou do meu diretor, da falta de apoio que sinto deles.

Não consegui esconder, meu semblante me entregou e o Mário, muito perspicaz e habilidoso, percebeu que algo não estava legal e me fez perguntas que me encurralaram.

Acabei contando como me sinto, as dificuldades que estou passando e marcamos de almoçar para conversar.

Ele é realmente diferenciado. Um executivo de recursos humanos verdadeiramente preocupado com as pessoas e com os negócios. Ele consegue trafegar bem entre os dois mundos de uma forma leve que passa muita segurança. E cada vez mais eu o admiro.

Tive tempo para me preparar para o almoço, ao menos, achei que tivesse me preparado. O fato é que, quando ele começou a perguntar como eu me sinto, como está minha integração e relacionamento com equipe e chefe, desatei a falar sem parar sobre minhas dores.

Ele me ouviu com muita atenção. Quando eu terminei de falar ele respirou, fez uma pausa que parecia interminável e disse:

— Calma, Nicole. Vamos fazer o seguinte: que tal agendarmos uma reunião de trabalho para eu te ajudar a estruturar sua equipe?
— Mas e a Renata? — perguntei.
— Ela participará conosco.

Aí eu brochei. Gostaria muito mais se fôssemos apenas nós dois. A Renata é antiquada e está apegada ao passado. Não conseguiu perceber que eu estou aqui para impulsionar a transformação da empresa. Ela acredita em velhos modelos e quer fazer apenas o que é politicamente correto. Já saquei como ela pensa. Me lembrou muito a turma que trabalha com o Klaus na Haus Becker. Aliás, se eles não fossem assim, eu estaria lá cuidando da empresa que sempre sonhei trabalhar, a empresa da minha família e podendo tomar decisões com mais liberdade.

Neste momento precisamos de ousadia, tentar o novo, o inusitado, e quem não embarcar estará remontando a empresa do passado.

— Ok, Mário – disse em voz baixa, uma voz reprimida que quase não saiu.

Nossa reunião será em dois dias. Consegui me animar com a perspectiva de resolver meus problemas e finalmente montar a equipe que imagino. Estou realmente com muita vontade de demitir o Luiz e mais três colaboradores, ou seja, 40% das pessoas não servem para o que eu imagino ser uma equipe de alta performance e que irão atender aos novos rumos da empresa.

Segundo o autor Pedro Mandelli, uma equipe de alta performance tem motivação para obter uma performance superior através de um trabalho em equipe, em um ambiente em que as pessoas sintam o prazer de serem ousadas e empreendedoras.

E sem apoio para tomar esta decisão, terei mais dificuldade. Na verdade, eu nunca demiti alguém na minha vida. Estou muito nervosa com isto e com medo de fazer besteira. Sei que será muito desafiante esta situação.

Parâmetros para selecionar

Mostrei ao Mário e à Renata os parâmetros que utilizei para embasar minha decisão sobre as pessoas que preciso demitir. Ter feito uma análise criteriosa ajudou a fundamentar minhas percepções e a ganhar o apoio inclusive da Renata.

Os parâmetros que utilizei foram:

Abertura: uma pessoa que se mostra curiosa, interessada, disposta a se desenvolver constantemente que aprende com as situações. Quando os líderes são arrogantes e defensivos, eles se fecham para a mudança pessoal e sua atitude tornará muito mais difícil que os outros mudem.

Atitude protagonista: pessoa que assume a responsabilidade pelos acontecimentos e resultados, não se vitimiza diante das situações, não culpa fatores externos quando não consegue o que deseja e assume o compromisso de encontrar soluções para cumprir suas funções.

Competência técnica: a pessoa tem a experiência necessária para desempenhar com excelência sua função

Motivação: a pessoa demonstra energia, interesse e procura acrescentar algo a mais ao trabalho

Relacionamento: a pessoa relaciona-se com facilidade com colegas de equipe e pares de outras áreas e contribui com o grupo.

Pensamento crítico: atitude de desafio para identificar oportunidades buscando gerar valor para o negócio. A pessoa está disposta a questionar o *status quo* dos processos usando a pergunta: porque é feito dessa forma?

A partir destes parâmetros, dei uma nota de zero a dez para cada um em relação ao contexto da empresa e os objetivos que tenho que entregar. Depois marquei um sinal de positivo nos que são fundamentais.

Claro que estes parâmetros variam de acordo com a situação atual da empresa, situação atual da equipe encontrada pelo líder e os desafios futuros de negócio. Isto ficou bem claro no curso de liderança do método do líder estrela e este modelo nós discutimos bastante lá. Mas em geral, pela cultura do Brasil e da América Latina, a atitude protagonista deve fazer parte dos fundamentos para qualquer negócio, independentemente do tamanho ou segmento de atuação.

PARÂMETROS (critérios) *usados pela Nick*	A - Importância	B - Fundamentais
ABERTURA	8	
ATITUDE PROTAGONISTA	10	✗
COMPETÊNCIA TÉCNICA	4	
MOTIVAÇÃO	9	✗
RELACIONAMENTO	7	
PENSAMENTO CRÍTICO	6	

Neste momento, eu privilegiei pessoas que já têm um pouco de atitude protagonista e alta motivação, pois são características que vou precisar no processo para mudar a cultura do grupo. O presidente da consultoria de desing thinking que trabalhei nos Estados Unidos nos dizia que era mais importante contratar pessoas com brilho no olho do que privilegiar a competência técnica, isto porque um bom treinamento desenvolve a competência técnica, mas o brilho nos olhos... Esta é uma semente mais difícil de encontrar dentro de cada um, e só floresce quando existe o desejo, a vontade e o querer.

Acredito nele, a sua consultoria é a mais bem-sucedida no que faz.

Depois de minha argumentação, discutimos bastante os prós e contras, as avaliações anteriores e a mensagem cultural que esta decisão irá passar para os demais da minha equipe, para a diretoria e o restante da empresa. Porque se tem uma coisa que é mais rápida que os meios de comunicação formal é a tal rádio peão. E quando as pessoas ficam inseguras, elas gastam muito tempo fofocando, fazendo especulações e inferências, o que inibe a produtividade e a criatividade das pessoas. E se as pessoas não estiverem bem, o resultado será comprometido.

Enfim, tanto o Mário quanto a Renata apoiaram as demissões. Para a posição do Luiz, vou apostar na promoção de um analista sênior da equipe e mostrar que as pessoas que tiverem alinhamento organizacional terão espaço na empresa. O Mário pediu para a Renata acompanhar cada uma das reuniões de demissão e, antes disto, ele se prontificou em nos orientar para ser uma demissão respeitosa.

Uma das ações que o Mário colocou como fundamental é uma a avaliação criteriosa para analisar se alguém da equipe remanescente tem o perfil para ser promovida à posição de coordenação. Caso tenha alguém com o perfil, ou mesmo com potencial para ser desenvolvido, será importante para passar a mensagem para as pessoas que os profissionais que se destacarem terão espaço para crescer na empresa e que nós valorizamos prata da casa.

Fiquei muito feliz e impressionada com a atitude dele. Sua agenda está lotada, mas ele deixa sempre um espaço para se dedicar aos gestores de pessoas. Admiração total por ele.

Uma questão de biologia

Além disso, sabemos que, para nossa sobrevivência, assim que identificamos qualquer perigo, o nosso cérebro imediatamente ativa um sistema de alarme de alta segurança, tomando medidas extras para nos proteger, produzindo cortisol, hormônio que nos prepara para a luta.

Cortisol produzido em excesso tem a capacidade de reconfigurar nossos sistemas internos e causar danos permanentes, gerando estresse e ansiedade.

No curto prazo ele é excelente, pois traz o estresse positivo, dispara o dispositivo que leva a pessoa a lutar e fazer acontecer, porém por longos períodos, causa danos à saúde adoecendo as pessoas.

Importante dizer que não são apenas situações extremas que produzem grandes quantidades de cortisol. Uma fala da liderança de forma rude ou dura pode ser suficiente. Neste momento o nosso sistema de alerta, o nosso botão de pânico no cérebro decide se vai lutar, se paralisa ou se vai fugir. Além disto, o cérebro de uma pessoa que se sente ameaçada está ocupado processando medidas de segurança, o que dificulta outras atividades, como aprender algo, se desenvolver ou ser mais empático. Afinal, em perigo, por questão de sobrevivência, o ser humano tende a se tornar mais egoísta.

Portanto, manter um ambiente de trabalho sadio, além de preservar as pessoas, ainda apresenta um outro fator bem relevante a ser considerado, pois quanto menor o número de pessoas doentes, menor os custos com saúde e maior a produtividade na empresa.

A coisa certa nem sempre é fácil

Enfim iniciamos as demissões. Foi muito difícil e o Luiz me deu a certeza de que eu fiz a coisa certa. Ele foi grosso, elevou bastante o tom da voz, me xingou, me chamou de menina mimada, de petulante, arrogante, que eu cheguei na empresa com um discurso bonito sobre as pessoas, mas que eu só me preocupava comigo mesma, que eu me acho dona da verdade e que só eu sou boa o bastante. Finalizou dizendo que eu tinha roubado o lugar que deveria ser dele.

Aí, para nossa surpresa, ele saiu da sala de reunião em disparada e foi xingar as pessoas da equipe dele, dizendo que eles tinham feito fofoca a respeito dele e todos eram culpados por sua demissão. Agrediu verbalmente em especial a Rafaela. A chamou de invejosa, desqualificada e completou dizendo que ela era incompetente, que ele a tinha formado e agora ela o tinha traído.

Foi um show de horrores e a equipe ficou muito nervosa. A Renata e eu ficamos paralisadas por instantes, sem saber o que fazer.

De repente, a Renata saiu correndo, pegou o telefone mais próximo e chamou o segurança. E antes dele chegar, na frente de todos, o Luiz disse que eu ia ferrar com todo mundo.

O segurança pediu em tom firme que ele parasse de agredir as pessoas e que o iria acompanhar enquanto ele arrumava suas coisas até a saída da empresa.

Nesta hora a Renata pediu que os demais integrantes da equipe saíssem dali. E levou todos para uma sala de reunião, mas eu não consegui ir, fui direto para o banheiro, me tranquei lá e chorei muito, muito mesmo. Minhas pernas estavam tremendo, meu coração acelerado.

Nunca imaginei passar por uma situação assim, foi tudo realmente muito dramático e me lembrou as palavras do meu pai em nossa briga onde decidi sair da empresa da nossa família e procurar um emprego.

Soluçava de tanto chorar, senti até uma dor no peito. Fiquei ali, sentada encolhida no vaso sanitário chorando, como uma criança indefesa que apanha na rua.

Havíamos planejado efetuar as demissões sequencialmente, uma atrás da outra, mas com tudo isto, tivemos que mudar os planos. Fizemos uma pausa, eu não tinha condições de voltar.

A Renata segurou a onda da equipe e foi me procurar no banheiro, bateu na porta, se agachou, pegou um papel, enxugou as lágrimas do meu rosto que estava completamente vermelho e inchado e disse que estava ali comigo, que ficaria até eu me acalmar. E realmente foi assim, aos poucos fui parando de chorar. Eu nem conseguia falar ou entender o que estava se passando dentro de mim.

De repente começou uma movimentação no banheiro porque já estava perto do horário do almoço, então consegui me controlar um pouco. Minha vontade era mesmo de sumir, evaporar como fumaça. Eu estava totalmente descontrolada emocionalmente, mas fiz um esforço enorme para me controlar, porque outras pessoas não podiam escutar meu choro. Eu iria ficar completamente desmoralizada, pois a esta altura a empresa inteira já devia saber o que estava acontecendo.

Foi quando a Renata me levou dali. Ela tinha avisado o Mário e ele pediu para ela me levar para a sala dele. E lá fiquei até eu me acalmar por completo. Eles pediram um lanche e eu não consegui comer. Estava apavorada, com muito medo de ser demitida e sofrendo com as palavras do Luiz.

O Mário disse algumas palavras e perguntou se eu queria finalizar as demissões no dia seguinte ou no período da tarde. Minha decisão foi finalizar tudo hoje, porque se algo ruim acontecesse novamente eu poderia ir embora e não voltar nunca mais.

E assim foi feito, após o almoço, com o apoio da Renata, retomei com as outras três reuniões de demissão e em seguida fiz uma fala simples e curta com os demais integrantes da equipe que ficariam na empresa. Todos estavam muito tensos.

Deixei para contar para o Rodrigo sobre sua promoção no dia seguinte.

Encerrei o dia sem falar com meu diretor, que estava em um evento fora da empresa. Fui para casa destruída, parecia que eu tinha sido atropelada por um caminhão. Chorei muito mais e por longas e infindáveis horas.

Senti medo do Luiz estar certo sobre mim, senti medo de perder o emprego, senti medo de ter feito tudo errado na minha vida desde que cheguei dos Estados Unidos e muito medo do rosto desforme que estaria no dia seguinte com tanto choro. Meus olhos me denunciam quando eu choro, as pálpebras ficam muito inchadas e não tem maquiagem que resolva.

A noite foi longa.

CAPÍTULO 8

O **DIA** SEGUINTE

Cheguei na empresa cedo, mais do que todos da minha equipe. Estava com os olhos inchados e a única coisa que poderia fazer a este respeito era dizer a verdade, não tenho como esconder o lixo que está meu rosto de tanto que chorei de noite. Serei obrigada a mostrar a minha vulnerabilidade, que toda a cena dramática do dia de ontem tinha sim me abalado, da mesma forma que abalou a todos.

Mas será que eles irão pensar que sou uma fraca? Despreparada para liderar? Puta merda, vou enrolar mais uma horinha e retocar a maquiagem para tentar disfarçar mais. E não vou tocar no assunto, a não ser que alguém pergunte algo.

Assim que todos chegaram, chamei o Rodrigo para a sala de reunião e dei a boa notícia para ele sobre sua promoção. Ele ficou muito feliz e disse que realmente não esperava por isto. Eu nem tinha avisado que iria fazer uma reunião com ele para que ele não entrasse em pânico, uma vez que nosso cérebro é pessimista por natureza.

Depois, chamei todos novamente na sala de reunião, comuniquei a promoção do Rodrigo e tive uma longa conversa com todos para acalmá-los.

Expliquei a situação, as razões que motivaram as demissões sem expor ninguém. Procurei ser o mais transparente possível em relação aos que ficaram e porque ficaram. Falei sobre seus desempenhos, bons resultados e que eles demonstravam um comportamento mais aderente a cultura desejada da empresa, a cultura de cliente. Neste tipo de cultura, precisamos de pessoas com atitude protagonista, empáticas e para apoiar a empresa no seu processo de mudança. As pessoas precisam estar motivadas, com energia e vontade de acrescentar algo a mais no trabalho.

Procurei não me alongar muito, não estava nos meus melhores dias.

Garanti que estávamos começando uma nova fase e que todos eram importantes para cumprirmos os objetivos estipulados. Compartilhei com todos que agora iria me dedicar a elaborar meu planejamento estratégico e comentei sobre a equipe do on-line que eu iria recrutar.

Terminamos a reunião e eu fui para minha mesa pensar um pouco. Me distanciei das pessoas o mais rápido que pude para evitar perguntas. Ainda terei que falar com meu diretor e me preparar para sua reação sobre o ocorrido. Eu realmente não sabia como ele iria reagir a tudo que rolou, sei que a esta altura ele já deve saber pelo Mário como eu fiquei abalada.

Eu ainda o conheço muito pouco, mas se ele for duro comigo não sei se irei aguentar. Estou um caco. As palavras do Luiz estão reverberando dentro de mim, elas mexeram profundamente comigo.

Mas, agora, preciso ser firme. Vou pegar as anotações que fiz sobre os demais integrantes da equipe e compartilharei meu plano de desenvolvimento sobre como vou agir com cada pessoa, sendo:
— Os que irei manter na função atual, pois desempenham bem o trabalho;
— Quem preciso desenvolver, pois tem as qualidades e competências que precisamos mas não está na função que elas podem desempenhar o melhor trabalho;
— Quem preciso observar por um tempo, pois apresenta competências para outras atividades e para isto precisa de um plano de desenvolvimento individual;
— Quem precisa ser substituído, mas não é caso crítico e posso observar por mais um tempo;
— Quem precisou ser substituído, pois apresentava baixo desempenho e seus comportamentos não estavam aderentes à nova cultura da empresa.

Neste último caso foi o coordenador, um analista sênior, e dois analistas juniores.

Meu diretor tinha aprovado as demissões, mas no dia da nossa reunião sobre este assunto, ele estava com pressa e pediu que eu apresentasse todo o racional detalhado em outra ocasião.

Não entendi bem a diferença que isto faz depois, mas fazer o que... Imagino que ele confiou na decisão em função do recursos humanos ter participado do processo de escolha. Mas isso eu saberei mesmo quando estiver com ele.

Sei que fiz todas as demissões com o máximo de respeito ao ser humano e isso me dá certa tranquilidade e paz de espírito. Claro que estou com as palavras do Luiz batendo na minha cabeça igual a um sino ensurdecedor, por outro lado a reação dele foi algo inimaginável por qualquer pessoa. E aí entra aquela máxima que aprendi no módulo de atitude do método do líder estrela, que precisamos agir com consciência e fazer o melhor que podemos de nossa parte, uma vez que só controlamos a nós.

E pelo que senti dos demais integrantes da equipe, minha reputação como gestora está ok e não existe o sentimento de injustiça, ao contrário. A cena do Luiz mostrou que eu estava certa. Eu contei à equipe o cuidado que tive para tomar minhas decisões, considerando os resultados, os comportamentos *versus* as necessidades da empresa, especialmente comportamentos ligados a atitudes.

Vida que segue

A reunião com meu diretor não teve nada de especial. Enquanto conversava comigo, ele atendeu umas duas ligações, mandou mensagem pelo celular e deixou claro com suas atitudes que não está se importando muito com o que aconteceu ou mesmo comigo. Tenho a sensação que ele só se importa com ele mesmo.

O Mário realmente atualizou ele sobre o ocorrido com o Luiz. Em nenhum momento ele perguntou como eu me sinto, se preciso de ajuda ou mesmo se importou verdadeiramente com as pessoas que ficaram na equipe. A única coisa que ele me disse quando contei meu racional é que este tinha sido um excelente critério.

A principal preocupação dele neste momento é quando entregarei o meu planejamento estratégico. Ele só se importa com o resultado e está me pressionando para montar o mais rápido possível a equipe que irá trabalhar com as vendas on-line. Meu chefe deve estar sendo pressionado, não aguenta o tranco e vem me pressionar também.

Saí de lá frustrada, foi uma enorme decepção. Ele deixou claro que as pessoas e seus sentimentos não são importantes.

Estou me sentindo muito sozinha, e nós humanos somos animais sociais que precisamos de contato. Segundo a neurociência a solidão afeta nosso humor, diminui nossa paciência, causa alterações de motivação, nos deixa irritadiços e egocêntricos.

E como muitos líderes não se atentam para isso, e nenhuma escola ensina liderança, muito menos usando a neurociência, muitos processos de transformação fracassam. Para mim foi algo fascinante conhecer tudo isso.

Eu me enfiei de corpo e alma no trabalho nestes meses iniciais e agora não estou segurando a onda. Mal falei com o Manfred que está fazendo uma longa viagem, não vi mais minha mãe ou meu irmão e até a terapia com a dr. Linda eu resolvi dar um *break*, tipo umas férias. Este foi um grande erro, agora todo este isolamento, esta solidão está me fazendo mal. Além disto, não sinto o apoio do meu diretor e não tenho com quem falar. Estou muito sozinha e tenho tido até pesadelos.

Eu gostaria que minha mãe tivesse ficado do meu lado quando briguei com o Klaus. Ela tinha obrigação de me defender.

Vou retomar as sessões com a dr. Linda. Outra providência que vou tomar é procurar novamente a mentoria do curso. Descubro a cada dia que sozinho a gente não chega a lugar algum e que os dilemas da vida são imprevisíveis mesmo, tornando ainda mais essencial nos conhecermos e cuidarmos de nossas emoções.

O meu diretor não está merecendo que eu faça o melhor plano, mas eu farei o meu melhor por mim, não por ele. Eu não vou sucumbir, não vou me paralisar, não vou ficar reclamando por ter um líder de merda. Eu não posso controlar como ele age em relação a mim, mas eu posso comandar minhas atitudes e escolher como irei lidar com a situação. E eu escolho, neste momento, fazer o meu melhor.

Descobertas

Trabalhei duro, foram muitas horas, algumas noites e um final de semana inteiro dedicada a preparar meu planejamento estratégico. Valeu a pena. Meu diretor aprovou e demonstrou certo contentamento com a estratégia que adotei e ainda deu carta branca para o dimensionamento da área de vendas on-line que sugeri.

Fiquei muito surpresa e feliz com o resultado da apresentação. Estou no jogo!

Agora tenho duas providencias a tomar. A primeira delas é envolver a Renata, pois precisarei muito do apoio dela para encontrar as melhores pessoas para a área de vendas on-line. Preciso montar uma super equipe para este desafio, pois a experiência do cliente deve ser excelente.

As pessoas são a solução para os desafios que tenho. A tecnologia não é o caminho, embora seja fundamental e possa ajudar. Tudo o que existe são relações e são as pessoas que a fazem acontecer. Fora elas, o que sobra para uma empresa são paredes e tijolos. As vendas on-line são uma forma de facilitar a vida do cliente.

Depois de muito trabalho, voltei para as sessões com a dra. Linda. Foram horas duras onde tive a oportunidade de tomar contato com meus sentimentos mais profundos e com o meu medo de fracassar que me deixou cega para o outro. Dar certo na MoD representa muito para mim.

Conversamos sobre as palavras do Luiz e o quanto elas me afetaram. Estou num doloroso processo de descoberta.

> Aquele que conhece os outros é sábio.
> Aquele que conhece a si mesmo é iluminado.
> Aquele que vence os outros é forte.
> Aquele que vence a si mesmo é poderoso.
> **(Lao Tsé)**

Embalada por estes versos, percebo que o autoconhecimento é mais do que necessário, ele é vital para todos e tem dimensões ainda maiores para os líderes. Esta jornada tem início mas não tem fim.

A doutora me disse que é um ato de coragem extremo olharmos para nós mesmos. E de forma prática, ela sugeriu que eu procurasse o Zé Luiz, amigo do Manfred, para que ele pudesse me orientar profissionalmente, especialmente no desafio de liderar.

Aceitei sua sugestão. Por mais difícil que seja encarar meus fantasmas, esta é a única forma de evoluir como ser humano e, através das atitudes, demonstrar para minha equipe e para meu chefe minhas reais intenções.

A dra Linda também me ajudou a perceber o quanto eu fui injusta com a Renata. Inicialmente eu a julguei, achei que ela era o tipo de profissional tradicional que não serviria para este momento de transformação da empresa, mas felizmente percebi o quanto eu estava errada. Que merda de ser humano eu sou?

Ela nem é tão tradicional como eu pensei, apenas tem um estilo muito diferente do meu. Além disso, demonstrou uma inteligência emocional fora do comum no episódio da demissão do Luiz. Ela esteve do meu lado, literalmente me deu a mão e em nenhum momento me julgou. Sem ela, tudo teria sido ainda mais difícil.

Também consegui perceber que minha ansiedade em dar certo na empresa me colocou em posição de julgar exageradamente as pessoas e eu cometi este erro com a Renata. E o pior, que não tive um gesto de agradecimento, não disse uma palavra, pois estava totalmente focada nos meus sentimentos e nas minhas necessidades, sem perceber o outro. Isto foi um tremendo erro da minha parte.

Começo a perceber verdadeiramente que nada mudará para melhor até que eu mude. Preciso de tempo para pensar, para aprender e para me conhecer. Eu me distanciei desta capacidade humana na correria da vida e isto quase me detonou.

Humildade

Fiz uma apresentação muito legal para minha equipe. Eles pareceram um pouco mais motivados quando reconheci que o resultado da aprovação da estratégia tem a contribuição de cada um deles, com as informações que eles me forneceram e com os questionamentos produtivos que fizeram. E aqui ficou claro o caminho que devo trilhar.

Pensando sobre todo o processo, percebi que um dos fatores cruciais para obter o comprometimento deles foi quando eu assumi que não conhecia sobre o mercado de moda, mas que eu tinha outros conhecimentos e que, juntos, poderíamos construir algo muito potente.

Ao adotar uma comunicação assertiva, honesta e respeitosa, consegui que cada um da equipe entregasse o seu melhor e no prazo certo.

Outro fator chave foi ter ouvido o Rodrigo, que apesar de ter sido promovido recentemente, tem muito a contribuir. Ao discordar de mim, ele se arriscou, ao ouvir o ponto de vista dele, potencializei o plano e criei soluções que eu não teria conseguido sozinha.

Hoje, vejo o quanto é enriquecedor prestar atenção no que é diferente e que, em alguns momentos, ele até me surpreendeu. Minha primeira tendência foi relutar, mas retomei minha consciência, respirei e agi da forma certa, não da forma habitual.

Não são as nossas diferenças que nos separam, mas os nossos julgamentos sobre os outros. Ao julgar o mundo e achar que ele deve ser como nós o vemos, perdemos a oportunidade de aprender e crescer. A curiosidade nos aproxima das pessoas, de ideias e nos entrega soluções melhores.

Muitas vezes relutamos em prestar atenção às diferenças que os outros apresentam porque não queremos mudar. Não ouvir o outro nos deixa a mercê da condenação de vivermos apenas o mundo como vemos e, desta forma, perdemos a oportunidade de ser criativos. E para sermos criativos, precisamos mergulhar em um espaço desconfortável de incertezas.

Se enfrentarmos o medo do não saber, grandes ideias surgirão. E foi neste espírito que construí um planejamento estratégico incrível.

Sinto que estou um pouco diferente. Num momento onde a vida na empresa está muito desafiante por tantas mudanças, não há como enfrentar este mar revolto sozinha.

Todos estão inseguros, ao mesmo tempo que estamos unidos por nossos corações.

Estou me esforçando para praticar tudo que aprendi sobre comunicação porque estou verdadeiramente disposta a fazer a diferença na vida das pessoas da minha equipe. Sei que só poderei atingir meus objetivos pessoais de carreira se eu conseguir ter a equipe junto comigo e a comunicação é uma excelente e poderosa ferramenta.

Consegui esta evolução porque estou me dedicando muito ao meu autoconhecimento. Apesar de doloridas, as sessões com a dr. Linda, estão me tornando cada vez mais humana, passo a aceitar minha vulnerabilidade e ao mesmo tempo me sinto mais forte.

Quanto mais eu me conheço, melhor eu me comunico. Aí, aplicar as técnicas de comunicação assertiva, de influência e dar um ótimo feedback é quase consequência.

A dor transforma

Ao repassar na minha cabeça as palavras do Luiz e a forma como ele se comunicou, fica claro que ele transbordou uma necessidade que tinha de se posicionar, de falar o que pensa e não se omitir. Estas são características muito legais, mas no excesso, ele gritou e ofendeu a todos, especialmente a mim. Segundo Erich Fromm, psicanalista, filósofo e sociólogo alemão, o excesso de uma qualidade se torna uma fraqueza.

Eu evoluí na comunicação ao fazer este exercício logo depois da cena caótica da demissão do Luiz. Por um lado, sinto de não ter feito no curso, por outro, acho que aconteceu como deveria ser. Hoje estou mais preparada para entender sua dimensão e profundidade.

Agora é a sua vez. Sugerimos que você aumente seu autoconhecimento fazendo o exercício abaixo.

Quais as minhas *maiores* forças?

_____
_____
_____
_____
_____
_____

Quais forças eu uso em *excesso*?

_____
_____
_____
_____
_____
_____

Apesar de muito dolorida a demissão do Luiz, ela me trouxe inúmeros aprendizados. Hoje sou grata a ele pelo presente que recebi, a oportunidade de fazer um mergulho profundo em mim mesma. A dor que senti me remeteu a toda relação desastrosa que tenho com meu pai, onde atribuo parte do nosso insucesso a comunicação, pois não conseguimos nos expressar de forma respeitosa e empática. Nós somos excessivamente honestos um com o outro e isto azedou nossa relação.

Apesar destas constatações, ainda não estou pronta para procurá-lo. Para dar certo, ele também teria que estar disposto a fazer a parte dele. E ainda me dói pensar que ele não me vê como sua sucessora e não me valoriza profissionalmente. Para termos uma conversa honesta e respeitosa eu precisaria ter um olhar apreciativo para ele, reconhecer o que o Klaus tem de positivo e o que tem em excesso que me incomoda.

Sinto, mas realmente ainda não estou pronta. Para que isto funcionasse ele teria que estar disposto a começar a conversa sem focar nas minhas fraquezas e sem me atacar.

Hoje estou começando a perceber que quando sou excessivamente franca com o Klaus e falo tudo o que penso sem considerá-lo, eu passo a imagem de uma pessoa inconveniente.

Em meus processos de autoconhecimento, tanto com a dra Linda, como nas sessões de mentoria do curso, quanto com o coach do Zé Luiz, percebi que eu não tenho o direito de me aliviar e intoxicar o outro. Quando eu disse para o Klaus que a empresa precisava mudar, eu até podia estar certa, mas a forma como falei foi errada. Eu não considerei os direitos e o momento dele, além do que minha linguagem corporal era de agressividade. Só percebi isto quando repassei com o Zé Luiz algumas de nossas conversas.

Ser empático também é um exercício de comunicação, onde a empatia deve ser gerada entre os interlocutores, assim como o respeito e a valorização do outro. O líder que consegue se comunicar de forma honesta e respeitosa, usando a empatia, aumenta infinitamente suas chances de obter os resultados desejados. Para funcionar, é necessária a troca e a compreensão mútua, onde o líder e sua equipe se nivelam para estabelecer um diálogo, fazer acordos, melhorar o trabalho e a produtividade.

É necessário ouvir o outro sem julgamentos ou preconceito. Isso é um desafio enorme, pois todos nós temos um mapa já construído em nossas mentes sobre como vemos o mundo e como ele deveria ser. Por outro lado, percebo cada vez mais que, com treino e vontade genuína de ter boas conversas é possível desenvolver esta habilidade.

De forma simples, o autor Marshall Rosenberg oferece um passo a passo que aprendi e utilizei muito na fase do planejamento estratégico da área. Tenho certeza que foi um dos segredos do sucesso de eu entregar no prazo e sem estresse. Mas, apesar do autor apresentar um passo a passo, não podemos pensar e executar ele de forma mecânica. Elas precisam ser compreendidas para nos comunicarmos de forma mais respeitosa.

1. **Observação:** o que está acontecendo e ou o que o outro está fazendo que eu não gosto e me incomoda? É necessário fazer um esforço para identificar o que não gosto no outro sem julgar se é certo ou errado.
2. **Sentir:** identificar o que está acontecendo com meus sentimentos, que tipo de emoção estou sentindo? Algo positivo ou negativo?
3. **Necessidade:** que necessidade minha não foi ou foi atendida para eu me sentir assim?
4. **Pedido:** de forma específica e baseado no que eu desejo do outro para eu me sentir melhor.

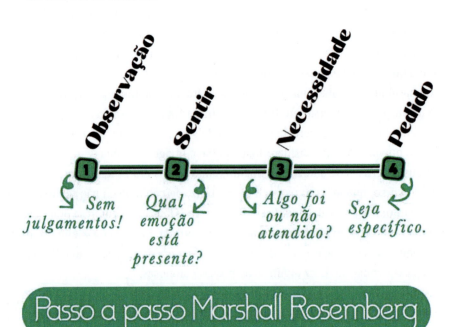

No quarto passo, precisamos usar a assertividade, o que eu desejo, como e para quando, especialmente quando a liderança estiver fazendo acordo com sua equipe.

Anotei um diálogo que tive com um membro da equipe aplicando a técnica e vejo que, enfim, consegui acertar.

Quando você atrasa a entrega das informações (observação), eu me sinto irritada e insegura (sentir). Eu preciso que você entregue as informações no prazo que combinamos (necessidade). Por isso, gostaria de saber o que te impede de cumprir os prazos e se tem algo que eu possa fazer para te ajudar (pedido).

E, para finalizar, eu pedi para a pessoa repetir com suas próprias palavras o que tinha entendido sobre o meu pedido para garantir que ela me entendeu e nos livrarmos da armadilha de um dizer uma coisa e outro entender outra completamente diferente. Um líder precisa checar constantemente que os membros da equipe estão realmente entendendo o que está sendo dito e o que está sendo pedido. Afinal, a mesma palavra pode ter uma conotação diferente para cada pessoa.

Engraçado que é mais fácil aplicar este conceito no trabalho do que em nossa vida pessoal. Isto deve-se ao fato que em nossa vida pessoal nós nos expomos mais, pois contamos com o perdão do amor e não consideramos que o outro pode nos demitir também. Neste caso é uma demissão pior ainda, pois podemos ser excluídos de sua vida.

Ponto cego

Existem coisas sobre nós que não sabemos e precisamos do outro para saber. Ninguém evolui sem receber um feedback. Acordei com este pensamento e resolvi mandar uma mensagem para o Mário pedindo um retorno sobre minha atuação nestes primeiros meses, sobre o episódio com o Luiz e a minha relação com o próprio RH.

Procurei ter muita consciência no meu pedido para ele, pois é comum solicitarmos uma coisa com um desejo oculto achando que o outro irá adivinhar o que queremos, ou seja, pedirmos uma coisa e no nosso íntimo desejarmos outra até de forma inconsciente.

A conversa com o Mário foi de certa forma dolorida, mas muito respeitosa e me colocou a pensar ainda mais sobre minhas atitudes e o quanto temos pontos cegos em nós, que precisamos um do outro pra crescer e nos desenvolver. Dolorida porque tomei contato com algumas besteiras que tenho feito na hora de me comunicar, especialmente com meu diretor, mas foi franco e me senti respeitada. Ele apontou exatamente em que momento e a forma que falei que eu fui arrogante e desconsiderei o direito do outro, que passei a imagem de "a tal sabe tudo".

Como disse Luciano de Crescenzo, escritor, autor e diretor italiano, homens são anjos de uma asa só, para voar um precisa do outro.

O Mário é bastante maduro profissionalmente, além de conhecer muito tecnicamente sobre sua área, ele faz a diferença porque é estratégico, consegue trafegar nos negócios e nos comportamentos humanos. Ele se preocupa com o resultado e com as pessoas.

Ele conduziu nossa conversa de uma forma que nós dois tivemos a oportunidade de falar e os dois se sentiram ouvidos, como deve ser em uma conversa assertiva, que tem respeito e é honesta. Honesta porque ninguém omitiu seus sentimentos e expressou todos eles sem agressões.

O Mário me deu um feedback bem pontual e falou em três tempos, passado, presente e futuro, ou seja, passado sobre o que aconteceu de forma factual com exemplo, presente como estão as coisas e futuro o que precisamos fazer de diferente daqui para frente. Além disto, ele conversou na primeira pessoa e com humildade, expressando seu ponto de vista, mas considerando que podem existir outros.

Mesmo descobrindo e tomando contato com meu erro, saí de nossa conversa muito agradecida, pois ele me deu a oportunidade de ser melhor. Acho que toda esta sensação boa é resultado da honestidade e quanto me senti respeitada, além de ter percebido claramente que o interesse dele era que eu melhorasse e não me ferrar. O feedback existiu, mas em forma de conversa. Saí com um mix de sentimentos, motivada a fazer melhor e bem chateada, pois minha atitude está sendo diferente das minhas intenções, estou desconexa.

Feedback bom é feedback assertivo.

Eu li uma vez que a origem desse tipo de ação começou na Nasa. Sim, imagine só! Quando a Nasa lançava um foguete, havia um plano de rota para que ele alcançasse seu destino. Sem tripulantes, seu posicionamento e direção eram controlados pelos sinais recebidos, a NASA interpretava esse sinal e, em feedback, redirecionava o foguete, com novas instruções. Simples assim!

Afinal, o ato de informar a uma pessoa sobre o desempenho, comportamento ou ação executada tem o objetivo de reorientar ou estimular comportamentos futuros mais adequados.

Em geral as pessoas têm medo de dar feedback, pois temem a reação do outro e, no fundo, como diria o filósofo americano William James, elas têm medo de não serem aceitas. No centro da personalidade humana está o desejo de ser apreciado.

Puxa, quando eu "crescer" quero ser igual ao Mário. Ele me inspira muito.

Espera aí, Nicole. O que te impede de começar a ser a líder que te inspira agora para você inspirar outras pessoas também?

Este pensamento invadiu o meu ser e me encheu de alegria, como se eu tivesse sido ligada a uma luz clara que subiu pelo meu corpo. Me senti capaz de fazer diferente do meu diretor e do próprio Klaus. Eu posso fazer igual ao Mário. Esta é uma escolha que tenho e já sei o tipo de líder que desejo ser, aquela que realmente consegue levar as pessoas junto independente do objetivo que eu tenha que atingir, que inspira as pessoas a agirem por elas também, que respeita, que sabe ser firme com os fatos e gentil com as pessoas.

E é assim que serei. Vou praticar muitas rodadas de conversas, pois entendi que a comunicação é uma das principais ferramentas do líder somado com suas atitudes. Este é um momento de iluminação, insight, sei lá, mas rolou e me sinto feliz.

Conversando a gente se entende

O método do líder estrela ensina uma comunicação assertiva, que é honesta e respeitosa. Quando as conversas dão errado é porque entramos nelas com muitas certezas e pouco abertos para fazer perguntas e entender o modelo mental do outro. Para funcionar, precisamos assumir que minha verdade não é a única verdade e que a forma que vejo o mundo não é a única forma. Quando temos muitas certezas e não estamos dispostos a compreender o modelo mental e necessidades do outro, nos colocamos na posição de arrogante.

Lembro bem uma vez que o Júnior e eu estávamos na empresa com meu pai e o Júnior disse que as pessoas se vestiam de forma muito formal ali. Meu pai ignorou a fala dele e continuou o que estava fazendo. Cinco minutos depois o Junior disse a mesma frase e meu pai, sem saber o que dizer, parecendo incomodado, respondeu que a empresa era um lugar de respeito.

Passaram mais uns minutos e o Junior voltou a dizer que na empresa as pessoas se vestem de forma muito formal e são muito sérias. Meu pai, irritado, se virou para ele e disse em um tom áspero e duro: "O que você quer que eu faça? Que transforme a empresa em um parque de diversões?". Agora os dois estavam incomodados.

Que tipo de resposta o Junior estava querendo? Acredito que ele esperava ouvir do Klaus que ele entendia que este jeito de se vestir lhe causava desconforto, que o Junior era um artista e ternos e gravatas não o animavam muito. Se Klaus tivesse compreendido o pedido por traz da fala do Junior poderia ter dito: eu entendo que você prefere se vestir de forma mais despojada e que este estilo lhe causa desconforto.

Nesta situação trivial, o Junior estava querendo dizer que não tinha afinidade com o jeito de ser da empresa, mas o Klaus não tinha condições de compreender sua verdadeira mensagem.

"A característica da comunicação assertiva que é honesta e respeitosa passa por estes pontos:
- A assertividade é como expressamos nossas ideias, sentimentos, emoções e opiniões, sem manipular ou usar qualquer tipo de coerção ou violência verbal;
- Mantém o respeito próprio e ao próximo;
- Comunica-se com tranquilidade e eficácia no sentido construtivo, de forma apropriada, a cada momento e em cada situação;
- Considera o direito do outro;
- Considera que pode existir outras alternativas além daquela proposta.

"A assertividade passa por cinco pilares:
1º Preparação: significa que você não precisa dizer tudo que pensa, mas você precisa pensar em tudo o que vai dizer. E o brasileiro em geral peca muito aqui, porque adora o improviso e não gosta de planejar. Em alguns casos o imprevisto é legal, mas saiba quando usá-lo a seu favor;

2º Escuta empática: verdadeira e genuína, olhar a pessoa com a perspectiva do outro;

3º Usar uma linguagem positiva: a linguagem negativa estimula o outro a atacar ou se defender;

4º Domínio da sua linguagem não verbal: fala muito sobre você e suas emoções. No cotidiano, as pessoas dão importância ao que vão dizer e se esquecem de como irão dizer, afinal, a linguagem corporal precisa ser condizente com a mensagem;

5º Controle emocional: só o conquistamos através do nosso autoconhecimento para adotar estratégias de mudança".

O Klaus, por exemplo é muito impulsivo, não se segura e sai machucando as pessoas. Deve ser muito difícil ter ele como chefe. Na raiva ele explode, ofende e parece que vai furar o estômago da gente. Minha mãe realmente é muito passiva para aguentar por tantos anos tudo isso, ela engole sapo o tempo todo, tem dificuldade de dizer não só para não magoar os outros. Na minha crise com o meu pai por exemplo, ela não conseguiu expressar sua opinião para ele. Lembro inclusive de uma época que ela já teve vontade de trabalhar, ele não aceitou e ela simplesmente enterrou sua vontade.

Meu pai fala alto, às vezes grita, manda, impõe suas ideias, tem postura corporal rígida e se acha o dono da razão, sendo agressivo em parte das vezes. Mas não podemos nos enganar, também existem pessoas agressivas que são sarcásticas, um tipo sutil e velado deste tipo de comunicação, que às vezes é ainda mais difícil de lidar.

Por isso ele tem uma equipe na sua maioria retraída, pois seus integrantes não se sentem à vontade nem para apresentar suas ideias, imagine para fazer alguma crítica? O pior é que o Klaus não tem vontade de mudar, talvez porque embora sendo assim, ele alcança bons resultados. Mas neste momento me pergunto se ele não corre o risco de começar a perder. Quem sabe, se ele mudasse seu estilo de comunicação, poderia conseguir ainda melhores resultados.

Uma estratégia que ele deveria usar é ouvir mais as pessoas, isso lhe daria no mínimo tempo para respirar e controlar sua agressividade.

Segundo Peter Drucker, pai da administração no século XX, 60% dos problemas nas empresas resultam da ineficácia na comunicação.

O líder precisa ser assertivo em reuniões e nas interações com a equipe, especialmente quando tem um pedido a fazer, quando precisa dar uma orientação. A dificuldade em ser específico tem relação com nossa linguagem, que é muito recente do ponto de vista da nossa evolução. É bem mais fácil sermos genéricos do que específicos. É mais fácil falar "você sempre se atrasa para as reuniões" do que falar "nas últimas 4 reuniões você se atrasou".

O mesmo se aplica para os feedbacks.

Por outro lado, para uma linguagem positiva, ao invés de dizer "você continua chegando atrasado", é melhor dizer, "você lembra o que combinamos sobre o horário"?

Agora, ser honesto e respeitoso é uma prática, um processo de entendermos a nós mesmos e ao outro e que melhora a qualidade das nossas relações. Nossas interações se tornam mais eficazes e mais empáticas, passamos a entender a necessidade do outro. A vida inteira eu ouvi que empatia é se colocar no lugar do outro e isso na verdade é um equívoco, pois seu eu me colocar no lugar do outro, eu anulo o outro e vou pensar e sentir como a Nick.

Se eu realmente olhar para o outro como um ser singular, conseguirei entender genuinamente o que motiva o outro a agir. Como tudo na vida, precisamos de prática para atingirmos a maestria, para sermos assertivos, mas com respeito a outra pessoa. Este tipo de comunicação é inspirada no autor Marshall Rosenberg, que ensina a comunicação não violenta, ou seja, uma comunicação que respeita o desejo, as necessidades e sentimentos do outro. Com ela apreciamos o que existe de bom na outra pessoa ao invés de focar no que tem de ruim, uma vez que todos nós temos luz e sombra.

A neurociência, especialmente a neuroeconomia, nos ensina que temos um sistema automático, que não é mediado pela nossa consciência, mas que influencia as nossas ações. Então quando entendemos isso, descobrimos que nós supervalorizamos as nossas intuições que dão certo e subvalorizamos as que dão errado.

E se observarmos realmente as nossas vidas, as nossas intuições que dão errado estão muito mais presentes do que as que dão certo. E a mesma coisa serve para o julgamento. Na maioria das vezes eles estão errados porque estamos vendo o mundo sob a nossa perspectiva, sob as nossas crenças, valores e necessidades que podem ser absolutamente diferentes do outro.

Ser sincera comigo

Este tipo de comunicação faz muito sentido do ponto de vista da neurociência, pois diferente dos outros animais, nós temos a consciência de que somos naturalmente violentos e podemos com isto ir além, superar esta natureza para nos tornarmos seres melhores.

A neurociência nos mostra que nascemos julgando, vem de fábrica. Uma das razões pelas quais a humanidade chegou até aqui é porque julga o tempo todo, se não ela não teria sobrevivido.

Por outro lado, na vida contemporânea, o julgamento tomou proporções exageradas com a conquista da liberdade e fazemos isso automaticamente, sem nos auto-observar, por isso a importância do autoconhecimento. Tanto a nossa observação quanto o julgamento dependem da percepção, vem da experiência de cada um com a vida e suas próprias características e necessidades de personalidade.

Cada um de nós tem uma experiência única, e esta experiência, os mapas que criamos na mente, irão influenciar a nossa forma de perceber o mundo. Por isso que quando duas pessoas ou mais observam o mesmo objeto, a mesma palavra ou o mesmo acontecimento, tiram conclusões diferentes.

O que precisamos é aprender a identificar o nosso julgamento automático, tentar observar mais, fazer mais perguntas e checar nosso entendimento.

Na conversa com o Mário ele usou esta técnica quando eu contestei uma situação que ele usou para tangibilizar o seu feedback. Quando eu disse que fiquei irritada por não concordar com a posição da Renata que deveríamos manter o Luiz, só porque ele tinha um histórico de boas entregas. Ele me perguntou se o que eu queria dizer era que eu pensava diferente da Renata, e que quando eu digo que não concordo com ela, qual teria sido meu ponto de vista que ficou omitido ou mal explicado na conversa ao ponto de gerar um atrito entre nós. E completou: quer dizer que tinha algo ainda mais importante para você do que o resultado, é isso que você estava tentando preservar?

No ponto! Para mim era mais importante o comportamento dele atual que não condizia com a cultura desejada da empresa e muito menos com o que eu valorizo, como por exemplo a humildade, a abertura e a atitude de dono.

A dra Linda me mostrou que eu julguei a Renata a partir desta conversa e já fui achando que ela não servia para o momento da empresa. Ao contrário, ela pode ter o que aprender como todos nós, mas ela demonstrou um controle emocional incrível na demissão do Luiz, além de empatia ao meu momento e, diferente de mim, ela não me julgou perante o Mário.

Preciso ficar muito atenta ao meu julgamento automático, dar mais importância à observação, aprender a usar mais a minha capacidade de identificar negócios e ideias para "ler" as pessoas como elas são.

Um dos pontos mais importantes e impactantes que aprendi sobre comunicação respeitosa e senso de dono foi a diferença entre sentimentos e não sentimentos. Existe uma diferença entre eu me sentir criticada ou me sentir triste. O não sentimento é como eu estou dando poder ao outro sobre a forma que eu me sinto.

Foi o que aconteceu comigo quando o Luiz me criticou. Enquanto eu estava na empresa eu senti raiva ao ser criticada, me senti ameaçada e até um pouco vítima, mas ao chegar em casa de noite, percebi que de fato eu tinha ficado triste porque me lembrei do meu pai e que poderia de fato estar agindo como arrogante e a tal sabe tudo. Fiquei triste por tomar contato com minhas próprias atitudes. E as pistas que me fizeram conectar a realidade com a teoria foi o que eu senti na hora que o Luiz me xingou, porque senti aperto no peito, uma dor na barriga, um calor enorme e depois desatei a chorar igual uma descontrolada. Senti no corpo as reações das palavras dele.

A partir deste esclarecimento, consegui me entender melhor e fazer uma escolha de como vou agir. Minha escolha foi aprofundar ainda mais no meu autoconhecimento tendo ajuda profissional.

As pistas no corpo é o que a neurociência chama de emoção, porque ela é inata, fisiológica. E estas emoções geram sentimentos, porque o sentimento é a interpretação da emoção, que é absolutamente individual.

Por isso a liderança exige tanto de nós, porque os seres humanos são complexos e a maioria não investe em se conhecer. Infelizmente isso poderia ser diferente se, desde pequenos, aprendêssemos a nos conhecer.

E o nosso corpo dá pistas de como estamos nos sentindo. Claro que uns demonstram mais que outros, mas nem por isso podemos julgar quem não sente como nós, talvez a diferença esteja na demonstração ou no controle emocional desenvolvido ao longo da vida.

Quando eu me empodero dos meus sentimentos, consigo me responsabilizar por eles e não culpar o outro.

Aprendi com este processo a ser mais sincera comigo mesma.

Conexão com o outro

Para fazer a equipe acreditar em você, é importante o líder se conectar com o outro e acessar seu inconsciente. Porque 95% das nossas decisões estão aí e só 5% no consciente.

Quando entendi isso, um mundo novo se abriu para mim. O lance agora é praticar cada vez mais. E as dicas práticas sobre o uso da linguagem passadas no curso foram:

1. **"Antes de mais nada..."**: imagine que você vai se apresentar para uma nova equipe. Antes de começar o diálogo você pode dizer algo como "antes de mais nada", ou "antes de começarmos, quero dizer que minha antiga equipe era muito satisfeita com a minha liderança", e aí você começa a se apresentar. Isso também serve para uma entrevista, para apresentar uma ideia. Neste caso você passa para o subconsciente da pessoa que o que foi dito está fora do contexto da reunião, o outro irá aceitar com menor resistência a informação e ela não fará uma análise crítica do que foi passado. Agora, isto precisa ser feito com integridade, ou seja, não podemos contar uma mentira porque a integridade é um dos maiores ativos da liderança. Até porque, com o passar do tempo, as pessoas irão descobrir, na prática, se você disse a verdade;

2. **"Eu me pergunto se..."**: quando estiver conversando com um membro da equipe você pode dizer 'às vezes eu me pergunto se eu tivesse investido antes no meu autoconhecimento, se minha vida seria mais fácil hoje'. Esta dica leva a pessoa a refletir sem você ser impositivo e quebra as possíveis resistências. É como se o líder estivesse fazendo uma autorreflexão
3. **"Usar o E"**: utilize o 'E' ao invés de 'mas'. Se imagine oferecendo um feedback em uma reunião sobre um projeto. Você o analisa e tem vontade de fazer uma alteração no que foi proposto. Na frase 'achei esta ideia muito boa, mas o que você acha de reavaliar...', troque o 'mas' pelo 'E', pois a palavra 'mas' ativa no cérebro uma frustração, dá a percepção que não foi legal. O 'mas' contradiz a primeira frase. O 'E' é uma adição, você está somando uma sugestão à primeira sentença;
4. **"Não"**: evite começar suas frases com a palavra 'não', este é um vício de linguagem que muitas pessoas têm ao responder perguntas, até quando concordam com ela. A palavra 'não' frustra o ouvinte, ou seja, não é legal começar uma frase com um 'não', especialmente quando você está concordando;
5. **"Não se sinta obrigado"**: se você deseja que sua equipe comece a organizar a sala após as reuniões, por exemplo, pode dizer algo do tipo 'não quero que vocês se sintam obrigados a arrumar a sala, mas se sentirem confortáveis em fazer isto será muito bom'. Desta forma as pessoas não se sentirão obrigadas ou acharão que você foi impositivo ou mesmo autoritário;
6. **"Dar opções que já foram escolhidas"**: imagine que você irá fazer um workshop com as pessoas da sua equipe e você dá a opção para eles escolherem se querem no dia 20 ou no dia 25. Estas duas datas já são viáveis para você, então não faz diferença a escolha, mas a equipe sente que participou e que decidiram algo. A sua escolha é fazer o workshop e não a data. Está embutido que terá o evento, assim eles aceitam muito melhor a ideia de parar o trabalho para fazer um workshop, porque se sentem com poder de decisão e tendem a eliminar as resistências".

A linguagem percorre diferentes caminhos e altera a comunicação, traz significados para nossa interação e convívio. Ela é muito importante para expressarmos nossos pensamentos com mais clareza.

Quando o Luiz xingou todos, ele expressou não somente seus pensamentos, mas também um turbilhão de emoções, seu sofrimento, algumas relacionadas a demissão em si e outras provavelmente ligadas ao que ele já vinha guardando desde a minha contratação. Ele sonhava em ser promovido a gerente, entrou na empresa como estagiário e achou que o natural seria ser promovido por ser o mais antigo na função.

Ele apenas se esqueceu que a meritocracia não é por tempo de serviço e sim, por um conjunto envolvendo os resultados entregues e a forma como se consegue o resultado somado ao potencial que a pessoa apresenta ou não para subir de cargo.

Para uma comunicação assertiva, honesta e respeitosa o mindfullness tem um papel muito importante, pois a ideia central é conseguir respirar e criar um espaço entre o fato e nossa reação para expressarmos com coerência e respeito o que está dentro de nós.

O Luiz poderia falar sobre sua mágoa, sua chateação, mas não poderia ter desrespeitado as pessoas. Conseguiria, assim, sair da empresa cultivando amizades. Ele se expressou sem se preocupar com quem iria ouvir sua acidez.

Interação é muito mais que se expressar, pois quando interagimos entramos no universo do outro que também entra um pouco em nosso universo.

E, para interagirmos efetivamente com a linguagem adequada, precisamos considerar o contexto cultural do outro, livre de preconceito.

Por exemplo, a palavra "vaca" para uns pode significar leite, para outros carne, para outros queijo, para outros um xingamento, para outros pode ser um animal sagrado, como na Índia, e assim por diante.

O saber cultural na linguagem nos ajuda a entender o outro dentro do contexto dele.

O que nos limita

O que falamos é uma expressão do que existe em nosso mundo interno e de nossas crenças e estas nos impedem de brilhar em nossa carreira e na vida.

O nosso desafio no processo de autoconhecimento é ressignificar nossas crenças. Eu fiz este exercício novamente.

Para ressignificar é necessário pensar de outra forma, mudar a percepção de algo, atribuir um novo significado para aquilo que eu acredito que me potencialize e não me limite. É uma maneira de transformar acontecimentos ruins em um aprendizado, uma motivação ou algo positivo.

Existem situações em nossas vidas que nos dão duas alternativas, ficar parado e amargar o resultado, ou agir e ressignificar o que nos acontece.

O prefixo "re", inclusive, é poderoso, significa novamente. Ele nos ajuda a ver as situações por ângulos diferentes, sem recorrer às velhas e malsucedidas receitas de sempre.

Ressignificar uma situação é uma escolha que devemos fazer conscientemente. Quanto mais eu caminho, percebo que consciência é a regra do "jogo da liderança".

Felizmente não deixei a situação com o Luiz me afundar por muito tempo. Eu consegui mudar meu olhar com muita ajuda e chamando a minha consciência. Entendo que existem situações mais difíceis de fazer isto, e hoje pensei muito sobre isto. Como seria, por exemplo, perder o Manfred? Nós passamos por este medo quando ele ficou doente e na ocasião acho que eu teria ficado simplesmente doida. Não consigo imaginar o meu mundo sem ele.

Compreendo melhor que, por mais difícil que seja a situação, precisamos encontrar uma saída para continuarmos em frente e não travarmos a nossa própria existência. É fundamental buscarmos o lado bom quando temos a sensação que só existem coisas ruins no momento que estamos. E quando escolhemos, mesmo que inconscientemente, focar na parte ruim, caímos na vitimização e entramos em uma espiral descendente em que parece até que tudo de ruim acontece com a gente.

Sei que algumas crenças da minha família estão presentes em mim. Preciso identificá-las e ressignificá-las para crenças empoderadoras.

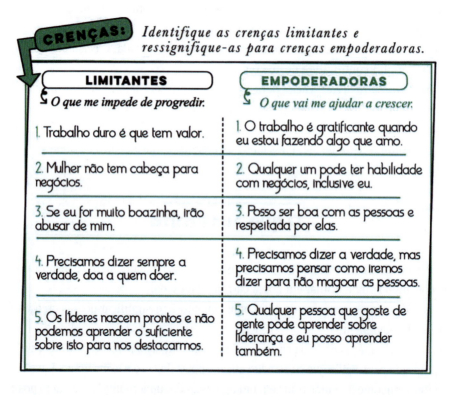

Tenho repetido frequentemente para mim mesma que meus pais e o Manfred me criaram com as melhores intenções, com os recursos que eles tinham em função das suas próprias concepções de mundo e crenças. Além disto, eles me deram os desafios necessários para eu ser quem estou me tornando. Especialmente meu pai e talvez ele não seja tão difícil quanto eu venho dizendo.

Olhar para estes fatos e poder ver minha família com outros olhos me traz uma certa paz e isto é legal e prazeroso de sentir.

CAPÍTULO 9

CONTRATAÇÕES

Estou muito satisfeita com o processo que fizemos para contratação da equipe que irá trabalhar para desenvolver junto com TI as vendas on-line. Ela será responsável pelo design do site de vendas, pensando na melhor experiência possível para o cliente, com o objetivo de reforçar a nossa cultura organizacional.

Foi uma fase intensa, tive todo apoio do recursos humanos, mas eu assumi a responsabilidade pelas entrevistas. Me preparei bastante e fiz o processo com muita dedicação.

Segundo o autor Jim Collins, "você primeiro deve colocar as pessoas certas no ônibus, mesmo antes de saber para onde ele vai". Talvez o mais importante de todos os processos de recursos humanos e gestão de pessoas, seja o recrutamento e seleção de pessoas.

Eu avaliei os candidatos e candidatas quanto a:
1. Valores: se os valores batiam com os meus e da empresa;
2. Alinhamento cultural: se existe aderência à nossa nova cultura;
3. Competências técnicas e comportamentais: se os comportamentos têm alinhamento organizacional e ao que preciso na área;
4. Diversidade: se tem complementariedade às minhas próprias competências.

Características para recrutamento e seleção

COLABORADOR	VALORES	ALINHAMENTO CULTURAL	COMPETÊNCIAS	DIVERSIDADE

Para mim, a diversidade de ideias é a mais difícil de lidar, pois elas podem ser veladas. Além disto, trabalhar com o diferente exige bastante de mim, especialmente pela criação que eu tive, sendo esta uma das minhas batalhas internas.

Apesar de ser muito mais confortável ter uma equipe que pense como eu, porque a chance de termos conflito é muito menor e as pessoas irão fazer o que desejo, entendi com a mentoria do curso que isto é ficar na zona de conforto e nela ninguém cresce. Claro que é desafiante ter pessoas que pensam diferente, mas é neste momento que se conhecem as competências de um líder.

Assumi toda a responsabilidade pela contratação das pessoas pelo meu aprendizado, claro, mas principalmente porque no dia a dia eu estarei com estas pessoas, então é importante escolher bem. Por mais que meu diretor tenha me colocado pilha desde o início para eu contratar logo e fez até uma piadinha sarcástica que eu estava lenta, não cedi à tentação de contratar pela pressão, contratei por convicção.

Cada pessoa nova que está se somando a minha equipe, foi escolhida com muito critério, tanto os funcionários internos, que já eram da empresa, quanto as pessoas que vieram do mercado.

Meu diretor insinuou que umas das minhas características que mais chamou a atenção dele é que eu passei a ideia de ser mais rápida do que tenho sido nos últimos meses e tivemos uma leve discussão.

Não sei bem o que está acontecendo, mas ele também me parece bem diferente do que nas entrevistas. Ele mal se envolve com os projetos da área ou com as pessoas, só me cobra, vive em reuniões com os outros diretores e raramente tem tempo para uma conversa. Quando elas acontecem, ele está sempre de olho no celular. As tais reuniões que ele disse fazer semanalmente é balela, e sempre dá a desculpa que está com muita demanda do presidente, ou que está envolvido nas definições estratégicas do processo de mudança. Todas suas desculpas giram em torno disto.

Aí eu me pergunto, como o Mário consegue tempo para sua equipe se ambos têm o mesmo nível hierárquico e estão envolvidos nas mesmas discussões? A resposta para minha pergunta é escolha. O Mário prioriza a equipe dele e as pessoas da organização, completamente diferente do meu chefe.

Através das suas atitudes percebo tudo que não se deve fazer na liderança. Mas e se eu tiver algum comportamento tão ruim como meu chefe com a minha própria equipe?

Evento

Voltei do evento encantada sobre cultura organizacional, todos os detalhes foram pensados para que tivéssemos uma experiência igual à que desejamos que o cliente sinta em nossas lojas. Todos os líderes estavam lá, incluindo os gerentes de loja.

Acho que o sentimento foi unânime, começamos uma nova era da empresa. Meu diretor fez uma rápida apresentação sobre a construção do site on-line e do aplicativo.

De certa forma fiquei orgulhosa por estar liderando a construção deste projeto, por outro lado, me decepcionei um pouquinho por ele não ter mencionado nem o meu trabalho, nem da minha equipe e muito menos a equipe de TI. Este é um projeto que estamos desenvolvendo em colaboração com duas áreas. A próxima fase será testar com clientes reais, saber verdadeiramente se fizemos um trabalho que gere uma ótima experiência ao cliente.

No evento também foram lançados dois desafios para todos os líderes da empresa. O primeiro deles é que, uma vez por ano, todos os profissionais que fazem atendimento ao cliente serão treinados e os líderes da empresa irão para o atendimento. O segundo deles é que todos que trabalham no escritório, uma vez por ano, irão vender nas lojas.

Estas iniciativas tangibilizam a nossa cultura do cliente. São medidas muito legais para que as áreas de apoio e o pessoal do escritório sintam o cliente na pele. Quando os líderes forem para o atendimento telefônico, sentirão as dores do cliente e saberão se tudo que desenvolvem está realmente sendo feito sob a ótica do cliente.

Senti que meu diretor não gostou muito disto, pelo que conheço ele deve achar que o trabalho de atendimento é inferior e ele é um diretor todo poderoso, sempre muito elegante, que passa um ar de superioridade. Acredito que, de fato, ele nunca deve ter ido até a área de atendimento para conhecer as necessidades do cliente. Ele só valoriza o que as agências falam.

O nosso presidente está revolucionando a empresa. Estes anúncios são extremamente simbólicos e passam a mensagem para todos os funcionários que é primordial que tenhamos o conhecimento íntimo das necessidades do cliente e que os líderes devem dar o exemplo.

Eu vibrei com as decisões anunciadas hoje. Neste tipo de cultura, elas devem ser projetadas de fora para dentro e nada melhor do que viver a realidade do cliente para criarmos experiências inovadoras e que nos diferenciem no mercado.

A cultura é o jeito de ser e fazer das pessoas na empresa e quem gerencia a cultura no dia a dia é a liderança através de suas atitudes e escolhas.

No evento, um gerente de loja perguntou ao meu diretor se não iríamos contar para o mercado o foco do cliente.

Meu diretor disse que em breve ele iria lançar uma campanha para contar isso. Foi quando o presidente, com muita elegância, pegou o microfone e disse:

"O Alfredo e a equipe irão sim fazer uma campanha, mas antes, precisamos viver isto dentro da nossa organização. Quando todos entenderem que estamos mudando de produto para cliente e que queremos o foco do cliente, contaremos ao mercado. Isto porque, se contarmos antes do cliente fazer parte da nossa cultura, corremos o risco de o cliente, ao interagir conosco, ter uma experiência diferente da comunicação que estamos anunciando e não existe nada mais mortal para uma empresa do que dizer uma coisa e fazer outra".

Neste momento o Alfredo pegou o microfone novamente e completou:

"Isto mesmo, apenas depois que o cliente fizer parte da nossa cultura iremos contar".

Não sei se todos perceberam, mas tenho quase certeza que o presidente desconfiou que o Alfredo diz uma coisa e faz outra, que ele ainda não introjetou o cliente na veia. E eu, que trabalho diretamente com ele, tenho certeza disto. O que é mais difícil de acreditar para alguém da área de marketing...

Estou muito feliz por ter aprendido sobre cultura organizacional no método do líder estrela. Me sinto mais preparada ainda para apoiar a empresa neste momento de reinvenção.

Nosso presidente assumiu o evento inteiro. E uma das mensagens que ele insistiu foi em explicar a diferença entre foco no cliente e foco do cliente. O foco no cliente é colocá-lo em evidência, avaliar seu perfil como consumidor, conseguir definir um público-alvo e estratégias de vendas, porém, negligencia os sentimentos do cliente e isto pode ser cruel para a fidelização e, assim, ele acabe procurando outra loja. Por outro lado, quando uma empresa toma a decisão de trabalhar com o foco do cliente, o cenário muda completamente.

As necessidades reais dos clientes ficam em primeiro lugar, permitindo que você entenda cada uma delas e tome medidas para satisfazê-las. Não existe nada mais prazeroso para qualquer ser humano do que sentir que nossas necessidades foram atendidas e superadas. Isto gera lealdade e lealdade gera mais vendas, ou seja, faz com o que cliente compre tudo que temos a oferecer e ele precise.

Discussão

Hoje tive uma grande discussão com meu diretor. Ele teve uma reunião na presidência e não sei bem o que ardeu por lá, mas chegou babando na minha mesa e pediu para eu cortar pela metade o período de testes do site de vendas on-line e do aplicativo, que ele precisava entregar este projeto antes do prazo e que eu deveria dar um jeito de fazer a área de TI também fazer esta entrega.

Eu fiquei doida. Respirei fundo e com uma lucidez que não sei de onde veio disse que não podíamos fazer isto porque envolvia muitos riscos, inclusive de reputação e este é um objetivo da diretoria de marketing. Sugeri que o período de testes deveria seguir como o planejado, pois se entregássemos um serviço com chance de erros só aumentaria as reclamações dos clientes, podendo sobrecarregar a central e não atingiríamos o objetivo de vendas.

Ele retrucou, dizendo que sua meta estava relacionada com a entrega do serviço e não com o nível de serviço da central de atendimento. Neste momento, perdi a calma, fiquei impressionada como ele podia ser tão egoísta e só pensar em seu próprio bônus, ou seja lá o que ele está tentando proteger, ao invés de pensar na empresa. Este é um tipo de pensamento mecanicista, que só vê uma parte, neste caso a parte que lhe interessa, e não foi capaz de olhar o quanto o sistema como um todo correria risco.

A deselegância foi tamanha, que todos em volta perceberam que estávamos envolvidos em uma discussão acalorada.

Quando ele percebeu os olhares em nossa direção, pediu para eu ir até a sua sala para terminarmos a conversa. Deu um sorriso cínico, cumprimentou a todos e saiu andando como se estivesse desfilando.

Se tem uma coisa que ele sabe fazer bem é disfarçar no meio da plateia. Eu pedi a ele 5 minutos e disse que já iria até a sala.

Tomei uma água e andei devagar pelo corredor. No caminho, fui fazendo exercícios de mindfulness, respirando devagar. Ao inspirar, contava até cinco, segurava o ar por dois segundos e depois o soltava lentamente.

Isto foi muito bom para eu me acalmar e chegar na sala dele disposta a encontrar uma solução ganha-ganha, mas fui surpreendida com um tom de voz alto, rude, áspero e muito bravo quando entrei e fechei a porta. Ele parecia um louco, disse que era o diretor da área, que as decisões finais eram dele e eu deveria acatá-las. Que ele não aceitava que eu o contrariasse, que ele era o diretor e eu gerente e que eu não podia ter dúvidas disso.

Respondi que em nenhum momento tive esta dúvida, que estava apenas me esforçando para fazer meu melhor trabalho alinhado às diretrizes organizacionais.

Neste momento eu ainda estava sob o efeito da respiração e conseguia pensar antes de falar. Foi quando ele me disse que se eu não fizesse o que ele estava pedindo, meus dias na empresa estariam contados. Aí, com um tom de voz muito firme, com um calor no corpo que subiu para minha cabeça e deixou minha pele completamente corada, perguntei:

"Você está me ameaçando? Estou entendendo certo?"

Ele completou: "Entenda como quiser, mas não ouse fazer diferente do que o meu pedido"

Eu ainda tentei uma nova abordagem e perguntei para ele o que de fato estava tentando proteger, o que tinha acontecido para esta mudança e que poderíamos pensar uma solução que não comprometesse a experiência do cliente. Disse que eu tinha entendido o desejo e a orientação do presidente e que poderíamos pensar alternativas.

Aí o cara ficou ainda mais agressivo e me disse que eu trabalhava para ele e não para o presidente, que ele era o meu chefe e eu deveria seguir as orientações dele.

Eu ainda insisti, mudando a abordagem. Resolvi falar do risco de imagem e que este era um objetivo da área, uma vez que fazíamos pesquisa de marca com clientes a cada 6 meses.

O Alfredo disse que eu deveria ficar quieta no meu canto e fazer as vendas on-line entrarem no ar antes do planejado para surpreendermos a todos. Ele simplesmente ignorou meus argumentos. Estava tão furioso e ao mesmo tempo se posicionando como o dono do mundo que não ouviu uma palavra do que falei.

Ele me deu um dia para replanejar as atividades e anunciar uma nova data de entrega.

Saí da sala dele sem contra-argumentar. Ele estava tão irritado que achei melhor sair logo dali antes que eu perdesse a paciência e a discussão virasse uma briga.

Discurso e prática

Engraçado que justamente o Alfredo, que é de marketing, deixou claro que não entende nada de cultura de cliente. Não esperava isto dele. O marketing deveria cuidar genuinamente da imagem da empresa.

É exatamente nos momentos críticos, de dúvida, de escassez de recursos que mostramos verdadeiramente no que acreditamos, especialmente os líderes.

Em uma cultura de cliente, o que as diferencia é justamente a atitude dos funcionários que não têm relação direta com o cliente. As áreas de apoio como o jurídico, finanças, RH e marketing deveriam viver e pensar sempre no cliente para decidir projetos, investimentos e prioridades. A motivação aqui não deveria ser reduzir custos ou qualquer outra coisa além de melhorar a experiência do cliente, mas ficou evidente que meu diretor não tem esta motivação.

Aprendi com o método do líder estrela que não existe cultura certa ou errada, que a melhor cultura é aquela que entrega os resultados. E esta definição deve ser seguida sempre pensando nos objetivos futuros e nas estratégias da empresa. Claro que as corporações precisam de um pouco de cada tipo de cultura, como por exemplo resultados, cliente, inovação, pessoas, trabalho em equipe, propósito ou seja lá que nome desejem dar, ou o que a empresa mais precise, mas é fundamental ter um foco. Pois quando focamos em um ponto o resto se modifica também.

O foco é importante para alinhar as ações e potencializar os recursos escassos como tempo e dinheiro e para orquestrar a atitude das pessoas.

Um ótimo exemplo é o caso da Alcoa. Quando Paul O'Neill assumiu a presidência global da empresa em 1987, ele decidiu focar todos os esforços da empresa na cultura de segurança.

Em seu primeiro discurso para os investidores ele falou: "Se vocês querem entender a situação da Alcoa, precisam olhar os números de segurança dos nossos locais de trabalho. Se diminuirmos nossos índices de acidentes, não será devido a um esforço motivacional ou às baboseiras que às vezes vocês ouvem de outros diretores executivos. Será porque indivíduos desta empresa concordaram em se tornar parte de algo importante, dedicaram-se a criar um hábito de excelência. A segurança será um indicador de que estamos fazendo um avanço em mudar nossos hábitos em todo o âmbito da instituição. É assim que deveríamos ser avaliados"[9].

Os investidores ficaram perplexos, era a primeira vez que um presidente não falava palavras da moda como "sinergia", "proativo" e "competição".

Para ter uma cultura de foco em segurança, várias medidas foram tomadas como, por exemplo, eliminar a hierarquia que travava as decisões da empresa. O´Neill definiu que todo acidente que acontecesse em qualquer lugar do mundo deveria ser reportado a ele em até 24 horas. Com isto, tanto os canais de comunicação como o comportamento dos líderes precisou ser alterado para cumprir esta regra.

---

9 DUHIGG, Charles. *O poder do hábito: por que fazemos o que fazemos na vida e nos negócios.* Rio de Janeiro: Objetiva, 2012, p. 115.

Em menos de um ano após o primeiro discurso de O'Neill, os lucros da Alcoa atingiram uma alta recorde. Quando ele se aposentou no ano 2000, o faturamento líquido anual da empresa era cinco vezes maior do que antes de ele chegar, e sua capitalização de mercado crescera em 27 bilhões de dólares.

O que O´Neill mais entendia era de comportamento humano. Ele sabia que não se pode mandar as pessoas mudarem, pois não é assim que o cérebro funciona.

O presidente da Alcoa mexeu tanto nos comportamentos como nos símbolos e sistemas para transformar a cultura. E é exatamente isto que nosso presidente está fazendo.

"**Comportamento:** como todos agem, especialmente os líderes. O comportamento e valores do líder devem ser prioritários, porque a mudança da cultura só ganhará força quando todos perceberem que os comportamentos dos líderes estão alinhados com o seu discurso. As vezes acontece, mesmo com boas intenções, de seu comportamento ser interpretado erroneamente. Claro que isto é frustrante, mas é importante que o líder esteja disposto a ouvir feedbacks e aceitar o fato que, em relação à cultura, a percepção das pessoas é o mais importante.

"**Símbolo:** toda decisão tomada pela liderança sobre os recursos que são escassos, como o uso do tempo e do dinheiro, transmite uma importante mensagem do que é valorizado pelos líderes da empresa. Os símbolos serão usados como validação dos valores percebidos, sabendo que será difícil atender a todos ao mesmo tempo. A contratação de pessoas e a demissão, por exemplo, são símbolos importantes e demonstram o que está sendo ou não valorizado. Os símbolos são enfatizados e ganham força pelas historias que as pessoas contam na organização.

"**Sistema:** são os mecanismos gerenciais que controlam, planejam, avaliam e recompensam as pessoas e como a comunicação acontece. Para tangibilizar este ponto, vamos supor que uma organização resolva ter a cultura de cliente. Uma forma de colocar esta cultura em prática é pelo sistema de recompensa financeira e ela pode adotar por exemplo uma métrica de cliente em que as pessoas só receberão a recompensa se o cliente tiver x% de satisfação. Neste exemplo, seria contra a cultura esta suposta organização não incluir em seu sistema de recompensa algo ligado ao cliente.

"Os sistemas influenciam o comportamento das pessoas, o modelo mental de todos e forçam os outros a agirem mesmo que pensem diferente. E quanto maior a organização, maior terá efeito os sistemas de recursos humanos, planejamento, comunicação interna e relatórios".

Nestas horas fico aqui pensando sobre meu próprio comportamento e o que será que eu tenho feito, independente da minha intenção ser ou não genuína, que a equipe não está me dando feedaback? Que mensagem será que eu passo verdadeiramente? Preciso achar uma forma de descobrir... Não quero ser o tipo de líder como o Alfredo ou meu pai, na verdade eles não são líderes, são pessoas arrogantes em posição de chefia.

As iniciativas que o presidente anunciou no evento para que os líderes sintam mais o cliente e se conectem com ele são extremamente simbólicas para a nova cultura e mexe com o comportamento de todos, pois irão passar mais tempo com o cliente. Outra medida que ele anunciou é que, a partir do próximo ano, ele irá dar o mesmo peso nas metas da liderança entre resultado e satisfação do cliente, o que foi uma chiadeira geral das áreas que não estão diretamente ligadas ao cliente. Eles acharam injusto, mas ninguém teve coragem de dizer isto diretamente ao presidente. A gente só ouve pelos corredores da empresa.

E aí vem o motivo de eu ter ficado tão intrigada com a atitude do meu diretor. Se a meta de satisfação será tão importante quanto a meta de resultado, porque ele quer que eu mude o plano mesmo correndo o risco de piorar na próxima pesquisa de satisfação do cliente?

Não sei exatamente o que fazer e nem como agir. Se eu fizer o que o Alfredo deseja estarei agindo contra o que eu acredito e a cultura que a empresa quer criar. Se eu não fizer o que ele deseja, corro risco de perder o emprego, ou que meu diretor impeça meu desenvolvimento na empresa.

Discussões de cabeça quente sempre dão problema

Depois de ter passado quase a noite toda em claro pensando como eu iria resolver a situação imposta pelo meu diretor, resolvi procurar o Mário e ver se ele me dá uma luz e me ajuda com esta situação.

Cheguei bem cedo, queria conversar com o Mário na primeira hora. Sei que ele tem o hábito de chegar por volta de 7h30, pois todas as manhãs deixa suas filhas na escola antes do trabalho.

Contei toda a discussão que tive com meu diretor e o Mário escutou atento, como sempre faz. Confio muito nele, sua serenidade me dá paz. Foi esta confiança que me fez pedir sua ajuda mesmo correndo todos os riscos de contar uma briga para ele e parecer fofoqueira.

Antes de finalizar minha versão da história fiz uma grande bobagem. Estava indo bem, falando de forma calma, tentando ser racional e colocar a situação para ele em termos bem pragmáticos em relação aos riscos de lançar o projeto antes de testar com cliente e ainda com algumas funcionalidades meio capengas. Quando fui mencionar que o Alfredo me ameaçou, meu sangue ferveu, falei mal dele e ainda completei dizendo que ele era arcaico, de uma geração cabeça dura e ditadora.

Nesta hora percebi que fiz merda. O Mário abaixou o olhar, respirou profundo e perceptivelmente, seus ombros levantaram e abaixaram. Rolaram uns três minutos de silêncio, mas pareceu que foram horas. Com tranquilidade, ele me olhou e disse:

— Eu sou da mesma geração que o Alfredo, inclusive fizemos faculdade de administração juntos. Nos dois primeiros anos éramos bem próximos, depois ele seguiu para a publicidade e marketing e eu para comportamento humano.

Fiquei sem saber o que fazer, onde colocar a minha cara. Gelei e empalideci, como se o meu sangue tivesse desaparecido do meu corpo. Eu realmente não tinha intenção alguma de ser agressiva com o Mário ou sequer comparar ele com o boçal do meu diretor, eles são dois seres humanos completamente diferentes.

Fiquei muito constrangida, perdi o rumo, pois gosto muito do Mário. Mais que isto, eu o admiro por sua competência e jeito de lidar com as pessoas. Ele não é do tipo que fica somente atrás da mesa, ele gira pela empresa, é acessível e está fazendo um trabalho excelente de condução da mudança de cultura ao mesmo tempo que está transformando sua área em um RH mais estratégico.

Na prática, ele está conduzindo duas mudanças simultaneamente e ainda tem tempo para sua família.

— Não sei se vou me perdoar por ter dito isto, em momento algum quis comparar você com o Alfredo. Estou muito envergonhada, Mário, realmente eu sinto muito.

— E está tudo bem, Nicole. Você veio aqui atrás de uma orientação e eu lhe darei algumas sugestões.

Foi o que ele fez. Agradeci e saí da sala muito chateada. O Mário é a última pessoa que eu tenho a intenção de magoar.

No caminho até a minha mesa, passei no café, mas resolvi mudar minha rota. Pelo horário tinha muita gente e estou sem vontade de falar, simplesmente quero o silêncio neste momento.

Fiz meu percurso bem devagar, pensando que talvez tenha algo errado comigo, algo que eu precise aprender e mudar definitivamente. Ao dar estas escorregadas quando xingo ou julgo alguém me lembro muito do Klaus. Talvez eu precise rever algumas coisas, talvez seja a hora de procurar meu pai e tentar resolver as coisas com ele e perdoá-lo.

Eu me sinto muito, muito sozinha. Não tenho feito mais nada da vida exceto trabalhar e pensar no trabalho.

Decisões forçadas

Tentei avaliar as sugestões do Mário por perspectivas diferentes, mas não tem jeito, o que preciso fazer agora é passar por cima das minhas convicções e fazer o que o Alfredo deseja. Fico com um gosto amargo na boca, a dura realidade precisa ser encarada.

Enviei uma mensagem para o meu diretor com o novo prazo de entrega do projeto atendendo ao pedido dele, ou melhor, à ordem que ele me deu.

Se eu sobreviver a tudo isto estarei mais preparada para o futuro. Se minha vida tivesse seguido um movimento tranquilo desde que cheguei dos Estados Unidos, se estivesse mais fácil, talvez eu não aprendesse tanto. Embora muitas vezes eu sinta que meu mundo está se deteriorando e sem esperanças que tudo melhore tão cedo.

Como disse o Zé Luiz, eu posso evitá-las ou posso ir ao encontro dos desafios e ter mais chance de crescer, mesmo que isto seja muito doloroso.

Tudo toma forma a partir das relações, na teia da vida, nada que é vivo vive sozinho.

Fiz uma reunião de projeto com a equipe de TI e com minha equipe, compartilhei com todos a situação. No início houve um monte de chiadeira, mas em instantes eles perceberam o que esta mudança significaria para o projeto e para cada um dos envolvidos, com muitas horas extras de trabalho. Felizmente consegui reestabelecer a produtividade da equipe. Combinamos que iríamos fazer planos de contingência para não comprometer a experiência do cliente e minimizarmos todos os riscos. Será um período ainda mais intenso de trabalho, mas estou disposta a este sacrifício.

Também chamei a Rafaela e o Rodrigo para participarem da reunião. Vou precisar dedicar mais tempo ao projeto das vendas online e eles irão precisar segurar a onda com os demais projetos e atividades da área.

O envolvimento das pessoas nas decisões é fundamental para garantir o comprometimento. A única coisa que realmente me incomodou é que precisei demonstrar que eu concordava com a mudança de data quando fui confrontada sobre os riscos. Por mais que esteja puta da vida, não podia expor meu diretor.

De tudo isto, o que mais anda me incomodando, muito além do impacto no cliente e no atendimento, é não saber o real motivo que levou meu diretor a esta mudança súbita de prazo de entrega do projeto. Se ele tivesse me contado suas reais motivações, talvez não tivéssemos discutido e seria bem mais fácil fazer o que ele precisa.

Líderes que escodem suas verdadeiras intenções e sentimentos correm o risco de não conseguir que as pessoas se engajem em seus pedidos.

Após nossa reunião, a Rafaela veio até mim e pediu que eu explicasse mais sobre cultura organizacional, uma vez que para ela este é um tema totalmente novo.

Faz todo sentido, claro! Me sinto bem com este pedido da Rafaela, aprendi sobre o tema no método do líder estrela e sei o quanto a cultura e seu entendimento é vital para os negócios, independentemente do tamanho ou do segmento de atuação.

Tratei logo de agendar uma reunião de meio período com os três coordenadores da área. Também convidei o coordenador e o gerente de TI que estão participando do projeto on-line para se juntarem a nós e eles adoraram a ideia. Chamei a Renata e ela topou. Estamos juntos em um tremendo desafio e nada mais justo que fiquemos cada vez mais unidos.

Hoje fui para casa um pouco mais tranquila e animada para correr, coisa que adoro e não faço há muito tempo.

Enquanto me preparava, o Manfred me ligou. Já estava preocupada, ele deveria ter voltado de viagem 3 semanas antes. Com as confusões do dia a dia no trabalho até me desliguei do tempo.

Mal consegui esperar para vê-lo, estava louca de saudades do meu querido e amado avô, tanto que fiz uma corrida rápida para depois ir para casa dele, para termos bons momentos juntos e eu me sentir protegida e amada.

E assim foi. Conversamos muito, ele estava ótimo, bebemos algumas taças de vinho, ele me contou sobre suas aventuras na viagem e, antes de me surpreender com a novidade bomba, me encheu de presentes lindos. Fiquei muito feliz com tudo, e mal podia imaginar a notícia que me deixou de queixo caído.

O Manfred conheceu uma brasileira na Itália e eles estavam de namorico.

No primeiro momento fiquei mega enciumada, afinal, terei que dividi-lo com outra mulher e nem sei se ela é boa o suficiente para ele ou se é uma aproveitadora. Mas no final da noite, já estava aceitando melhor a ideia, afinal, ficar sozinho é um grande desafio.

Fui para casa pensando que novamente, antes de conhecer a namorada do Manfred, eu estava julgando ela. Nosso cérebro é pessimista por natureza, por isto precisamos de muita consciência para não cair nesta armadilha. Quem sabe ela é legal? Preciso dar a ela o privilégio da dúvida.

Envolvendo a equipe

O workshop com a equipe sobre cultura organizacional foi muito legal. Fiquei satisfeita em ter dedicado a manhã para eles e compartilhar o que aprendi sobre o tema. Além disto, nossa relação ficou mais forte e nos aproximamos um pouco mais.

Ao contrário do que muitos pensam, a cultura organizacional pode ser gerenciada, mesmo sendo um ativo intangível. Imagina que você tem um grande painel de controle à sua frente, com vários botões, como de um avião. Um botão levanta o trem de pouso, outro acende as luzes, e assim por diante.

A cultura organizacional é igual, cada botão que você aperta gera um tipo de impacto na cultura e um resultado. Por isto é tão importante todos os líderes conhecerem sobre cultura e agirem com consciência.

Quando se combina comportamentos, símbolos e sistemas, você estará passando mensagens do que é valorizado ou tolerado na empresa, assim a cultura desejada se forma. Quando o líder não conhece os efeitos de suas decisões corre o risco de criar uma cultura disfuncional.

Transformar uma cultura é uma responsabilidade de toda liderança e começa no primeiro homem ou mulher da empresa. Não é um projeto de recursos humanos, pois a cultura é o dia a dia da empresa. Uma forma rápida de descobrir o que é valorizado, é olhar a agenda da liderança, ver onde eles gastam mais tempo e onde os orçamentos são alocados.

Por exemplo, um líder que diz que a equipe é importante mas não tem espaço em sua agenda para ela está dizendo uma coisa e fazendo outra. Este é um dos grandes fatores para ele não conseguir o engajamento de todos, porque ele não inspira confiança.

Para isto, é necessária uma base de pessoas protagonistas com abertura para mudança.

"**Protagonistas**: são pessoas que tem senso de dono, que assumem a responsabilidade e não ficam presos ao comportamento de vítima. Elas não irão reclamar da mudança quando seu *status quo* for afetado pela transformação, tenderão a olhar mais como oportunidade a mudança do que como uma maldição. Além disto, elas sabem que, para as coisas mudarem, elas têm que mudar primeiro e não ficar esperando o outro dar o primeiro passo.

"**Abertura**: é essencial que os líderes estejam abertos para receber feedbacks das equipes e reconhecer que o que funcionava no passado pode não funcionar mais. Estes feedbacks são retornos falados ou de ações. Outra característica é se abrir para novas possibilidades e para o aprendizado. Líderes arrogantes se fecham para mudanças pessoais, e assim fica mais difícil que suas equipes mudem". E no mundo de hoje é fundamental que a liderança se abra para as novas ideias.

Mudanças verdadeiras só começam a acontecer quando o dono da empresa e sua equipe de líderes adotam um jeito de pensar protagonista e o jeito de fazer as coisas no dia a dia está alinhado a cultura definida.

Logo depois desta fala, o Henrique, coordenador da área on-line, me colocou em uma situação muito desconfortável e perguntou como eu avalio o pedido do nosso diretor sobre diminuir em 50% o prazo de entrega do projeto, correndo o risco de impactarmos a satisfação do cliente.

Neste momento a Renata me olhou com o rabo de olho querendo me salvar desta pergunta, mas eu resolvi encarar.

— Esta é uma fase onde todos estão em processo de mudança, nosso diretor também. Ele faz parte da cultura atual e, como todos, está tendo a oportunidade de escolher mudar ou não. Não sei ao certo o que o motivou a alteração de data, mas acredito que ele deve ter tido um bom motivo.

Esta foi uma resposta íntegra. Fiquei feliz por ter conseguido falar sem julgar e ao mesmo tempo sem expor o Alfredo, bem como não ignorando meu valor pessoal sobre a verdade.

Resolvi não estender o assunto, percebi que o Henrique se satisfez com minha resposta. Também percebi que a Renata deu um suspiro de alívio.

E a Rafaela perguntou:

— Nicole, o que foi feito deste processo até agora, como tudo começou?

— Começou com a decisão de negócio, toda transformação de cultura deve ser motivada por uma decisão de negócio, seja para realizar uma expansão, como no nosso caso, aumento do resultado financeiro, para conquista de resultados, enfim, o motivador deve ser sempre o que a empresa deseja conquistar no futuro. Também pode ser motivada por uma crise, ou por uma inspiração. Na verdade, como estamos vivendo a quarta revolução industrial, todas as empresas que foram criadas no século XX precisam se reinventar e transformar a cultura. Então, o nosso presidente e o Mário conversaram e decidiram contratar uma consultoria especializada em transformação cultural. O primeiro passo da consultoria foi realizar um diagnóstico profundo sobre a cultura que tínhamos, as fontes principais de mensagens, as crenças instaladas na organização, os valores, enfim, entenderam bem como tudo funcionava e o que precisava ser mudado.

— Esta parte eu já me lembro — comentou a Rafaela — eu pessoalmente não participei do diagnóstico, mas me lembro das mensagens que foram disponibilizadas informando o processo. Até você nos chamar, eu tinha uma ideia muito errada sobre cultura organizacional, achei que era algo mais trivial, até besteira e que não era possível gerenciar a cultura, não tinha noção do impacto dela nos negócios. Obrigada, Nicole, por compartilhar conosco seu conhecimento. — E todos fizeram comentários parecidos.

— Eu que agradeço o tempo de vocês e por estarem abertos para esta transformação.

Antes da manhã terminar, passei a palavra para a Renata fazer algumas considerações finais e contribuir com sua visão, pois a área de recursos humanos é a líder do processo.

Encerrei compartilhando minha visão de futuro e o quanto cada um tinha a oportunidade de um grande crescimento profissional e pessoal, bastava agarrar esta oportunidade, que era a escolha que estava diante de cada um de nós.

A Renata e eu trabalhamos juntas para reestabelecer a esperança da equipe no futuro e eles estão dispostos a perder o sossego nesta fase de transformação e entrega do projeto on-line.

Fiquei muito satisfeita pois consegui dar mais uma passo para engajar os gestores presentes e deixarmos de ser uma empresa focada no produto para ser uma empresa com o foco do cliente.

Reencontro

Meu irmão me chamou para jantar. Fiquei muito feliz com o convite, a correria dos últimos meses anda tão grande e tenho tido tantos momentos intensos no trabalho que nós mal trocávamos mensagens.

O Junior é muito parecido com minha mãe, pouco se posiciona e faz tudo que o Klaus deseja, mesmo quando ele não concorda. Diria que meu irmão é o tipo de pessoa boa, gentil com todos, que nunca falou mal de alguém ou mesmo teve um gesto rude com quem quer que fosse.

Meus olhos se encheram de lágrimas quando nos encontramos, uma grande emoção tomou conta de mim. Só de olhar para o Junior me senti melhor, como se a carga que estava sentindo tivesse desaparecido. Nós nos abraçamos muito.

Como é bom sentir o abraço de alguém que amamos.

Fiquei impressionada com sua elegância, terno e gravata novos, barba feita, sapatos bem engraxados. Uma das coisas que o Klaus pegava no pé do Junior era por sua forma desleixada. Ele até ia trabalhar de terno, mas sempre surrado, cabelos sem cortar direito. Ele nem parecia um executivo.

O Junior nunca ligou para suas roupas ou aparência e, se pudesse, nunca teria colocado um terno na vida. Seus cabelos estavam bem cortados, com gel, e a franja estava levantada. Um arraso de homem. Se não fosse meu irmão iria olhar para ele com outros olhos.

Escolhemos uma mesa de canto no fundo do restaurante japonês para termos mais liberdade em rir e conversar.

Rimos, tomamos algumas doses de saquê e eu falei sem parar. Estava muito ansiosa, contei tudo que aconteceu nos últimos meses, ele me ouviu com toda atenção de sempre. Nem tinha me dado conta do quanto precisava falar livremente sem pensar em minhas palavras, se iria ou não dizer alguma besteira. Desde sempre nós somos muito amigos e ele sempre foi um dos meus melhores ouvintes.

Foram momentos deliciosos. O restaurante já estava quase vazio quando pedimos a sobremesa, banana flambada com sorvete de creme, favorita do meu irmão.

Enquanto esperávamos, de repente, o Junior ficou sério, franziu o cenho, fez um leve movimento com o corpo para trás e encostou as costas na cadeira, se afastando da mesa.

— Nick, preciso te contar algo.
— Claro, vá em frente.
— Lembra de um amigo do papai que era dono de uma indústria de material escolar? Ele morreu da noite para o dia, ataque do coração.
— Caramba! — Respondi — Ele ainda tinha muita vida pela frente.
— Pois é. Agora o filho mais velho terá que assumir a empresa e ele não tem a menor ideia de como fazer isto, pois não foi preparado para tal, aliás, ele mal conhecia do negócio da família. A partir deste fato, papai decidiu começar a me preparar para assumir a

presidência da empresa em 3 anos. O plano dele não é se afastar do dia a dia por completo, mas dividir as principais atribuições dele comigo por um período, depois faríamos reuniões semanais para tomar as principais decisões, e aí sim, eu assumiria a presidência executiva da Haus Becker e ele iria para o conselho junto ao Manfred. "A ideia do nosso pai é que eu passe por várias áreas primeiro e, com a assessoria dele, entenda mais da empresa. Sabe como nosso pai é disciplinado e trabalhador, e foram estas mesmas características que fizeram ele chegar onde chegou.

"Sei que sou muito novo para a posição, e estou completamente assustado. Tenho muito medo de não dar conta e ficar longe da minha arte, da minha música e não ter oportunidade de criar. Além disto, ter que olhar para a parte financeira da empresa me dá calafrios, Nick. Eu não sou a melhor pessoa para assumir esta responsabilidade. Por outro lado o papai disse que esta é a melhor solução, uma vez que o Wagner, irmão do Manfred, é um fanfarrão".

Eu fiquei gelada e completamente muda. De repente um choro que não consegui controlar veio à tona, mesmo sabendo que isto iria acontecer, pois já estava dito, sendo este um dos grandes motivos da minha grande briga com o Klaus, mas agora é real.

O Junior ficou sem saber o que fazer. Me olhou por alguns instantes e me ofereceu um guardanapo para enxugar meu rosto.

De cabeça baixa, enxuguei minhas lágrimas, mas elas insistiam em continuar jorrando para fora, borrando o resto de maquiagem que tinha me sobrado depois de um dia inteiro de trabalho.

O sorvete derreteu, nenhum de nós conseguiu comer a sobremesa.

O silêncio tomou conta do ambiente. Aos poucos, consegui parar de chorar.

— Sinto muito, sinto muito mesmo. Não era o meu desejo, você sabe disto, mas não consigo lutar contra o papai, não tenho a sua força ou a sua coragem. Não vai acontecer agora, teremos um período de transição, mas irá acontecer. Eu precisava te contar pessoalmente, Nick. Sei o que isto representa pra você, mas eu realmente achei que você iria lidar melhor agora que está feliz em seu trabalho.

— Obrigada por me contar. Não consigo dizer nada agora. Por favor, vamos pagar a conta e pedir um carro para irmos embora, preciso sair daqui e respirar.

— Nick, duas coisas antes de irmos. Em primeiro lugar, considere procurar o Klaus para vocês se acertarem. Quem sabe ele não reconsidera a decisão da sucessão e você assume isto? Ao menos, vocês vol-

tariam a ter mais contato, ele é nosso pai, tem seus defeitos como nós dois e continuará sendo nosso pai. Algum de vocês terá que ceder. Sei que você está muito chateada agora, mas pense que ele é nosso pai. E se acontecesse com ele o que aconteceu com seu amigo? Uma morte inesperada? Ninguém está livre disto, por mais que seja duro falarmos disto é um fato da vida. As pessoas não são infinitas. Como você ficaria se nosso pai viesse a falecer e vocês não tivessem tido a oportunidade de dar um último abraço?"
— Pois é, mas não sei. Na última tentativa que fiz, nós acabamos brigando e não quero isto, porque nosso pai é muito turrão, orgulhoso, arrogante e me humilha quando nós discutimos.
— A segunda coisa é que, se isto acontecer e eu ainda estiver na empresa, eu abrirei mão da minha posição para você.
— Eu te agradeço meu irmão, mas não teria o mesmo valor. Para mim seria muito importante que nosso pai reconhecesse minha competência.

Fomos para a frente do restaurante esperar nossos carros de aplicativo e meu irmão me deu um abraço apertado. Pude sentir seu coração disparado. Uma brisa quente espalhava pela cidade a minha tristeza, a nossa tristeza. Sei que este não era o desejo do meu irmão. Ele é um artista, nasceu para viver livre e não ter que se preocupar com sua aparência ou formalidades, ele adora seus cabelos desgrenhados, camiseta, jeans surrado e tênis. De qualquer forma ele é um gato, mas ama fazer suas canções sem se preocupar com o amanhã.

Sinto por nós dois estarmos infelizes.

Meu carro chegou, me despedi com um beijo no rosto do meu irmão e fui embora. Ao entrar, meu choro explodiu novamente. Fiquei com a pergunta do Junior na cabeça. E se não tivesse a oportunidade de abraçar meu pai pela última vez?

Segui para casa sem prestar atenção no caminho, coisa que adoro fazer é apreciar São Paulo à noite com suas luzes como se fossem brilhos de esperança. Mas hoje, a cidade estava feia.

Mal entrei em casa, arranquei os sapatos e os joguei longe. Precisava explodir. Sentei no chão e aos poucos fui retomando a consciência.

Meu mundo desabou. O Klaus não podia fazer isto comigo, e o Manfred devia ter impedido.

No fundo era esta esperança que eu nutria no meu coração, que meu avô questionasse a decisão do meu pai e me defendesse, mas pelo visto isto não vai acontecer. Só não entendo o porquê. Como presidente do conselho ele deveria interferir neste tipo de decisão, mesmo que ele também já esteja preparando sua saída. Ele já está com 86 anos, embora seja muito lúcido, ativo e não carregue o peso da idade, nem no corpo nem nas ideias.

Quase sem forças, me arrastei até o banheiro, escovei os dentes, lavei o rosto e um furacão surgiu dentro de mim. Olhei bem nos meus olhos no espelho e disse pra mim mesma que eu iria superar isto e ter uma carreira brilhante na MoD ou em qualquer outra empresa que aparecesse, e que não iria mais ficar chorando pela Haus Becker. Aconteça o que acontecer, a partir de amanhã eu serei a executiva mais brilhante que eu puder ser e vou começar a valorizar o que a vida está me dando.

Tomei uma ducha longa que caiu como calmante, a água correndo pelo meu corpo aliviou a tensão dos meus músculos e da minha alma. Depois do banho fiz um chá de camomila e caí na cama. Ainda divaguei por um tempo antes de dormir. Por mais que eu quisesse ser durona, a notícia que meu irmão me deu hoje foi realmente terrível para mim. De certa forma me culpo por não ter conseguido ficar feliz pelo Junior, por outro lado, nem ele conseguiu sentir felicidade.

Vitória

Depois de muita dedicação, longas horas de trabalho, dormindo pouco e a maior parte das refeições sendo realizadas na sala de reunião junto com a equipe de projeto, conseguimos cumprir o compromisso que fizemos com meu chefe.

Todos ficaram exaustos, mas valeu a pena. Nos últimos dias eu estava tão cansada que tinha vontade de chorar, simplesmente pelo cansaço. Dediquei todos os meus finais de semana para acompanhar o trabalho da equipe e, junto com eles, encontrar saídas para os problemas que surgiram. Planejamento algum consegue dar conta da realidade, por isto, vejo o quanto é fundamental flexibilidade e criatividade para criar novas soluções frente aos desafios.

A responsabilidade que todos demonstraram foi realmente sensacional. Sei que o preço para a vida pessoal de cada um dos envolvidos teve um alto custo. Independentemente disto, a equipe foi ponta firme.

Colocamos tudo no ar na madrugada de sábado para domingo e brindamos com chocolate quente quando o primeiro cliente efetuou sua compra. Foi um momento de emoção intensa para todos os envolvidos. Deu certo! Nos abraçamos e vibramos muito. Foi um grande e intenso trabalho de equipe e colaboração.

Depois que a euforia passou, mandei uma mensagem para meu diretor. Apesar de ser madrugada, enquanto juntava minhas coisas, monitorava o celular para ver se ele respondia e nada.

Fui para casa decepcionada. Não esperava muita coisa do Alfredo, mas achei que neste momento de grande importância ele estaria presente, não pela equipe, mas pela representatividade do projeto para a empresa. Que tola que eu fui...

Nossa conquista foi tão grande que por um momento esqueci que não podia contar com ele, que a única coisa que ele tinha realmente prazer em fazer era aparecer quando os outros diretores ou o presidente estavam presentes.

O domingo foi longo, de manhã monitoramos tudo remotamente e no horário do almoço toda a equipe se encontrou para continuar carregando o site. Eu pessoalmente não tinha muito o que fazer neste dia, mas depois de tudo que passamos juntos, não conseguiria ficar em casa no sofá. E também o trabalho é o melhor lugar para eu esquecer a frustração que estou sentindo. Desde o dia que meu irmão me contou que ele iria ser preparado para ser o sucessor do meu pai que eu estou tentando não pensar nisto e me ocupar com o trabalho. Este projeto, por mais desgastante que tenha sido pela pressão do tempo, caiu em boa hora.

Cheguei em casa já era tarde da noite, parecendo um trapo de pessoa e bem satisfeita. Mais que dormir, eu desmaiei.

Na segunda-feira, quando cheguei, fui surpreendida com um chamado da presidência para eu ir até a sala de reuniões.

Quando cheguei, meu diretor, o diretor de TI, o gerente de TI e o presidente estavam lá. Fomos chamados para um brinde e agradecimento do presidente pelo projeto on-line ter ido ao ar com sucesso.

Antes do brinde, pedi para chamar todos os coordenadores envolvidos. Seria mais do justo que eles participassem, porque este tinha sido um trabalho intenso de todos. Apesar do olhar do meu diretor, segui firme em meu pedido, e assim foi feito.

Todos sentiram-se reconhecidos e sei que sempre poderei contar com esta equipe. Faltava agradecer uma pessoa, o Mário. Passei na sala dele, mas ele não estava, deixei recado.

Voltei para minha mesa e chamei todos para perto. Agradeci pela dedicação neste período, por eles não terem deixado a peteca cair e compartilhei o sucesso do lançamento. Tivemos um grande momento de descontração. Depois de muitas risadas, achei prudente dizer:

— Estamos construindo uma empresa para o cliente e cultura é isto, é o que as pessoas fazem quando ninguém está olhando e foi isto que todos desta equipe fizeram. Cultura são padrões de comportamento, virtuosos ou viciosos, e a equipe toda teve comportamentos virtuosos. Muito obrigada.

Quando me dei conta, o Mário estava encostado em uma pilastra, ouvindo e observando. Fiquei corada ao avistá-lo, mas feliz em vê-lo.

Fiz sinal com as mãos para ele se aproximar e pedi para que ele dissesse algumas palavras para a equipe.

— Parabéns a todos vocês. O assunto na empresa hoje é o feito que conseguiram em tempo recorde. Isto só foi possível porque todos aqui se comprometeram verdadeiramente com nosso cliente. Não será fácil transformar esta empresa, precisaremos de persistência e frequência para que o espírito do cliente permaneça entre nós. O nosso jeito de ser e fazer é a nossa cultura e ela se refere a nossa capacidade de entregar a estratégia desta organização. Para a liderança desta empresa, os fins não justificam os meios.

"O cliente passou a ser a nossa razão de ser e não será fácil mudar o padrão de comportamento de todas as pessoas, por outro lado, nos esforçamos bastante e vocês demonstraram que são um núcleo de exemplo da nova cultura e entenderam o que significa empatia com o cliente. Como diz o autor Carl Rogers, empatia é a atitude de compreender os sentimentos e emoções do cliente e ver as coisas sob o ponto de vista dele, sem necessariamente ter de concordar. É sentir o mundo do cliente como se fosse seu próprio mundo. É a tentativa de se colocar no mundo interno do cliente, percebendo a realidade a partir das referências cognitivas dele.

"Foi um prazer ter vindo até aqui e ter tido a oportunidade de dizer algumas palavras. Mais uma vez, parabéns a todos".

E antes de ir embora, ele me olhou nos olhos com muita alegria e contentamento, como se um filho tivesse dado um motivo de grande orgulho".

CAPÍTULO 10

CHOQUE

Eu estava relaxada em uma manhã de sábado, tomando meu café da manhã e lendo as notícias, quando meu celular tocou. Atendi e, antes de dizer alô, a voz do outro lado disse: "Nick, foi o Manfred". Era o meu irmão do outro lado da linha e, antes que ele conseguisse terminar a frase, eu dei um grito de desespero. Parecia que uma mão invisível tinha entrado dentro de mim e roubado a minha alma, arrancado ela e eu tivesse ficado oca por dentro. Uma sensação muito estranha.

Fiquei ali com o telefone no ouvido estática, sem reação. Ele teve outro derrame, mas desta vez não resistiu.

Não conseguia raciocinar e processar o que tinha acabado de ouvir. Meu avô não podia me abandonar assim, de repente, sem se despedir de mim.

Anotei o endereço do velório, coloquei uma roupa qualquer, um tênis e saí em disparada, desesperada. Minhas pernas estavam tão trêmulas que não tive forças para tirar o carro da garagem. Desisti de dirigir e resolvi pegar um taxi. Eu estava completamente atônita, como se não fosse verdade o que meu irmão tinha me dito.

Ao chegar no velório, fiquei ali olhando para ele, como se o tempo tivesse parado. Minhas memórias da infância vieram à tona. Todos os flashes de memórias felizes surgiam em minha mente, lembrei de nossas conversas, do seu apoio, do seu cuidado comigo, dos nossos jogos de tênis, da minha vida inteira com ele. Meu avô não podia me deixar assim, ele era uma das melhores partes da minha vida, meu porto seguro.

Meu peito doía, uma dor física e profunda, como se eu tivesse levado um soco. O Manfred era a pessoa mais incrível do mundo, um homem bom, alegre, generoso, firme, que amava viver. Juntos nós cozinhávamos, nos divertíamos, ele era meu melhor amigo.

Senti um desespero, vontade de desaparecer... não sei como continuar minha vida sem ele. Nunca consegui imaginar uma vida sem o Manfred, aliás, acho que não existirá mais vida feliz sem ele.

Me lembrava de suas doces palavras, as mais doces que escutara em minha vida. Manfred, por favor não faça isto comigo, não se vá, não vou suportar sem você por perto, não vou suportar sem ouvir sua voz, seus conselhos, não vou suportar sem o seu amor!

A minha dor era tão grande que não conseguia e nem queria falar com ninguém. Minha mãe percebeu meu estado de choque, todos da família perceberam, eles sabiam da minha relação especial com o Manfred.

Ele era a pessoa mais importante da minha vida.

O tempo passava e eu não conseguia me mexer. Até que meu irmão me abraçou e, contra a vontade do meu corpo, me conduziu para fora do ambiente que ele estava. Me colocou sentada em um banco e foi buscar água para mim.

Fiquei ali, inconformada, destruída, tudo se passava em câmera lenta. De repente avistei meu pai chegando. Não sabia o que fazer, estava muito triste para me mexer. Para minha surpresa, o Klaus veio em minha direção, e antes mesmo que eu conseguisse dizer algo, ele segurou minhas mãos, me levantou e me deu um abraço. Sentir seu apoio me deu amparo para eu desabar.

Era uma mistura de sentimentos confusos, mas me senti segura nos braços de meu pai como nunca tinha sentido antes.

Chorei de soluçar. Toda a carga emocional que venho sentindo por tantas experiências intensas parece que estavam condensadas e agora era como se um vulcão tivesse explodido dentro de mim. E meu pai ficou ali, me abraçando sem dizer nada.

Depois de alguns minutos na mesma posição e ainda com lágrimas nos olhos, olhei para o meu pai e agradeci. Ele me abraçou mais forte e disse que estava ali junto comigo neste momento de tristeza para todos.

Por mais que o Manfred fosse pai dele, ele estava controlado, triste claro, muito triste e ao mesmo tempo era capaz de me consolar.

Meu pai levantou meu queixo, pois meu rosto estava afundado em seu peito, me olhou e me convidou para entrar com ele na sala do velório para nos despedirmos do Manfred. Ele seria cremado logo.

Entramos e toda a família veio me abraçar. Não sei como seguirei a vida sem ele...

Luto

Na segunda-feira fui para o trabalho muito cedo, precisava ocupar minha cabeça. Quando saí de casa o dia ainda estava clareando.

Chorava todas as noites em que eu me deitava na cama. E a dor no meu peito permanecia lá, como se nada fosse curá-la e tampar o vazio que eu sentia.

Assim seguiu todo o meu mês, chegava muito cedo no escritório e saia muito tarde. Levava trabalho para casa no final de semana e evitava atender as ligações. Me isolei em meu mundo, porque a vida do lado de fora perdeu as cores. O trabalho preenchia o vazio que eu estava sentindo, um estado profundo de melancolia estava tomando conta de mim e, quanto mais eu me sentia triste, mais eu trabalhava.

As únicas coisas que continuei a fazer e me salvaram de uma depressão foi manter as sessões com a dra. Linda e a mentoria, uma me ajudava profissionalmente e outra me ajudava como pessoa.

Até que uma noite, pensando e chorando a falta que sentia do meu avô, me veio à mente as palavras de meu irmão "e se você não tiver a oportunidade de dar um último abraço em nosso pai...". Elas ficaram martelando em minha mente, junto com o fato de que nós precisamos mudar primeiro para que o outro mude. Então, antes de me deitar, resolvi ligar para meu pai e pedi para conversar com ele. Decidi colocar em prática a humildade e a atitude de dono, e combinamos de jantar no dia seguinte.

Era preciso arrumar minha vida pessoal. Eu fico esperando que o Klaus me peça desculpas, mas se eu quero que as coisas melhorem, quem precisa mudar sou eu.

Não posso saber como meu pai irá reagir a tudo que irei falar, mas posso escolher como irei falar com ele com o intuito de resolver as coisas entre nós.

Perder o Manfred me fez perceber que a vida é muito rápida e em uma fração de segundos tudo pode realmente mudar, de uma forma que podemos perder a única chance de resolver as pendências de nossas vidas. Felizmente com o Manfred só tive momentos bons e antes de sua partida, estivemos juntos, jantamos, tivemos até a oportunidade de uma partida de tênis. Nunca imaginei que ele fosse partir assim, de repente, sem avisar. Ele não podia ter feito isso comigo.

Decidi escrever os principais pontos da conversa que terei com o Klaus e me preparar, com certeza será um momento difícil. Quando vamos entrar em conversas deste tipo, precisamos nos preparar para aumentar nossa chance de sucesso. Aliás, no caso desta conversa com meu pai, o sucesso será eu conseguir falar o que sinto, o que penso e o que desejo sem ser agressiva. Seja lá o que meu pai disser eu não vou perder a calma.

Mas antes, analisei nossa última discussão, o que estava em jogo, o que eu estava tentando proteger e o que o meu pai estava tentando proteger e o que o executivo da Haus Becker estava tentando proteger. Apesar destes papéis se misturarem em nossas brigas, este exercício me fará entender melhor as razões do meu pai.

Refleti sobre como nossa conversa teria sido afetada se eu tivesse dito tudo que eu pensei, mas de forma respeitosa. Como nossa relação teria sido afetada se eu tivesse sido mais empática com meu pai? Como teria ficado meu estado de espírito e bem-estar se eu tivesse tido uma conversa honesta e respeitosa com ele sem julgar, mas ouvindo suas verdades?

Esta reflexão me revelou um vasto território que estava escondido. E provavelmente tem mais coisas escondidas no mundo do meu pai que, por mais que eu me esforce, não consigo ver e só saberei se perguntar e se ele for honesto também.

Nisso, me lembrei de uma fábula de Hans Christian Andersen, *As roupas novas do Imperador*, que dizia que uma dupla de espertalhões convenceu o imperador a comprar uma roupa feita com um tecido mágico. São vestimentas especiais, asseguraram os vigaristas ao imperador, tão especiais que são invisíveis aos idiotas e aos que não são dignos de permanecer no cargo que ocupam. Obviamente o imperador não vê roupa alguma, mas, não desejando ser exposto como indigno, finge que as vê. Todos os seus serviçais e o resto da população, tampouco desejando ser taxados de idiotas, também fingem ver as roupas. Mas nem todos têm medo. Durante o desfile, um menino vê o mandatário e exclama: "O rei está nu!" Todos nós podemos fingir e continuar a usar tecidos invisíveis encobrindo nossas fraquezas e vulnerabilidade, nossos medos, ou podemos ter coragem suficiente para falar a nossa verdade, admitindo que estamos nus.

Se eu quiser melhorar ou mesmo mudar minha relação com meu pai, preciso encontrar uma forma de dizer tudo que penso e sinto sobre ele, embora isto não seja nada fácil. Meus pensamentos sobre ele são bem desagradáveis e por todo este longo período ou eu engoli ou cuspi de forma agressiva o que pensava. E estou aprendendo na prática o que já tinha aprendido em teoria, que não existem apenas estes dois caminhos, que preciso mudar meu jeito de pensar para que minhas atitudes mudem.

Além disto, se quero que as pessoas sejam honestas comigo, preciso ser também. O silêncio evita confrontos, mas por outro lado, gera desconforto e aos poucos vamos intoxicando as relações até que não tenha mais como recuperá-las.

Por outro lado, não podemos engolir sentimentos ruins sem tratá-los, pois, com o tempo eles viram intensos e perdemos a chance de curar as relações, sejam elas pessoais ou profissionais.

Preciso fazer uma exposição dos meus sentimentos de forma produtiva e apresentar meu ponto de vista da maneira mais eficaz possível.

Meu objetivo não será convencer o Klaus sobre meu ponto de vista, mas sim ajudá-lo a entender porque eu penso como eu penso, porque eu sinto o que eu sinto.

Esta exposição produtiva dos meus sentimentos irá ajudar o Klaus a entender mais sobre o meu mundo. Eu passei bastante tempo fora do país e quando cheguei quis impor meu jeito de ver a vida e os negócios, como se apenas este jeito estivesse certo.

Da mesma forma que o menino gritou que o rei estava nu, eu vou expor meus sentimentos para o Klaus me conhecer melhor e buscar uma solução que seja ganha-ganha. Em relações produtivas, não adianta um ganhar e o outro perder, todas as partes precisam ganhar.

Para a nossa conversa dar certo preciso:

"Encontrar pontos de vista comuns: em nós sobre a situação. Oferecer fatos que tangibilizem os meus pontos de vista, que sejam capazes de descrever o problema de tal forma que pareça verdadeiro para ambas as partes. Devo evitar julgamentos que empurrem meu pai para uma postura defensiva.

"Oferecer fatos: preciso construir nosso diálogo com exemplos concretos do que desejo dizer. Devo comunicar os fatos, com exemplos concretos de forma que eles deem apoio a minha argumentação.

"Ser dona apenas das minhas opiniões: elas são aquilo que eu penso, não a verdade absoluta. Minhas opiniões são formadas pelo meu ponto de vista, minha forma de ver o mundo e os outros, como meu pai, podem ter ideias diferentes que também são válidas.

"Recomendar ações: as conversas produtivas ganham corpo quando abordam pontos específicos e não generalistas. Fazer com que as recomendações de ações se alinhem com meus interesses e preocupações.

"Certificar-me que fui compreendida, uma vez que, muitos problemas de comunicação vêm do desafio prático do entendimento mútuo do que foi dito, portanto, devo me assegurar que meu pai entendeu minhas argumentações. Devo oferecer ao Klaus a oportunidade de esclarecer dúvidas, perguntando coisas do tipo: 'Isto faz sentido para você?', 'A sua conclusão é diferente da minha?', 'Eu entendi certo a situação?'

"Devo aceitar os desafios: quando encorajamos o feedback, recebemos desafios. Não posso cair na defensiva antes de entender o ponto de vista do meu pai".

Esta será uma ótima forma de trazer à tona minhas verdades. Ele pode não querer falar, mas eu escolho não esconder mais meus sentimentos aborrecidos, que me afastaram do meu pai e de toda a família. Sinto muita falta deles... e que espécie de líder serei se não for capaz de ter conversas honestas e ouvir feedbacks que me ofereçam a oportunidade de ser uma pessoa melhor?[10]

Estou ansiosa para este jantar, preciso me concentrar muito para não colocar tudo a perder.

Tensão

A primeira ligação que recebi no dia foi do Mário. Ele perguntou se eu podia ir até a sala da presidência e que ele e o presidente precisavam falar comigo.

---

10 KOFMAN, Fred. *Consciência nos negócios*: como construir valor através de valores. São Paulo: Campus, 2007, p. 149-151.

Meu coração disparou. O que será que aconteceu? Nunca eles me chamaram sem a presença do Alfredo. Concordei em ir imediatamente, precisamos perceber quando a coisa é séria ou quando precisamos dizer não.

Esta fase de execução do planejamento tem sido uma experiência nova para mim, estou aprendendo a ressignificar a palavra "não". Na verdade eu estou dizendo sim ao que é prioritário e desta forma minha produtividade melhorou muito. Minha equipe e eu estamos conseguindo realizar nosso planejamento. Adotei neste início de mudança de comportamento reuniões diárias de 15 minutos com os coordenadores. Alinhamos a prioridade, nos atualizamos em relação ao andamento dos principais projetos e eu atualizo a equipe sobre qualquer novidade que possa interferir em nossos planos para nos organizarmos.

Outra medida que tomei foi escrever todos os dias minha lista de atividades a serem executadas e, no final do dia, eu risco tudo que eu consegui realizar. A cada lista completa, e tenho conseguido na maioria, me sinto encorajada a seguir em frente com disciplina.

E aquelas atividades que não foram concluídas, marco uma letra P (pendente) envolta em um círculo ao final da sentença. No dia seguinte, começo anotando as atividades pendentes no topo da minha nova lista diária.

LISTA DE TAREFAS

ATIVIDADES DO DIA: __/__/____

	FEITAS	PENDENTES
1	☐	☐
2	☐	☐
3	☐	☐
4	☐	☐
5	☐	☐

Tarefas pendentes devem ser colocadas no topo das atividades do dia seguinte!

Quando estávamos aprendendo isto no curso, uma pessoa levantou a mão e disse que para ela isto não funcionava, que ela precisava de uma vida mais fluída. Muitos devem se identificar com esta informação, tanto que a treinadora nos colocou para discutir o que achávamos disto e todos chegaram à conclusão que, quem reluta em se planejar diariamente tem crenças que estão limitando a pessoa a dar um salto e ela ainda não percebeu isto.

Na maior parte das vezes, me desloco pelos corredores da empresa prestando atenção as minhas respirações. Quando comecei a desenvolver este hábito, percebi melhora na qualidade das minhas reuniões e especialmente melhora nas conversas.

Também reservo 10 minutos entre uma reunião e outra para ler e-mails e não deixar que eles se acumulem. Aprendi com o Manfred que devo dar retorno a todas as pessoas que me procuram. Ele era muito respeitoso com as pessoas e falava com todos, nunca deixou que o dinheiro ou a posição o tornassem arrogante. E sempre insistiu comigo sobre isto, especialmente porque ele dizia que um dia eu seria uma grande líder.

Entendi mais sobre o tempo quando comecei a desmistificar o que é cultura organizacional e sua importância. Ao perceber que eu escolho o que priorizo na minha agenda, me senti muito mais feliz. Era quase hilário quando eu esquecia de ligar para alguém ou cometia qualquer outro deslize com minhas anotações, dizendo que a responsável pelos meus erros era a minha agenda cheia.

Muitas vezes caí na tentação de culpar fatores que eu não controlo para me justificar e ficar bem na fita. Fazia isto de forma inconsciente, mas fazia.

O Manfred era muito disciplinado e exigia disciplina de mim. Quando criança me sentia presa com isto, parecia que ao ser disciplinada não poderia viver de forma fluída e respeitando minha criatividade, mas ele me mostrou ao longo da vida que eu posso ter tudo isto e ter disciplina para realizar minhas atividades e compromissos, especialmente os que assumo com outras pessoas.

Penso que se não fosse a disciplina, não teria entregue o site de vendas on-line no prazo extremamente apertado que meu chefe me deu. Mas felizmente conseguimos.

A equipe e eu adoeceríamos se aparecesse outra maratona de trabalho tão intensa como tivemos logo na sequência, depois da entrega do site de vendas on-line. Na verdade, eu preciso tirar férias, preciso descansar.

Neste momento uma lágrima tímida escorreu pelos meus olhos, não sei realmente como a vida será sem ele cuidando de mim, me protegendo, me mimando e todas as coisas divertidas que fazíamos juntos.

Sentirei saudades a vida toda do meu avô querido e amado. Sei que ele fazia tudo para me ver feliz. Dizem que até a voz dele mudava quando ele falava comigo, que deixava de ser firme e imponente para ser gentil e amável.

Ainda me sinto oca e a dor no peito continua. Sinto por não ter ficado muito com ele nos últimos tempos, fiz uma escolha de me dedicar à carreira e entrar com tudo que tenho no trabalho. Dar certo na empresa significa valorizar e fortalecer minha identidade, quem eu sou.

Tem sido um período de muito aprendizado para mim, de grandes e profundas descobertas, especialmente do quanto é indissociável a pessoa que sou na minha vida pessoal da pessoa que sou na minha vida profissional.

Nós aprendemos de fato quando vemos significado no que estamos aprendendo e, para vermos significado, temos que nos envolver com as situações e nos questionar sempre se fizemos o melhor, se poderíamos ter feito melhor. Esse envolvimento é que gera um passo além, ou seja, quando aprendemos de fato, acrescentamos ao que aprendemos ações que vão além de apenas repetir.

Aprendizagem envolve corpo e mente, emoção e sentimento. Aprender é criação, não apenas consumo[11].

Em um mundo que muda velozmente, aprender e desaprender e aprender novamente é sobrevivência. Nestes tempos que vivemos, se reinventar não é um luxo, mas uma necessidade.

Antes de entrar na presidência passei no banheiro e me recompus retocando o batom.

Surpresa agradável

A conversa na presidência foi muito impactante. Acho que consegui disfarçar bem minha perplexidade, por esta eu realmente não esperava.

Meu diretor foi demitido hoje logo cedo. O Mário e o presidente me chamaram para me contar e também me convidar a assumir a diretoria. Eu estou sendo promovida a diretora de marketing! Inacreditável que isto esteja acontecendo, uhhhh. Muito feliz com a novidade, por essa eu realmente não esperava. Mesmo assim, expressei claramente minha alegria e a confiança que estavam depositando em mim.

Ao me fazerem o convite, eles disseram que a decisão estava pautada em duas questões, minhas entregas e meu comportamento, especialmente por eu entender tão bem de cultura organizacional e propagar a cultura de cliente para as equipes, além de eu ter o alinhamento que eles esperam dos líderes com o novo jeito de ser e fazer da empresa.

Inacreditável, bem hoje que vou jantar com o Klaus, tenho esta novidade. Nossa, que emocionante a vida, cheia de surpresas mesmo, basta entrarmos em movimento que muitas coisas acontecem. Movimento gera movimento.

A única coisa que o presidente, e agora meu novo chefe, sugeriu é que eu passe mais tempo, especialmente neste começo, nas lojas da empresa para vivenciar a vida como ela é. Nosso presidente é um homem muito focado, simples, direto, perspicaz e calmo.

Agradeci a confiança depositada em mim. Estava me esforçando para conter as emoções, mas pensei, "quer saber, dane-se". Resolvi soltar minha alegria e abraçar tanto o Mário quanto o presidente, afinal, todos somos pessoas e todos estávamos felizes naquela sala.

---

11 MEIER, Dave. *The Accelerated Learning Handbook: A Creative Guide to Designing and Delivering Faster, More Effective Training Programs*. New York: McGraw-Hill Education, 2000.

Por que ficar escondendo a emoção? Estou me tornando diretora mas não estou colocando uma armadura.

Esta vitória tem um sabor muito especial e sinto apenas pelo Manfred não estar aqui para curtir isto comigo. Sei que ele ficaria muito feliz e nós iríamos brindar minha conquista, porque eu consegui! Eu consegui!

O Alfredo cavou sua própria demissão, com seu jeito de liderar e por sua arrogância. E agora, o que faço? Passo na sala dele para me despedir? Estou realmente sem saber o que fazer.

Resolvi apenas voltar para minha mesa e esperar ele ir embora. O Mário e o presidente disseram que depois do almoço iriam se reunir comigo e com toda a equipe para fazer o anúncio da minha promoção.

Sentei e fiquei alguns minutos olhando em volta, lembrando o dia que eu tinha sido contratada, minha semana de integração e o primeiro momento que percebi que Alfredo dizia uma coisa e fazia outra.

O filme dos últimos dois anos passou em minutos em minha mente. Não imaginei que estaria vivendo este momento agora por mais que eu tenha desejado ele. Eu me comprometi comigo mesma em ser a melhor executiva que esta empresa já teve, não para competir com os meus colegas de trabalho, mas para forçar meu próprio limite. Mesmo que alguns momentos tenham sido de dor, sei que a dor passa, mas nossas conquistas ninguém tira de nós. Elas são eternas.

Hoje realmente é um dia muito importante, espero que a noite acabe bem após minha conversa com meu pai. Apesar de muito feliz, não posso negar que ainda sinto certa apreensão em pensar na noite de hoje e em quanto eu preciso me controlar.

Minha relação com o Klaus sempre foi conflitante, acho que por isto que fui tão apegada ao Manfred, pois ele ocupou o lugar que meu pai deixou vazio. Hoje entendo que não existem conflitos difíceis, existem apenas aqueles conflitos que não sabemos como lidar.

O jantar

Chegamos quase juntos no jantar. Ambos estávamos meio sem graça, o que é difícil de imaginar sobre meu pai, que sempre foi firme e soube lidar com cada situação da vida.

Fomos a um restaurante italiano, meu pai adora macarrão com porpeta e brusqueta de entrada com uma bela salada banhada em muito azeite e queijo parmesão ralado, mesmo sendo alemão. Aliás, ele gosta de comer bem. Felizmente sua herança genética ajuda muito, porque ele não é muito fã de fazer exercícios. Ele é completamente diferente do Manfred até nisto.

Meu pai é uma pessoa que gosta de ficar mais na dele, usa todo seu tempo na empresa e o seu assunto favorito é o trabalho. Ele sempre levou o trabalho para dentro da família e a família para dentro dos negócios. Nossas refeições na infância sempre tiveram a empresa no centro da mesa para desespero do Junior.

Hoje ele estava diferente do habitual, nitidamente constrangido. Pedimos um vinho que ele escolheu e começamos a bebericar e comer nossas brusquetas.

Nosso primeiro assunto foi sobre a falta que o Manfred faz em nossas vidas e o quanto ele estava presente para mim. Meu pai entendia nossa relação, embora muitas vezes tenha demonstrado certo ciúmes, porque o Manfred tinha muito brilho, era sedutor com todos, tinha um jeito todo especial de influenciar as pessoas e acabava sempre conseguindo o que desejava.

Resolvi contar para meu pai, de forma meio tímida, a grande notícia do dia e o quanto isto tinha me deixado animada. Eu tinha trabalhado duro nestes últimos anos, trabalhado duro em todos os sentidos, tanto na empresa quanto no meu desenvolvimento pessoal. O que me deu gancho para entrar em nosso assunto.

O Klaus me parabenizou pela promoção e, para minha surpresa, disse que isto era esperado, que eu certamente iria conquistar o sucesso pois herdei do meu avô a obstinação e que, ao longo da vida, desenvolvi muita garra unindo minha paixão pelo trabalho com minhas atitudes.

Sua fala me deixou completamente surpresa e até desconcertada. Felizmente consegui me controlar e não soltar uma do tipo: você é incoerente, diz isto, mas não me deixou assumir um cargo relevante na empresa. Pensei, mas me segurei, porque esta fala só iria azedar nosso jantar. Ao invés disto, eu disse:

— Fico feliz que reconheça meu esforço e potencial, e de fato, gostaria muito que isto tivesse sido suficiente para eu trabalhar na empresa dos meus sonhos, a nossa empresa, pai. E é sobre isto que eu quero falar com você. Não quero discutir o fato de não ter trabalhado lá, mas a forma como eu falei e como venho me comportando com você. Me permite tocar neste assunto e explicar minhas razões? Quero te contar porque eu agi como agi, o que eu sentia e sinto e se você não quiser falar não precisa, peço apenas sua atenção.

— Claro Nick, vá em frente! É bom estar aqui com você.

Iniciei reconhecendo que eu tinha voltado muito afoita e ansiosa dos Estados Unidos e que coloquei tudo a perder acusando meu pai quando meus desejos não foram atendidos, sem perguntar e nem tentar entender suas razões. Disse que eu entendia a reação dele, pois sempre que eu me dirigia a ele, ao invés de conversar eu o atacava, como se ele estivesse fazendo tudo errado e eu fosse dona da verdade.

As palavras podem ser facas que cortam, por isto pedi desculpas por ter ficado tanto tempo sem falar com ele, por não ter entendido que a empresa significa para ele tanto quanto significa para mim. Disse que cheguei dos Estados Unidos arrogante, querendo assumir um lugar como se ele fosse meu por direito e meu pai, no fundo, queria que eu conquistasse meu espaço, que as pessoas reconhecessem minha contribuição antes de me verem como a filha do dono.

Pedi desculpas por ter julgado a todos, como se nada do que estivesse sendo feito na empresa estivesse certo.

Expliquei que quando ele me ofereceu uma mesada ao invés de um salário, eu me senti desvalorizada e que, desta forma, seria vista como a filhinha do dono e não como uma executiva.

Falei mais uma vez o quanto sonhei em me dedicar à empresa, que tudo o que eu queria era um cargo para eu poder trabalhar.

Enquanto eu me expressava, o Klaus apenas me olhava e escutava atentamente. Vez ou outra, fazia um sinal com a cabeça ou balbuciava uma palavra me encorajando a seguir em frente.

Antes de concluir, assumi ainda que eu agi como agi porque achava que aquela era a melhor maneira de atender aos meus interesses. A forma como ele reagia me levava a sentir mais ainda que eu não teria espaço, e quando disse que o Junior iria sucedê-lo, fiquei louca de ciúmes, achei tudo muito injusto, afinal eu que estava me preparando há anos e não o meu irmão. As circunstâncias e meus impulsos internos influenciaram para eu agir como agi, mas hoje entendo que isto não pode determinar meu comportamento.

Contei para meu pai como ficar na posição de vítima todo este tempo foi uma forma de eu me proteger e não sofrer. Não conseguia ainda lidar com a situação do meu irmão ser preparado para ser o sucessor e não eu, que isto para mim representava que eu fracassei.

Hoje, entendo que liberdade não significa eu fazer o que eu quero na hora que eu quero sem sofrer as consequências, mas sim, poder escolher diante de uma determinada situação a resposta mais consistente em relação aos meus valores. E minha nova hierarquia de valores me mostrou que ficar longe das pessoas que eu amo não vale o preço.

Assumi para meu pai que durante todo o tempo que ficamos afastados eu o culpava. Isto era muito tranquilizador para mim, não assumir a responsabilidade me dava um certo alívio momentâneo, mas no meu processo de desenvolvimento descobri que eu estava me portando como vítima da história, como se eu não tivesse escolha, mas eu tinha. Aliás eu fiz a escolha e, por isto, resolvi propor a conversa entre nós.

Acho que meu pai também sentia um certo ciúmes do Manfred. Nunca tive com ele a mesma relação amorosa, carinhosa e cumplice que eu tinha com o meu avô. Mas eu não quis entrar nesta parte da história, estamos muito sensíveis com a perda dele e, além de tudo, não sei se meu pai consegue lidar com este sentimento ou tem consciência dele.

Revelações

Enquanto o garçom abria outra garrafa de vinho, o Klaus disse ter algo muito importante para me contar. Fiquei eufórica ao saber que ele também queria falar e, para minha surpresa, me pediu desculpas.

Nem acreditava nas palavras que eu estava escutando, ele me pediu desculpas. Eu mal podia me controlar de tanta alegria, minha vontade era de pular da cadeira como uma criança, mas mantive a linha. Ou melhor, mais ou menos.

Fui propor um brinde e engasguei quando o Klaus disse "desculpe por não ter contado antes". Contado o que? Minha euforia e alegria se transformaram em profunda apreensão. Minutos de silêncio tomaram conta do ambiente, como se todos do restaurante tivessem se calado ao mesmo tempo.

"Nicole", disse meu pai, em um tom sério. O seu semblante, que estava todo aberto e receptivo, se fechou e ele abaixou a cabeça. Nesta hora senti um aperto no coração, fiquei gelada, pálida, meu sangue parece que tinha sumido. Algo me dizia que coisa boa não era.

O Klaus, com todo o cuidado, começou dizendo que o Manfred me amava muito, mais que qualquer pessoa neste mundo e ele nunca fez questão de esconder. Disse que muitas vezes sentiu inveja pela forma que nos olhávamos, pela nossa cumplicidade e que nunca imaginou que ele teria coragem de propor e sustentar seu plano.

Dei um grito:

— PLANO? Que plano, pai? Me conta logo, estou nervosa.
— O Manfred sempre se orgulhou do seu talento, da sua inteligência e da sua energia. Ele dizia que você tinha uma luz própria e sabia que seria a melhor empresária que qualquer empresa pudesse querer, mas que tinha errado na sua criação mais que qualquer pessoa, pois ele tinha mimado você e era meio tarde para corrigir, exceto tirando de você o que você considera mais valioso.
— E isto seria o que, pai? Vai logo, não estou aguentando esta tensão!
— Calma, Nick. Você precisa me ouvir com atenção e tentar se controlar ao escutar a revelação que tenho a fazer.
— Tá. Então vai logo, Klaus!
— Seu avô te amava muito, ele te amou profundamente desde o primeiro momento que te segurou nos braços. Você amoleceu o coração daquele velho durão. Ao te ter nos braços ele chorou de emoção e esta foi uma das cenas mais lindas e emocionantes que eu vi do meu pai. Você trouxe luz para nossas vidas, Nick.
— Mas vocês queriam que o primeiro filho fosse homem, o herdeiro que daria continuidade à empresa da família e eu vim menina.
— Eu sei, filha. A menina mais linda e corajosa que conheço, forte e gentil, durona e caridosa, determinada e sensível. Você é a mistura de tudo que existe de belo, Nick.

Nesta hora me emocionei muito, nunca tinha escutado meu pai falar estas coisas de mim ou para mim. Acho que o vinho estava fazendo efeito em nós...

— O Manfred sabia que você precisava aprender um pouco mais sobre a vida para valorizar o que você tem. Ganhar uma empresa de presente, sem esforço algum, não faz alguém como você crescer como pessoa. Seria como ganhar mais um brinquedo sem lutar por ele.

— Sem esforço?! E todos os meus estudos? A minha dedicação para aprender tudo sobre a empresa, não conta?

— Nick, não estamos falando disto. Todos reconhecem suas competências técnicas, mas para ser empresária, comandar uma empresa, administrar pessoas e o negócio é preciso muito mais do que ser uma ótima arquiteta ou engenheira, advogada ou qualquer outra profissão. É preciso muito mais que um diploma para ser dona de uma empresa.

— Klaus, tudo que se fala hoje em dia é sobre a necessidade de aprender, desaprender e continuar aprendendo continuamente para ter sucesso e é exatamente o que tenho feito.

— No ponto intelectual você está certa e me orgulho disto. Por outro lado, suas atitudes irão contar tanto ou mais que a parte intelectual. A vida no campo de batalha não aceita desaforos. Então, o Manfred teve a ideia de "empurrarmos" você para a vida.

— Vocês fizeram muito mais, vocês tiraram meus sonhos e esperança! — Falei em tom firme.

— Nick, sinto por isto, mas precisávamos que você acreditasse. Tirar seus sonhos não fez parte de nosso plano. Confesso que inicialmente eu não queria embarcar na ideia dele, mas o meu pai me convenceu. Sinto por tirarmos de você a esperança de ser a próxima sucessora da Haus Becker.

— Pai, não acredito que vocês fizeram isto de caso pensando! Tem ideia do quanto eu sofri, o que me custou? Em nenhum momento vocês pensaram em simplesmente me falar que eu precisava de mais experiência? — E um silêncio pairou no ar.

— Pensamos sim, mas o Manfred achou que da forma como você chegou como a "sabe tudo" dos Estados Unidos, isto não seria suficiente.

Uma luz na escuridão

— Pai, acho que você não tem ideia, ninguém terá, somente eu sei o quanto sofri.
— Filha, não queria isto, sofri também, acredite. Mas vejo que você cresceu muito como pessoa, está forte emocionalmente. A Nick de antes já teria saído desta mesa batendo os pés.

Abaixei a cabeça e fiz sinal que concordava com ele.

— Me diz o seguinte, quem mais sabia e compactou desta loucura?
— Ninguém mais, Nick, precisávamos que todos agissem naturalmente. Mas as coisas tomaram outra dimensão, muito do que aconteceu foi consequência da nossa escolha inicial.
— E a história do meu irmão ser preparado para seu sucessor? É de verdade ou vocês também envolveram ele neste plano?
— Seu irmão não sabe de nada. É de verdade preparar ele.
— Agora fiquei confusa. Se queriam me ensinar uma lição para eu aprender a ser a dona da Haus Becker, como podem preparar ele para ser sucessor? Vocês brincaram com os sentimentos do Junior?
— Não, Nick. O Junior precisa ser preparado. Esta decisão tomamos para que vocês dois estivessem preparados para os imprevistos de amanhã. Lembra do Estevão? Meu amigo que era dono de uma empresa que faz peças para a indústria automotiva?
— Como assim era?
— Então filha, ele estava preparando o filho para ser seu sucessor depois de ter descoberto o cancer. O filho foi assassinado de forma muito trágica em um assalto bobo no farol e o Estevão morreu quatro meses depois. Ele tinha um câncer grave, mas as pessoas mais próximas acham que foi o desgosto que fez ele morrer tão rápido. Aí, a filha dele de 25 anos teve que assumir às pressas a empresa, pois o Estevão era o sócio majoritário e a Laura era a próxima na linha sucessória.
— Uau, que história, até parece ficção. E como ela se saiu?
— Pois é, isto aconteceu de verdade e a Laura sofreu muito, teve que amadurecer de repente e aprender a ser empresária da noite para o dia. Para ela foi um enorme desafio em meio a tantas emoções, afinal perdeu o pai e o irmão em um intervalo de quatro meses.
— Putz, não consigo imaginar... Nós já conversamos em alguns eventos quando nossas famílias se encontravam, nunca fomos muito pró-

ximas, talvez pela diferença de idade e momento de vida, mas ela é uma pessoa muito legal. Deve ter sofrido muito. Agora entendo porque envolver o Junior, vocês queriam que ele também aprendesse algo caso a Haus Becker viesse a precisar dele.
— Isto mesmo, Nick.
— E quando vocês pretendiam me contar?
— Antes do Manfred morrer, nós tínhamos conversado e decidimos que já era a hora de te contar. Mas infelizmente ele foi antes de fazer isto. Ele arriscou muito por você, Nick, arriscou inclusive você não o perdoar. Fez isto pela empresa, mas especialmente por você. Você pode olhar para isto como algo ruim ou como um gesto de amor profundo. O Manfred sofreu muito com tudo, em vários momentos ele teve vontade de desistir ao ver você sofrer, por outro lado ele sabia que você precisava passar por dificuldades para amadurecer e quando ele viu que você arrumou um emprego, ficou mais tranquilo.
— E o tempo que estive estudando nos Estados Unidos, longe de todos, não conta?
— Conta, mas não o suficiente. Lá você tinha nosso apoio financeiro e não precisou se esforçar muito para ter o diploma. Não é?
— É verdade, mas também senti por estar longe de vocês, mas nada comparado ao fato de perder a Haus Becker.
— Por isto, fizemos este sacrifício. Sim, foi sacrifício, pois ver alguém que você ama sofrer e saber que você pode parar o sofrimento desta pessoa é muito difícil. Nós estávamos pensando em seu futuro, Nick. Agora, é importante dizer que seu irmão não leva o menor jeito para os negócios. Ele até se esforça, mas ser empresário e administrar uma empresa não tem nenhuma relação com ele, filha. E isto foi ficando mais claro neste processo.

A casa caiu

— Eu me ausentei por um tempo para fazer umas viagens de negócio e aproveitei para esticar e tirar umas férias com sua mãe. Nisto, deixei seu irmão como meu substituto interino, como um pré-teste para ver como ele se saía, mas ele fez muitas besteiras. Por outro lado, não posso culpá-lo. Eu faço as mesmas coisas que antes davam nossa rentabilidade e mesmo assim estamos ficando para trás.

Sabe, filha, eu sempre tive medo de profissionalizar a empresa, perder o controle, quebrar e não ter o que fazer da vida. Eu trabalho porque eu gosto do que faço e valorizo muito o legado que o Manfred me deixou. Eu sempre tive muitos medos e vejo que hoje isso representa um risco que ainda não sei como lidar.

— Entendo... — Concordei com a cabeça.
— Precisamos de sua ajuda, Nick.
— O quê?
— Sim, filha, precisamos de sua ajuda. Você está preparada para isto e eu estou muito cansado para enfrentar tudo sozinho.
— Mas e o Junior?
— O Junior é um bom filho, mas hoje entendo que a Haus Becker não é o lugar dele. Tentei forçar isto, tentei forçar uma situação, mas ou eu aceito a verdade ou corremos o risco de um dia perder a empresa.
— Perder a empresa?
— Sim.
— É tão grave assim, pai?
— Será se não agirmos agora.
— Eu acabei de ser promovida a diretora na empresa que trabalho, eles reconheceram meu valor e meu esforço. Não posso deixá-los agora.
— Entendo isto, filha, mas a Haus Becker é a empresa da sua família, é a sua empresa.
— A empresa que virou as costas para mim...

E neste momento um silêncio ficou cravado entre nós.

— Nick, por favor, pense. Nós precisamos de você, do seu talento, das suas ideias.
— Não entendo, pai. Quando eu voltei você me disse...
— Sim, filha, eu sei. Sei que rejeitei suas ideias e sugestões de mudança. Fui resistente e acho que ainda sou e hoje consigo perceber isto, a vida ensina de forma dura quando não nos abrimos para olhar as coisas por outra perspectiva. Parte era ingrediente do plano que eu tinha com o Manfred em fazer você amadurecer e lutar pela empresa, mas parte foi minha resistência mesmo em aceitar a mudança.
— Eu não sei o que dizer, estou muito confusa. Foram muitas informações para uma única noite, estou completamente zonza. Você me revelou um segredo muito importante que mexeu muito comigo,

nem sei direito o que dizer e o que tudo isto representa. Depois do que me contou, me pede ajuda, sendo que rejeitou minhas ideias e sugestões de mudança quando voltei ao Brasil. Você não é do tipo que pede desculpas, pai, e é isto que indiretamente você está fazendo.

— Sei que é difícil para você, Nick, imagino o quanto. O Manfred não podia ter me deixado sozinho nesta. Nós iríamos falar com você juntos.

— Muitas coisas eu não entendo. Preciso de um tempo para refletir sobre tudo isto. Foi muita informação para uma noite só, ainda mais envolvendo o Manfred. De qualquer forma, obrigada por ter me contado. Vou embora, pai, preciso ficar sozinha e processar tudo isto. Obrigada pelo jantar.

— Nick...

Saí andando de cabeça baixa e completamente zonza, as duas garrafas de vinho não me abalaram tanto como tudo o que ouvi nesta noite.

Não sei como vou lidar com esta informação, realmente não sei como farei. Preciso ficar sozinha e pensar.

Dúvidas

Não sei o que pensar, o que o Klaus me disse é muito forte. Estou com uma terrível sensação de não saber o que fazer, em minutos tudo mudou. Procurei meu pai para me redimir e descubro que ele e meu avô tinham um grande segredo envolvendo a minha vida, na verdade uma trama deles para me pregar uma lição. É difícil para mim pensar que o Manfred, sendo a pessoa que eu mais amava, fez isto comigo.

Será que isto é amor?

Estou confusa, em uma mistura de sentimentos. Parece que tive um pesadelo e isto tudo não se refere a mim. Aliás, gostaria mesmo que tudo isto não fosse comigo, mas é. Minha vida virou de ponta cabeça novamente.

A certeza da mudança nos deixa vulneráveis, pois fomos educados para sermos firmes, durões e não mostrarmos nossos sentimentos, somos educados para termos certezas e tudo o que tenho agora são dúvidas.

As pessoas dizem que o mundo mudou, mas isto é um erro, o mundo não mudou, ele continua mudando e continuará mudando cada vez mais rápido. Como vamos analisar o que está acontecendo se acontecendo é um verbo no gerúndio e não no pretérito perfeito?

Como analisar uma fotografia se a cena muda do instante do nosso olhar para o clique da câmera?

Não estamos passando por uma era de mudanças, mas sim uma mudança de era profunda, onde as mudanças são constantes. É um momento épico da humanidade e eu me vejo no meio de tudo isto perdida, sem saber o que fazer.

É muito mais fácil falar de mudança do que viver a mudança. Hoje entendo isto na pele e essa compreensão aumentou minha empatia, especialmente por meu pai.

Preciso tomar uma decisão importante. Será que agora devo largar tudo e sair correndo para ajudar meu pai?

A ferida que foi feita em mim quando o Klaus me deu as costas ainda existe, é uma cicatriz, mas ainda está aqui.

Está difícil digerir a revelação que o Klaus me fez, muito difícil. Ele e o Manfred de certa forma brincaram com meus sentimentos...

Não, acho que estou sendo exagerada. Eles tentaram me ensinar da pior forma, é verdade, mas tentaram me ensinar. A intenção que os moveu foi genuína.

É isto Nicole, veja o lado bom. Vamos ressignificar as coisas?

É bem desafiador ver o lado bom de tudo que o Klaus me contou e com o que sofri nos últimos tempos. Vamos lá, Nicole, vamos ser prática?

Então fiz uma lista de pontos positivos e negativos dos últimos anos e cheguei à conclusão que eu cresci. Foi duro, foi dolorido, sofrido, mas eu cresci, amadureci e aprendi muito sobre negócios, liderança, como lidar com gente difícil e ter que muitas vezes engolir não só um sapo, mas o brejo inteiro. Hoje sou uma mulher e uma profissional muito mais madura do que antes e estou mais preparada para os desafios da vida.

Decido então que vou ajudar meu pai, mas não vou largar meu emprego. Esta oportunidade de ser diretora interina é muito importante para mim, é como se fosse a minha consagração, meu prêmio por todas as dificuldades que eu me dispus a encarar nestes últimos anos.

Vou ajudar a Haus Becker nos finais de semana e de noite, mas vou manter o meu emprego. Quero que as coisas deem certo por lá. Não me perdoaria se a empresa falisse sem que eu tentasse fazer alguma coisa para salvá-la.

Só não entendo como o Klaus deixou a empresa perder mercado. Realmente não entendo... que comida de bola que ele deu. É certo que estamos vivendo uma crise econômica tremenda no país, por outro lado é preciso uma sucessão de erros, de arrogância dos donos e líderes para não prestar atenção nos sinais, pois eles na maioria das vezes estão sempre aí, as pessoas é que não estão prontas para vê-los.

Sei de uma coisa, preciso de um tempo para entender toda esta loucura. É muita informação para uma pessoa.

Por outro lado, sinto que não posso negar ajuda, pois não faltam exemplos de empresas (e até de setores inteiros) que naufragaram por resistir às mudanças. Essas organizações se apegam a hábitos antigos e perdem a onda da mudança, a mesma que impulsionou empresas mais criativas rumo ao futuro.

Sei que não importa quem você é nem o que você faz, se está vivendo no planeta Terra está em meio a uma revolução global. Este é um sentido literal e não metafórico, pois hoje encontram-se em ação forças inéditas até aqui. Pode parecer exagero, mas é verdade. A trajetória humana sempre foi turbulenta, mas o que diferencia o processo atual é a escala e a velocidade das mudanças. As duas grandes forças que movem essa dinâmica são a inovação tecnológica e o crescimento populacional. Juntas, elas vêm revolucionando nossa forma de viver e de trabalhar, esgotam os recursos naturais do planeta e mudam a natureza da política e da cultura[12].

Decisão

Decidi aceitar o que o Klaus e o Manfred fizeram como um ato de amor e passar por cima disto. Resolvi ajudar a empresa da minha família e continuar me dedicando com excelência ao meu trabalho na MoD. S.A.

Sei que será um período de grandes desafios, onde vou trabalhar muito, mas trabalhar é tudo que amo fazer. E a cada minuto que penso na perspectiva de ajudar a Haus Becker se levantar me sinto animada e excitada com o desafio.

Fatores externos impulsionaram o Klaus a querer a mudança, mas é certo que nem eu e nem ninguém poderá ajudar se ele for resistente a mudar seu jeito de pensar. Agora, preciso encontrar outra porta de entrada para falar do tema com ele e não cometer o mesmo erro que cometi da primeira vez. Alguns fatores externos que impulsionam a mudança:

— Fusões e aquisições;
— Evolução dos mercados;
— Economia;
— Política (mundial e nacional);
— Concorrência;
— Tendências sociais;
— Tecnologia.

Para o sucesso na mudança será necessário ter compreensão do que está acontecendo no ambiente, no seu contexto e as implicações, ter ampla visão de todo o sistema que direta ou indiretamente está afetando ou irá afetar a organização. A partir daí ter clareza se a mudança será uma iniciativa, um projeto ou um programa. Pode até parecer somente semântica, mas

---

12 ROBINSON, Ken. *Libertando o poder criativo*: a chave para o crescimento pessoal e das organizações. São Paulo: HSM, 2012, p. 21.

não é. Esta clareza será fundamental para definir o esforço empenhado, recursos e o tempo necessário para gerir a mudança até que ela se torne parte da cultura. Quem tiver o papel de gestor da mudança deverá cuidar da transição dos indivíduos para assimilar essa mudança e, a partir disso, atuar sobre a mudança nos grupos e, assim, tratar a transformação na organização de forma estruturada e sustentável.

O segredo de um processo de mudança ou transformação bem feito é cuidar o tempo todo das necessidades, expectativas, medos, frustações e tensões das pessoas. Grande parte dos processos de mudança são traumáticos, pois o grupo responsável pela gestão da mudança negligencia a necessidade dos indivíduos ou trata o processo de forma burocrática ou racional demais.

Se o gestor da mudança subestimar a profundidade do que é proposto, ou a cultura atual, ou os indivíduos, será difícil ser bem-sucedido e encontrar ânimo e criatividade para enfrentar os desafios que irão aparecer ao longo do processo.

É importante ter clara a descrição da mudança, pois ela será importante ao longo do tempo, especialmente para engajar os indivíduos na organização. E evidenciar que mais que uma mudança desejada é uma mudança necessária, ou seja, é mudar ou correr o risco de fechar ou ser vendido para um grupo internacional.

Fico muito entusiasmada com esta perspectiva de ser eu a pessoa que irá orientar e ajudar no processo de mudança da Haus Becker. Embora eu não tenha feito isto diretamente, sei que certamente precisaremos de apoio de uma consultoria e de um mentor.

Uma certa alegria invade o meu ser e começo a dançar pelo apartamento e a música *I´m Free* de The Rolling Stones toma conta do meu ser.

CAPÍTULO 11

RECONEXÃO

O final de semana foi maravilhoso, fazia tempo que eu não vivia situações tão felizes. Faltou apenas o Manfred para tudo ficar perfeito. Sábado cheguei na casa dos meus pais por volta das 13h00 e só fui embora de noite. No domingo de manhã eu corri e voltei para o almoço, fui embora por volta das 17h00, tomei um belo banho e me joguei no sofá para ver filmes e descansar.

Depois do almoço de sábado o Klaus e eu conversamos bastante sobre a empresa e ele deixou escapar que as coisas não estavam indo muito bem. Eu não quis me aprofundar no assunto, resolvi deixar ele bem à vontade para desabafar no tempo dele.

Falamos muito sobre as novas tecnologias, a mudança de hábitos do cliente e sobre o mercado em geral. Ele fez muitas perguntas sobre meu trabalho e quis saber sobre o site de vendas que implantei. De repente me deu um estalo e resolvi oferecer ajuda para mapear a oferta de valor de cada concorrente, como eles estão se posicionando e quais são os seus diferenciais na internet. O Klaus gostou da ideia, mas um sinal é claro, marketing não é prioridade na Haus Becker, tanto que não é uma diretoria e a Maria Fernanda, gerente de marketing, é subordinada do diretor comercial, o que pode explicar muita coisa.

Tudo que é verdadeiramente importante precisa ter espaço em uma organização. Nestes momentos, de forma consciente ou inconsciente, os líderes passam a mensagem do que valorizam. Por exemplo, recursos humanos virou diretoria pouco antes de eu chegar dos Estados Unidos, até então estava junto com operações. Este é um mérito da Márcia, que conseguiu com muito trabalho, esforço e estratégia mostrar para meu pai a importância das pessoas nas organizações. Afinal, empresas não passam de paredes e tijolos se não tiverem as pessoas, o ativo mais importante de uma empresa.

Minha semana iniciou incrivelmente vibrante. Fui para o trabalho ouvindo *The Logical Song*, a música que vem me acompanhando em grandes momentos destes últimos anos, nesta minha jornada de desenvolvimento. Cantei junto com a música e cheguei a mil na empresa.

Meu último mês passou voando, trabalhei muito e tive muitos momentos em família. Como é bom estar de volta, como é bom passar um tempo com as pessoas que eu amo, cozinhar com minha mãe e depois ficar horas no escritório com o Klaus conversando sobre a empresa enquanto tomamos licor.

Ainda sinto muitas saudades do Manfred, é difícil viver novamente com a família e até na empresa sem ele, muito difícil mesmo. Hoje, depois que o Klaus falou mais da fábrica, lembrei muito dele. Apesar dele ter escolhido uma forma meio torta de me ensinar, acho que ele conseguiu e acelerou meu processo. Ele sabia que não tinha muito tempo e queria me preparar melhor para a vida. As vezes sinto certa raiva de pensar o que passei e o quanto sofri, por outro lado entendo que foi um ato de extremo amor.

Fica mais claro porque ele estava sempre tão calmo nos meus momentos mais angustiantes, na prática ele estava pensando no meu futuro.

Meu pai disse que eles sofreram também em me ver sofrer, mas esta era a única forma do meu crescimento ser genuíno. Apenas não sei como eles aguentaram... Na verdade eles tinham apenas um plano inicial e as coisas se desenrolaram de uma forma não prevista, como por exemplo eles não definiram minha escolha de romper com a família quando descobri que eu não seria sucessora do meu pai.

E hoje estamos nesta.

Andei fuçando um pouco na empresa, resolvi até ir em uma loja comprar algo só para testar a experiência do cliente e não me conectei muito com os produtos, com o design ou com o atendimento, e olha que fui super de coração aberto. Uma das coisas mais óbvias que fiz depois da visita na loja foi ver o site de vendas da empresa e constatei que ele é horroroso do ponto de vista de experiência do cliente.

O site reflete o jeito de ser e de pensar da empresa, especialmente do dono da empresa que no caso é o meu pai.

Hoje entendo mais como deve ser difícil para o Klaus este mundo novo. Na época da transição da empresa do meu avô para ele não houve isto pois o mundo era mais lento e as mudanças demoravam mais para acontecer.

O que lidamos hoje não tem precedente.

Com o trabalho, os indivíduos têm a oportunidade de colocar suas intenções no mundo e as pessoas irão preferir empresas com propósito. Por isto, organizações precisam ser reinventadas, a começar pelos donos de negócios. Ao mesmo tempo, os funcionários também precisarão mudar sua atitude em relação ao trabalho e adquirir cada vez mais o senso de dono. Ninguém pode parar mais de aprender, uma vez que a inteligência artificial está cada dia mais presente em nossas vidas. O presente está tão acelerado que qualquer passado ficou longe demais.

Nossa conversa hoje é global e em tempo real.

Estamos mudando o filtro com o qual lidamos com o mundo, de uma perspectiva física material para uma perspectiva baseada na informação e no conhecimento. Inovar é necessário e o mais interessante é que a inovação raramente vem do *status quo*.

"Como um grande navio petroleiro, quanto maior a organização, mais difícil será mudar o rumo para este mundo exponencial que estamos.

"Segundo a pesquisa Tendências Globais de Capital Humano 2017 da consultoria Global Delloitte realizada com 10 mil líderes em 140 países, apenas 11% das organizações estão preparadas para serem a organização do futuro.

"Como diria Edgar Morin, antropólogo, sociólogo e filósofo francês, nesse processo **tudo está a ser repensado**, tudo está a começar, ao mesmo tempo que **a sociedade na qual temos vivido está a acabar**".

Mudança de visão

"As mudanças nunca são simples.

"Luc de Brabandere é um filósofo corporativo e membro do Boston Consulting Group e co-fundador da Cartoonbase. Em seu livro *O lado oculto das mudanças* afirma que dizer para as pessoas chegarem no horário não é suficiente. Não vai ser a agenda, nem acordar mais cedo e organizar bem o tempo de cada compromisso que resolverá o problema. Relacionar a mudança apenas com a ação de chegar no horário também não resolve, porque logo a pessoa vai chegar atrasada de novo. É preciso que se modifique o modo como se compreende a pontualidade. No mundo empresarial não é diferente. As coisas levam tempo para acontecer; é necessária a percepção para que ocorram mudanças mentais.

"O autor ainda traz a visão que na natureza, quando uma grande mudança está prestes a acontecer, ocorrem avisos. O problema é que a maioria das pessoas tende a ignorá-los ou responde tão lentamente que são pegas desprevenidas. É o que ocorreu com a indústria de aço americana. Muitos foram os sinais: concorrentes na Europa com altos fornos conversores de oxigênio, japoneses e alemães com tecnologia radical (nova), a laminação direta a quente, enquanto a gigante empresa americana de aço permanecia cega nas suas convicções e desprezava as concorrências, tratando-as meramente como anãs.

'Para mudar, é preciso que mudemos duas vezes. Devemos mudar não apenas as coisas, mas também o modo como vemos as coisas.' (Luc de Bradandere)

"O maior desafio na visão de vários autores e de quem já viveu processos de mudança está nas pessoas, no fato delas aceitarem e mais, se engajarem à mudança proposta".

Para os funcionários da Haus Becker aceitarem a mudança, primeiro o Klaus precisa estar absolutamente convencido desta necessidade. Este é um processo dele, que ele precisa atravessar e se conscientizar verdadeiramente da necessidade.

De fato, acho que racionalmente ele sabe da necessidade porque os números estão mostrando. Quanto mais me aproximo da família percebo que a empresa não anda bem e, aos poucos, o Klaus solta uma informação ou outra. Acredito que ele já sabe e está aos poucos se convencendo, mas precisa acreditar de coração pois terá que mudar hábitos arraigados, o que sempre é um processo difícil e as vezes até dolorido. Passei por isto de alguma forma e não estou livre ainda.

Como diria Mark Twain, a gente não se liberta de um hábito jogando-o pela janela, é preciso fazê-lo descer a escada, degrau a degrau.

Líderes e donos de negócios que encaram uma mudança são pessoas de coragem por enfrentar o medo, a incerteza e as dificuldades que são inerentes aos processos de mudança. Por outro lado, são estes que constroem negócios lucrativos e duradouros.

Pensando como o Klaus, com os valores dele e sua forma de pensar e ver o mundo, eu entendo a dificuldade de ceder e aceitar as mudanças. Ele sempre foi muito rígido consigo mesmo, e não é porque é filho de alemães, o que tem um traço cultural forte e importante, mas porque tem crenças que o levam a agir assim.

Crenças que ele formou pelas experiências que teve e também pela sua própria forma de ver o mundo e as necessidades que nasceram com ele. Todos nós, como indivíduos, nascemos com necessidades próprias, que somadas ao ambiente e às respostas que recebemos, servem de filtro do nosso modelo mental para interpretarmos o mundo. A partir daí, começamos a criar a nossa narrativa.

Eu tenho revisitado todas as minhas crenças que me levaram a ser rígida também. Ter tomado a decisão de romper com a família realmente foi uma atitude de menina mimada que, quando não pode ter seu brinquedo desejado, fica zangada e de bico. Uma atitude completamente infantil da minha parte, hoje percebo isto com muita clareza e pela primeira vez não sinto raiva de mim por ter errado tanto. Sinto compaixão por mim, sei que estas experiências foram importantes para meu amadurecimento e crescimento como pessoa e profissional.

O curso do líder estrela também teve um papel importante no meu desenvolvimento, com ele aumentei minha consciência sobre mim, sobre o que valorizo, sobre o que é importante para mim e onde desejo chegar e que só obtemos resultados através das pessoas. Hoje, meu propósito me alimenta, sinto meus dias mais felizes, tenho mais tolerância com as pessoas e, curiosamente, elas também têm mais tolerância e até atenção comigo.

O círculo virtuoso gira em minha vida. Como diria um líder inspirador que tive nos Estados Unidos, o dono da consultoria de Desing Thinking, "o que você conquista, ninguém tira de você".

Hoje me sinto segura em relação a isto e é uma sensação muito boa. Aprendi com o curso a me visualizar, todas as manhãs e todas as noites, feliz, plena, satisfeita, realizando meu melhor trabalho. Inicialmente parecia até besteira para uma pessoa racional como eu, mas vejo que valeu a pena acreditar no que não era concreto, no que era novo, no que parecia fazer sentido para o meu coração.

"Vale a pena *acreditar* no que faz sentido para seu coração."

Nesta fase da minha vida, aceito que nosso coração, ou nosso cérebro emocional, usando uma linguagem mais técnica, sabe antes do nosso racional a decisão certa a ser tomada. Acontece que é a capacidade de expressar nossos sentimentos que nos levam a explicar nossas decisões com informações racionais. Afinal, nossa sociedade capitalista nos fez assim.

Em meio a tantas reflexões, uma profunda gratidão invade o meu ser e só tenho vontade de curtir esta sensação gostosa. Valeu cada lágrima, valeu cada situação de dor que passei.

Aprendi, cresci e vivi. Por outro lado, penso de forma leve no que eu poderia ter feito de diferente para sofrer menos, para chegar mais rápido ao momento de plenitude que estou agora. Difícil dizer. Algumas respostas nunca teremos.

Por isto, hoje entendo que mais importante que chegar ao destino é curtir a jornada. E posso dizer que estou curtindo e muito. Queria que meu pai, assim como todos os líderes e donos de negócios sentisse isto também, pois se eles estiverem bem, suas pessoas também se sentirão bem e criaremos assim um círculo virtuoso ganha-ganha.

Reconciliação

O Klaus me chamou para conversar e eu fiquei feliz. Nós temos nos aproximado cada vez mais, isso tem me feito muito bem e é parte do meu estado de felicidade.

Quando meu avô era vivo, eu era tão ligada e conectada com ele que mal conseguia prestar atenção no meu pai ou mesmo na minha mãe. Imagino o quanto deve ter sido difícil para ele. O Manfred era o meu herói, o meu melhor amigo, meu conselheiro, meu porto seguro, a pessoa que eu mais amava na vida.

Eu não dei muito espaço para meu pai se aproximar de mim, é certo que ele também não fez muito esforço.

Agora a vida está nos dando uma ótima oportunidade e nós estamos dispostos. A atitude do meu pai em me chamar para conversar e abrir as reais questões que estão acontecendo foi um ato de humildade, confiança e demonstração do desejo de mudança.

Nos encontramos na casa dele e fomos direto para o escritório. Ele queria conversar comigo antes do jantar.

Enquanto meu pai abria um vinho, peguei alguns queijos na cozinha. Não pedimos ajuda de ninguém. Mesmo sem dizer nada, sentia-se uma urgência no ar e rapidamente estávamos os dois sentados nas poltronas do escritório.

Eu fiquei realmente impressionada quando ele me disse claramente que a Haus Becker estava com problemas e ele precisava de ajuda, pois não sabia mais o que fazer.

— Filha, sinto-me muito solitário e está muito difícil viver o que estou vivendo sem ter com quem dividir os problemas. Eles são muitos, Nick... Não encontro eco com seu irmão, ele deveria ser a pessoa mais próxima de mim no dia a dia da empresa. Mas, de fato, ele não se importa muito. Eu cometi vários erros na vida, muitos ligados a você e a ele, e hoje eu quero te pedir desculpas.

Eu fiquei de boca aberta, sem reação enquanto ouvia isto. Meus olhos se esbugalharam, minha cabeça se inclinou levemente para trás e disse:

— Sei...

Foi só o que consegui falar. Peguei minha taça de vinho e tomei ela quase que inteira em um só gole de tão assustada e surpresa que estava.

Se alguém me contasse que um dia o Klaus iria me pedir desculpas por algo importante para ele como manter suas convicções, eu diria que esta pessoa estava completamente louca.

Preciso que alguém me belisque, não estou acreditando no que acabei de ouvir. E ele continuou.

— Sabe, Nicole, é muito duro para um homem como eu estar aqui agora assumindo suas besteiras...

— Eu sei disto, pai, e olha, não precisa mais falar... e fui interrompida.

— Eu quero falar, eu preciso falar. Apenas me escute. Procurei o Zé Luiz, fiz algumas reuniões com ele e percebi que você estava certa quando propôs, anos atrás, que precisávamos mudar. Era uma época que ainda colhíamos frutos, nossos negócios iam bem, então, me parecia um exagero de sua parte. Além disto, eu sabia, bem lá no fundo, que uma mudança na empresa implicaria numa mudança em mim e eu quis fugir disto. Não acreditei que chegaríamos onde chegamos.

— Onde, pai? Estou aflita.

— Nós perdemos mercado, estamos com dívidas, fizemos empréstimos, precisamos enxugar a empresa e não sabemos ao certo quem demitir além de me faltar coragem, tem gente muito leal e que trabalha aqui a vida toda. Se demitirmos também teremos que diminuir a operação e, mesmo assim, não sei por quanto tempo conseguiremos manter a empresa, Nick.

— Uau! Não tinha ideia que as coisas estavam tão ruins.

— Eu já coloquei o patrimônio da família em risco, coisa que nunca deveria ter feito. Mas este meu jeito de não escutar as pessoas, não gostar de consultor por achar que ninguém pode saber mais do meu negócio que eu mesmo, está afundando a Haus Becker.

Resolvi segurar sua mão. Vi na minha frente um homem forte e poderoso se transformar em um menino frágil e indefeso, perdido e desolado.

Ficamos alguns minutos em silêncio, de mãos dadas. Meu pai de cabeça baixa parecia de certa forma envergonhado.

— Pai, também quero te pedir desculpas. Agi errado, como uma menina mimada. Obrigada por você e o Manfred terem tido a coragem de educar, como bons pais devem fazer, ensinar os filhos a crescerem e amadurecerem para caminharem pela estrada da vida com suas próprias pernas. Tiveram momentos, noites, dias e semanas difíceis sim, por outro lado, vejo que foi justamente isso que me fez crescer.

— Tenho muito orgulho de você, Nicole.

E lágrimas saltaram de meus olhos. Ele me elogiou e me chamou de Nicole, isto me encheu de orgulho.

— Obrigada, pai.

— Além de você ter se tornado uma linda mulher, também se tornou uma profissional de sucesso, um ser humano especial e tão nova. Foi um trabalho em parceria, apesar de o Manfred e eu termos dúvidas em muitos momentos do que estávamos fazendo, vejo que valeu a pena, filha.

— Mais uma vez, obrigada pai. Me conte mais sobre os problemas da empresa e como as coisas chegaram a este nível.

E ficamos mais umas duas horas conversando. Até rimos e nos divertimos. Tivemos uma noite de confidências inebriante, banhada de humildade e amor.

Quando a intenção é genuína, quando acessamos nossas verdades e não temos medo de mostrar nossa fragilidade, fica muito mais fácil dizer qualquer coisa, por mais dura que as palavras possam ser. Observo o quanto a prática do diálogo honesto e respeitoso pode curar relações se ambas as partes estiverem desprovidas de armas ou jogos de esconder sentimentos e verdades.

Ao final, já no café, Klaus pediu minha ajuda para eu olhar a empresa, ir lá de vez em quando e participar de uma reunião que eles teriam no próximo sábado de SOS para discutir alguma estratégia de sobrevivência.

Quando ouvi o pedido, me deu um nó no estômago, uma mistura de ansiedade com felicidade. Não sei se foi o efeito do vinho, de toda noite incrível que tivemos ou mesmo da perspectiva de voltar de alguma forma para a Haus Becker. Que alegria! Ao ouvir as palavras do meu pai fiquei com vontade de dar um grito, grito de liberdade, de alegria, de vida, mas me contive.

Respondi que sim, que seria um enorme prazer poder ajudá-lo de alguma forma.

E em clima de conciliação e respeito, nos despedimos, certos que estamos iniciando uma nova fase da nossa história.

Retorno

Hoje foi meu primeiro dia de volta a Haus Becker. Passar o sábado na empresa foi realmente incrível.

O dia todo foi de reuniões. No período da manhã éramos o Klaus, o Junior e eu. Conversamos muito, eles me colocaram a par de toda a situação e ela realmente é muito crítica. Nós demos espaço para a concorrência. Foi uma reunião difícil para o Klaus, pois no fundo ele sabe que tudo isto está acontecendo porque ele resistiu muito à mudança.

Diferentemente de quando cheguei dos Estados Unidos, hoje entendo a situação dele e tenho muito mais empatia com toda sua dificuldade e resistência para mudança. Também compreendo porque, na época, ele não quis me dar o cargo que eu tanto queria, eu simplesmente não estava pronta.

Ele não queria passar a imagem, e com razão, de que eu tinha privilégios, que mal tinha chegado e já ia logo ocupar um lugar à mesa que os outros gestores batalharam para ter. O Klaus não queria amedrontar as pessoas e hoje eu entendo isto.

Ser assistente dele também seria uma oportunidade de eu me envolver com várias áreas da empresa, conhecê-la e, assim, poder conquistar a confiança das pessoas com o meu trabalho.

No final da manhã, apesar do assunto tenso, o clima era bom. Então, num rompante de ousadia, resolvi dizer:

— Junior, com todo amor que tenho no meu coração por você, meu irmão, será que, apesar do momento ser delicado, não é a hora de você assumir que esta empresa não é o seu negócio?

Um silêncio tomou conta da sala, parecia que até as respirações pararam. E continuei.
— A Haus Becker precisa de esforço e muita dedicação dos membros da diretoria para sair do buraco. Sem acusar ninguém, mas todos precisam se colocar como responsáveis pela situação para se colocarem também como parte da solução. Às vezes, momentos assim são trampolins para tomarmos coragem de assumir quem somos. Você é um artista muito talentoso, meu irmão, é sensível, humano, um irmão incrível. Eu poderia listar aqui inúmeras qualidades que te acompanham e certamente ser um executivo e dedicar sua vida a recuperar uma empresa não está entre elas.
— Forte isso que me disse agora, Nick.

E meu pai ficou em silêncio, só observando, o que não é de seu costume. O Klaus sempre emitiu sua opinião, mesmo nas situações mais triviais do dia a dia.
— Eu sei, meu irmão, também não está fácil para mim.
— Admiro sua coragem, especialmente de dizer isto na frente do papai em um momento tão delicado como este. Será que a hora era mesmo esta?
— Tenho certeza que sim. Você não está feliz, sei que se sente sufocado muitas vezes, imagino o que deve ser para você, uma pessoa de alma livre, que vê a vida de uma forma completamente diferente do que muitas pessoas, ter que usar uma gravata e se enquadrar em algum porta-retratos.

Então meu pai resolveu falar.
— Temos vivido momentos de profundas revelações. Sei que estamos na empresa e nunca gostei de falar de nossas relações aqui, mas agora é impossível pedir para vocês deixarem esta conversa para mais tarde. Júnior, esta semana estive com a Nicole e pedi desculpas para ela por todos os erros que cometi com vocês dois, ainda teremos esta conversa nós dois. Como seu pai, eu te dou toda liberdade para escolher o que te faz feliz, filho.
"Sua presença na empresa sempre será bem-vinda, você traz alegria aos nossos dias. As vezes até parece meio maluco para alguém de finanças, seu jeito é diferente de tudo que imaginei, mas acho que a vida é assim. Como pai, temos um ideário para nossos filhos e um dia descobrimos que eles têm suas próprias identidades. Para serem felizes, precisam seguir o caminho que escolheram, não o caminho que nós pais escolhemos.
"A vida tem me ensinado e colocado as mensagens na minha cara". – E brincou – "se eu não aceitá-las seria um idiota, filho".

— Obrigado, pai. Obrigado, Nicole. Por mais que a Haus Becker esteja no momento mais difícil de sua existência, aliás, acho que o único momento realmente difícil, como família, estamos vivendo um grande e importante momento de encontro e conexão. Sei que não tenho a coragem da Nicole, nem a firmeza do papai, características que muitas vezes senti inveja, porque por muitos anos não sentia que eu pertencia a família Becker. Podem até achar idiota, mas já cheguei a achar e quase acreditar que eu era adotivo.

— Não acredito, irmão! Eu te amo e te amaria em qualquer condição.

— Obrigado, Nicole. Eu te admiro muito e também te amo. Agradeço muito por vocês me aceitarem como eu sou.

E o Klaus deu um jeito de encerrar a sessão "chororô". Afinal, precisávamos almoçar e logo mais os diretores iriam chegar para a reunião da tarde.

Dei um abraço no Junior e ele disse no meu ouvido: "Obrigado. Você realmente é muito corajosa, obrigado".

De tarde

Na reunião da tarde, além de nós três estavam o Josimar, diretor comercial, o Renato, diretor de operações e a Márcia, diretora de RH. Eu fiquei mais na posição de ouvinte.

Discutimos muito os problemas, a falta de caixa, estoques altos e que será necessário muito esforço para recuperar a empresa, além de ser fundamental fazer uma grande mudança.

Precisaremos transformar o jeito de ser, de fazer e de pensar do Klaus e dos líderes da empresa para conseguirmos dar a virada. Permanecer igual é morte anunciada na certa.

Agora o grande desafio do Klaus é tornar claro aos principais executivos da empresa que a mudança é necessária para alterar o patamar da fábrica e ela deve ser inspirada por uma visão otimista, grandiosa e desafiadora, pois a liderança será fundamental em todo o processo.

Assim como na natureza, uma planta, para crescer, precisa das condições necessárias, incluindo o tempo. Muitos processos de mudança falham porque encontram restrições no ambiente assim como a semente encontra restrições e nunca vira uma planta.

A pressa dos líderes interfere neste processo e está fundamentada por pressões externas como por exemplo atingir o resultado de curto prazo ou o que os acionistas esperam, no caso de ter acionistas. Na Haus Becker não temos acionistas no cangote, mas temos o banco e o mercado.

Será necessária muita força da liderança, especialmente do Klaus como presidente, para não ceder às pressões de curto prazo e sustentar ações de médio e longo prazo, pois mudanças levam tempo. Há um tempo de semear a terra, outro de plantar, outro de regar a planta e por fim colher. É assim na natureza, é assim na vida, é assim nos processos de mudança.

Pular uma etapa pela necessidade do resultado de curto prazo irá nos tirar o prazer de comer uma maçã suculenta e doce futuramente ou de ver botões de flores se abrirem. Nas organizações esta lógica funciona da mesma forma. Interromper um processo de mudança antes de sua maturidade, quando ele começa a fazer parte da cultura, gerará desperdício, descrença e frustração e, o que é pior, irá fortalecer os céticos para reforçarem suas crenças fixadas em modelos mentais antigos e que não funcionam mais.

O mundo biológico nos ensina que a sustentação da mudança requer compreensão dos processos que estimulam o crescimento, do que se faz necessário para catalisá-los e abordar as restrições que impedem que a mudança ocorra.

"Os desafios enfrentados ao se iniciar a mudança aparecem logo no início que algum grupo piloto (que pode ser uma equipe local, uma unidade de negócios ou uma equipe de alta gerência) começa a conduzir seu trabalho de forma não-costumeira". (SENGE, Peter M. *Quinta disciplina*: a dança das mudanças. 5 ed. São Paulo: Campus, 1999, p. 40).

Peter Senge fala sobre os dez desafios da mudança em seu livro *A dança das mudanças* e sei que encontrarei todos eles pela frente, pelo pouco que já conheço da empresa.

1. "'Nós não temos tempo para esta lengalenga!' – o desafio do tempo. Pessoas envolvidas na mudança precisam ter flexibilidade suficiente para dedicarem tempo à reflexão e à prática;
2. "'Não há ninguém para nos ajudar!' – o desafio de tutoriamento, orientação e apoio;
3. "'Isso não é relevante' – provar que a mudança é necessária, articular um foco adequado com relevância (estabelecer uma história clara, autêntica e convincente) para mostrar que os novos esforços, como o desenvolvimento da capacidade de aprendizagem, são relevantes para as metas da empresa;
4. "'Eles não agem de acordo com o discurso!' – desafio da clareza e coerência gerencial;
5. "'Esta coisa é...' – o desafio do medo e da ansiedade;
6. "'Isto não está funcionando!' – o desafio da avaliação negativa do progresso;
7. "'Nós estamos certos!' / 'Eles não compreendem!' – o desafio da arrogância;
8. "'Quem é o responsável por essa coisa?' – desafio de enfrentar a estrutura de governança prevalecente, e os conflitos entre grupo-piloto buscando maior autonomia e os gerentes preocupados que a autonomia leve ao caos e à fragmentação interna;
9. "'Estamos sempre reinventando a roda!' – o desafio da dificuldade, a incapacidade de transferir conhecimento além das fronteiras da organização;
10. "'Para onde estamos indo?' / 'Para que estamos aqui?' – o desafio da estratégia e do propósito da organização: revitalizar e repensar o foco pretendido, sua contribuição para a comunidade e sua identidade".

10 desafios da mudança

1. DESAFIO DO TEMPO :
↳ *"Nós não temos tempo para esta lengalenga!"*

2. DESAFIO DE TUTORIAMENTO:
↳ *"Não há ninguém para nos ajudar!"*

3. DESAFIO DE PROVAR A NECESSIDADE DA MUDANÇA:
↳ *"Isso não é relevante."*

4. DESAFIO DA CLAREZA E COERÊNCIA GERENCIAL:
↳ *"Eles não agem de acordo com o discurso!"*

5. DESAFIO DO MEDO E ANSIEDADE:
↳ *"Esta coisa é..."*

6. DESAFIO DA AVALIAÇÃO NEGATIVA DO PROGRESSO:
↳ *"Isto não está funcionando!"*

7. DESAFIO DA ARROGÂNCIA:
↳ *"Nós estamos certos!"*
"Eles não compreendem"!

8. DESAFIO DE ENFRENTAR A GOVERNÂNCIA:
↳ *"Quem é o responsável por essa coisa?"*

9. DESAFIO DE TRANSFERIR CONHECIMENTO:
↳ *"Estamos sempre reinventando a roda!"*

10. DESAFIO DA ESTRATÉGIA E PROPÓSITO DA ORGANIZAÇÃO:
↳ *"Para onde estamos indo?"*
"Para que estamos aqui?"

(Fonte: A Dança das Mudanças - Peter Senge)

PORQUE PROCESSOS DE TRANSFORMAÇÃO FALHAM

Resolvi me dedicar a entender porque os processos de transformação falham, pois o da Haus Becker não pode falhar. Preciso conseguir engajar as pessoas, começando pelo meu pai. Por mais que ele saiba que precisa mudar, este nunca é um processo tão simples.

Eu senti mais resistência por parte do Josimar, ele dizia uma coisa, mas seu corpo dizia outra. Claramente ele estava profundamente incomodado com a reunião, com minha presença, com o fato de estar na empresa no sábado e especialmente com o tema.

Será uma fase difícil para eles.

Agora que fiz as pazes com meu pai, vou apoiá-lo e tentar ajudar o máximo que puder. Uma das coisas que já consegui, e é uma grande vitória, é que ele vai continuar as sessões de coaching com o Zé Luiz. Afinal, segundo Black & Gregersen (2008)[13], 70% das organizações que procuram a mudança falham, justamente por não terem se preocupado com o alinhamento das pessoas às estratégias formuladas e motivado seu envolvimento por meio da apropriação e do empoderamento.

"Outro fator crítico é a participação e comprometimento dos líderes, do presidente e da alta administração com a transformação da organização. O envolvimento deste grupo é fundamental para que ela se concretize, uma vez que as lideranças determinam o ritmo das mudanças e através de suas atitudes darão a mensagem sobre a importância do processo e o quanto ele é sério para a empresa.

"Um risco eminente é que muitas mudanças falham pois não existe clareza suficiente do que é realmente necessário mudar, outras porque tem dificuldade de se mover ou dificuldade na implantação. Dificilmente uma mudança organizacional estará calcada apenas em uma atividade, pois as organizações funcionam de forma sistêmica como nosso organismo e a vida, mas muitos gestores têm dificuldade de pensar de forma sistêmica pois nossa sociedade foi educada a pensar de forma compartimentada.

"A vida mudou e, por isto, precisamos de uma nova maneira de ver a vida, de organizar o trabalho, os processos, de nos comunicarmos, e por aí a fora. Para sobrevivermos precisamos criar conexões, precisamos de uma nova visão de mundo!

"Francis Bacon julgou as bruxas no reinado de James I, quando mulheres eram torturadas por usarem medicina popular, adorar os deuses ou somente por serem diferentes. Quantas oportunidades perdemos em nossas empresas e em nossas vidas por julgar, por não fazer novas conexões ou por não conectar as coisas?

"Outro ponto relevante a ser considerado em processos de mudança ou trasnformação é quantas pessoas estarão envolvidas, qual é o negócio, quais stakeholders este processo irá

---

13 EWENSTEIN, Boris E.; SMITH, Wesley, SOLOGAR, Ashvin. "Changing change management". *McKinsey&Company*. 1 jul. 2015. Disponível em: <https://www.mckinsey.com/featured-insights/leadership/changing-change-management#>. Acesso em: 15 abr. 2021.

beneficiar e não tomar decisões sem considerar tudo que está conectado, mesmo de forma invisível aos olhos e que será impactado com o processo. A ética e as responsabilidades envolvidas devem ser discutidas com a mesma ênfase que o resultado financeiro. Deveríamos tomar decisões como os índios americanos, que decidiam pensando na sétima geração seguinte e nós, na maioria das vezes, não fazemos isto, pois não nos ensinaram a pensar no futuro desta forma.

"Há milhões de relações envolvendo uma interdependência, a teoria dos sistemas reconhece esta teia de relações como a essência de todas as coisas vivas.

"Sistema pode ser definido como um conjunto de elementos interdependentes que interagem com objetivos comuns formando um todo, e onde cada um dos elementos ou componentes comporta-se, por sua vez, como um sistema cujo resultado é maior do que o resultado que as unidades poderiam ter se funcionassem independentemente. Qualquer conjunto de partes unidas entre si pode ser considerado um sistema, desde que as relações entre as partes e o comportamento do todo sejam o foco de atenção (ALVAREZ, 1990, pag. 16).

"Simplificando, o sistema é um conjunto de partes coordenadas e não relacionadas, formando um todo complexo ou unitário.

"Imagine a árvore em relação à floresta, que é o habitat dos pássaros e o lar de insetos. Se você tentasse entender a árvore como algo isolado, ficaria intrigado com os milhões de frutos que produz na vida, pois só uma ou duas árvores resultarão deles. Mas se você olhar a árvore como um membro de um sistema vivo maior, tal abundância de frutos fará sentido, pois centenas de animais e aves sobreviverão graças a eles.

"A árvore também não sobrevive sozinha. Para tirar água do solo, ela precisa dos fungos que crescem na raiz, assim como os fungos precisam da raiz. Se um morrer, o outro morre também. Há milhões de relações assim, vivendo em interdependência.

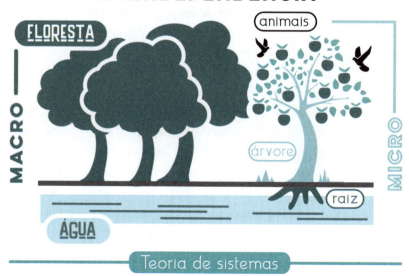

"A teoria dos sistemas reconhece esta teia de relações, como a essência de todas as coisas vivas. Um problema comum é que muitas pessoas não conseguem enxergar além da pontinha do seu próprio nariz. Só um desinformado chamaria tal noção de ingênua ou romântica, porque a dependência comum a todos nós é um fato científico.

"Nosso pâncreas, por exemplo, substitui a maior parte de suas células a cada 24h. Acordamos todos os dias com um pâncreas quase novo e uma nova mucosa gástrica também. Nossa pele descama milhares de células por minuto.

"Embora nossas células se renovem, reconhecemos uns aos outros porque o padrão de nossa organização continua o mesmo. Essa é uma caraterística importante da vida, mudança estrutural contínua, mas há estabilidade nos padrões de organização do sistema".

Esta pode ser uma boa reflexão sobre a mudança para nós, que faremos parte do time que será liderado pela Marcia.

Ao elaborar nosso projeto de mudança, precisamos ter muita clareza do que cortar, o que inserir e o que relacionar com o que.

Em quase 100% dos casos é necessário alterar um conjunto de processos, sistemas e comportamentos para se obter uma mudança bem-sucedida. O comportamento das pessoas é um fator crucial e muitas vezes suas necessidades são negligenciadas ou, a depender da cultura, as pessoas se omitem, ficam em silêncio e os gestores da mudança não tem total consciência do que está se passando na organização como um todo.

Escolhas

Tenho me envolvido cada vez mais com a Haus Becker e, à medida que me aproximo dela e me envolvo com seus problemas, mais me distancio da minha posição da MoD. Isto está me incomodando e mexendo com um de meus valores, a lealdade. É como em um casamento. Para dar certo, você dizer ao seu parceiro que é 90% leal. Isto não funciona.

Este sentimento tem me corroído. Penso o tempo todo em formas de salvar a Haus Becker e hoje, após chamarem a minha atenção na reunião de diretoria por eu estar distraída, tomei uma decisão.

Vou pedir demissão do meu emprego e me dedicar a Haus Becker. Meu pai precisa de mim, a empresa precisa de mim, minha família precisa de mim e, mais do que tudo, eu preciso disso. Desejei muito esta oportunidade e não posso deixá-la escapar. Preciso ter coragem de arriscar um cargo de diretoria que eu conquistei com muito trabalho para me aventurar nas ondas incertas do desconhecido da empresa da minha família.

É isso que vou fazer. Se não, nunca vou saber como teria sido.

Eu sonhei muito com o dia que eu trabalharia na Haus Becker, me via plena, feliz, realizada, fazendo o meu melhor trabalho e dando continuidade ao legado da minha família.

A diferença é que agora eu estou preparada emocionalmente. A Nick que aterrissou dos Estados Unidos era diferente, só pensava em si mesma e não estava pronta para liderar. Era imatura, mimada e egocêntrica.

Foi uma longa e dura travessia até aqui. Foi um período onde me deparei com meus fantasmas, com meus medos mais sombrios, mais aterrorizantes. Em várias situações nem mesmo eu sabia de onde vinha tamanha coragem e somente depois que descobri porque vim a este mundo, que tudo ficou mais claro e mais leve.

Quantas vezes tive dificuldade de decifrar se o frio que sentia era mais forte no tempo ou na minha própria alma. Quantas vezes tive vontade de desaparecer, de ser outra pessoa.

Mas desistir não era uma opção, por isto resolvi seguir em frente. Levantar a cabeça, construir e ser dona da minha história. E, de repente, quando tudo parece que está em seu devido lugar, a vida vem e nos prega uma peça, primeiro com a morte do Manfred, depois com a revelação que meu pai me fez, com seu pedido de desculpas contra todas as previsões possíveis e imaginárias e ainda pede minha ajuda para recuperar a empresa que está quase falindo.

Claro que eu vou ajudar. E vou fazer tudo que estiver ao meu alcance para salvar a Haus Becker e meu pai.

Um filme passa em minha cabeça. Lembro dos sábados que o Manfred me levava para trabalhar com ele, do velho Zito, dos brinquedos de madeira que fazíamos, da minha adolescência, a viagem para os Estados Unidos, as noites solitárias, os namoros frustrados, os amores perdidos, o período que fiquei sem falar com minha família e enfiei a cara no trabalho, os jogos de tênis com o Manfred e todos os momentos felizes que passamos juntos.

Por mais que eu tenha certeza que a ideia do plano de me fazer amadurecer me fazendo acreditar que eu não iria ser a sucessora da empresa seja terrível, não consigo sentir raiva dele, só consigo sentir saudade, muita saudade.

Pego meu ramal e ligo para a presidência, solicito 20 minutos de conversa e felizmente o Fausto ainda estava lá e me concede este tempo.

Comunico minha decisão com os olhos vermelhos e o coração apertado. Gosto muito de estar aqui e tenho uma história de gratidão nesta empresa, com o Fausto e com o Mário que acreditaram em mim e viram meu potencial numa fase que eu mesma duvidava.

Foi uma conversa comovente. O Fausto foi um fofo, gentil e sincero como sempre. Declarou sua surpresa, ao mesmo tempo que entendeu meus motivos e apoiou minha decisão.

Está aí um grande líder que me inspira e me serve de exemplo. Simples, direto, honesto, visionário, corajoso, arrojado e carismático.

Saí da sala do Fausto e fui direto procurar o Mário. Devia isso a ele. E na sua frente eu desabei a chorar.

Tenho vivido grandes e profundas emoções. O Mário tem sido um grande amigo nestes anos, ele esteve ao meu lado me apoiando em momentos de grande dificuldade e é um dos responsáveis por eu ter me tornado a diretora de marketing da empresa.

Demos um abraço apertado e saí rapidamente.

Depois desta decisão, queria ligar para o Klaus e contar o que tinha feito. Falei ao telefone mesmo. Estamos com um nível muito grande de intimidade que nos permite dar notícias impactantes desta forma.

Ele pediu para me ver.

Fui ao encontro dele em sua casa. Ele me recebeu na porta com um abraço, fiquei toda desconcertada, não esperava por isto.

Já era hora do jantar e me sentei a mesa com todos. Brindamos à família e à vida. Em momentos como este, é inevitável que eu olhe para o lugar que o Manfred sentava e dê um suspiro.

Depois do jantar nos reunimos na sala e meu pai perguntou quando eu poderia ir na empresa para conversarmos. Fiquei de confirmar no dia seguinte, quando iria definir as questões burocráticas da minha demissão.

Choque

Cheguei cedo na empresa. Vi meus recados e avisto um envelope branco em cima da minha mesa, com meu nome escrito e sem remetente.

Começo a ler a carta ainda de pé e, aos poucos, vou me envolvendo com as palavras e me sento. Não acredito no que estou lendo. Leva um tempo para a minha ficha cair.

A carta dizia:

"Não se vá.

Sempre levei o trabalho muito a sério assim como você carregando comigo a promessa que nunca iria violar minha lealdade ao trabalho deixando meu coração me controlar. Mas não foi bem assim que as coisas aconteceram...

Já faz muito tempo que está em suas mãos e não mais nas minhas o controle dos meus dias. Passei a demandar você como termômetro para o meu bem-estar ou estar muito bem.

Ver você sofrer, indefesa e não poder lhe acalmar em meus braços foi dos piores castigos que senti na vida, pois a sua felicidade abastece de vida e alegria os meus dias.

Nicole, seu sorriso sincero ilumina meu caminho.
Você deu um novo sentido para minha vida que parecia perdida após minha separação. Desolado, achei que não seria capaz de querer tanto alguém como quero você.

Mesmo com sentimentos tão fortes, não me permiti extravasar este sentimento que estava me corroendo por dentro porque ele era só meu, o que não me dava o direito de invadir sua vida profissional que deslanchava pelo mérito do seu trabalho e sua dedicação."

Mas agora fui surpreendido com a notícia de sua saída, então me atrevi a compartilhar com você com todo respeito ao seu livre arbítrio, os meus sentimentos por você.

Como todo mundo, tenho medos e faço coisas erradas. Mas não queria conviver com o erro de te ver partir sem lhe dar o direito de saber que você é muito importante no meu mundo.

Você me faz sentir vivo, não se vá da minha vida. Suas ideias me inspiram, sua inteligência me seduz, sua força e coragem me atraem como imã, sua beleza me deixa tonto.

Não se vá da minha vida."

Mario

Uau! Como reagir, como lidar, o que dizer, o que pensar... preciso de ar. Preciso processar tudo isto.

Minha vida já anda com "poucas emoções" e me vem esta surpresa. Por esta eu realmente não esperava.

Passado o susto, solto um sorriso meio maroto.

Quem diria, o Mário. Será que eu entendi certo? Ele está apaixonado por mim? O que eu faço? Escrevo para ele? Ligo? Ignoro?

Puta merda! Me perco em devaneios e dou um pulo na cadeira quando toca meu ramal. Era do RH para eu ir formalizar minha demissão e correr com os trâmites burocráticos.

Antes, preciso falar com minha equipe. Estas notícias correm como pólvora.

Sei que será uma notícia dura para todos, estávamos numa sinergia incrível de trabalho e cheios de planos. Enfim, será difícil me despedir deles, aliás, eu não gosto nada de despedidas.

O retorno

Foi realmente difícil me despedir das pessoas. Recebi cartas e presentes que nem imaginava, com coisas lindas escritas, do tipo: "Existe um marketing da MoD-S.A. antes e outro depois da Nicole." e "Você fará falta em nossa vida".

E ainda teve o dia que saí com o Mário para conversar e tomar um drink.

Passamos umas duas horas juntos e não conversamos sobre nós, somente sobre trabalho. Eu não tive coragem de tocar no assunto e não parava de falar para disfarçar meu nervosismo até que tive um beijo roubado que mudou tudo. Foi como se um vulcão que estava dormindo dentro de mim tivesse acordado.

Depois do beijo, peguei minha bolsa e disse que iria embora.

Fui para casa flutuando. Nunca imaginei que eu sentia algo pelo Mário, embora sempre tenha gostado muito de estar com ele, priorizado a opinião dele nos momentos de dúvidas e tinha uma euforia diferente quando eu era tomada por uma ideia e a primeira pessoa que eu pensava em procurar para contar era sempre ele.

Amanhã estarei de volta à Haus Becker e preciso dormir e descansar, mas estou eufórica. O beijo do Mário foi muito bom, nossa, quanto tempo eu não ficava com alguém. Como pude me fechar tanto para um lado da minha vida por tanto tempo e me virar tanto para o lado profissional?

Chega de devaneios, Nicole, você precisa descansar, dormir, pois já é tarde. Amanhã será um longo e importante dia.

Mas eu não conseguia. Rolava de um lado para o outro na cama. Coloquei minha meditação e nada, meus olhos continuavam acesos e meu coração acelerado.

Resolvi me levantar e fazer um chá de camomila para acalmar. Peguei a carta que o

Mário escreveu para ler novamente e checar se eu não estava viajando, mas não, estava lá. Se metade do que ele escreveu for verdade, já é algo sério o bastante e eu não posso brincar com os sentimentos dele.

Fiquei pensando no beijo roubado, no tempo de espera pelo beijo e em suas palavras que me deixaram morrendo de vergonha. Ao mesmo tempo, fiquei muito ansiosa quando ele me disse:

— Espere um pouco, vou até o banheiro e quando eu voltar vou te roubar um beijo. — Foi uma longa e deliciosa espera.

E lembrar deste momento de espera é quase tão bom quanto foi vivê-la. De manhã eu estava com sono, mas muito feliz.

A noite foi longa, dormi pouco de tanta ansiedade com tudo que está acontecendo. Pensar em trabalhar na Haus Becker depois de tudo que aconteceu e por tudo que está acontecendo é algo que me deixa muito entusiasmada. Somando-se a isso eu suspirava profundamente toda vez que pensava no Mário.

Quanta coisa acontecendo ao mesmo tempo... sinto como se eu tivesse me preparado este tempo todo para viver este retorno, neste momento, onde a empresa precisa de mim. Não sei explicar de onde vem esta sensação, mas sinto que, apesar dos problemas da empresa, uma boa fase se aproxima.

Estacionei o carro e, antes de sair, dou um suspiro fundo e penso que a melhor decisão que tomei foi ter pedido demissão para me dedicar à nossa empresa. Hoje não importa mais o cargo que terei, mas sim conseguir fazer um excelente trabalho e ajudar a recuperar a Haus Becker.

Se o Manfred estivesse aqui estaria muito orgulhoso. Onde quer que ele esteja, sei que está comemorando neste momento.

Caminhei lentamente até a recepção e me anunciei. Era bem cedo, pairava um silêncio na fábrica. Os funcionários ainda não tinham chegado, mas meu pai sim.

A recepcionista disse para eu esperar que viriam ao meu encontro. Claro que eu sei o caminho, mas quis me portar como qualquer outro se portaria naquele momento.

Foi quando a dona Elga apareceu e disse:

— Menina Nicole, quanto tempo! Como você está linda... É um prazer recebê-la. Devia ter entrado, não precisa ser anunciada.

— Jozi — e virou-se para a recepcionista. — Esta é a senhorita Nicole, filha do senhor Klaus.

— Seja bem-vinda. — Disse a recepcionista.

Acenei com a cabeça e dei um largo sorriso de gratidão. **Estou de volta!**

EPÍLOGO

Eu cheguei mais cedo que o horário combinado. Queria ler umas mensagens e fazer uma ligação.

Quando minha convidada chegou ainda estava ao telefone, fiz sinal com a mão para ela sentar e pedi um minuto.

— Pronto. Carla, que delícia te ver!

— Nicole, digo o mesmo, querida.

Me levantei e dei um abraço nela.

Parecia que não nos víamos há tempos, mas na verdade fazia apenas um mês. Nosso trabalho nos últimos 3 anos foi tão intenso, nos falávamos quase todos os dias que um mês sem contato pareceu um ano.

Nossa relação foi além da consultoria e mentoria que ela prestou para a Haus Becker, virou uma amizade de muito respeito e parceria.

— Como foi de viagem? — perguntou.

— A viagem foi incrível. Eu precisava mesmo deste tempo sozinha.

É muito bom poder viajar com tranquilidade, ter certeza que sua empresa está funcionando bem e que o time sabe o que tem que ser feito porque trabalham com senso de dono.

Eu fui distraída pelo som do telefone tocando. Puxei ele da bolsa e olhei brevemente no identificador de chamadas antes de atender.

— Oi, Mário. — Eu disse suavemente.

Comentei que estava tomando um café para contar pra Carla sobre a viagem e que levaria umas duas horas com ela.

Nos despedimos e em seguida resolvi colocar o telefone no silencioso para não ser mais interrompida. Me virei e disse:

— Eu me sinto como se tivesse quinze anos de idade. Já estamos juntos a dois anos e meio e sinto a mesma emoção do começo.

— Sorri e virei os olhos de satisfação.

— Que legal ver vocês bem assim.

— Como a vida é engraçada, né?! E no mais, como andam as coisas, Carla?

— Comigo tudo ótimo, quem deve ter um monte de novidades na bagagem é você!

— Na verdade ter feito esta viagem sozinha foi muito importante, eu precisava disso. Relembrei passagens importantes da minha vida. Passei praticamente metade da viagem fazendo um balanço de toda transformação que fizemos na Haus Becker e como conseguimos virar o jogo com seu método.

— Eu agradeço muito a confiança que você teve em mim, no meu trabalho e a força para "bancar" a mudança. O Klaus foi se desenvolvendo ao longo do processo e esta é uma das coisas que mais me fascinam em trabalhar com transformação, ver o outro se desenvolver. Experiências como esta que vivemos, renovam minhas crenças no ser humano e que cada um de nós pode escolher a história que quer escrever, que quer viver e que somos donos de nossas histórias.

— Ainda tivemos que lidar com a descoberta de um irmão, um filho que o Klaus teve fora do casamento. Nossa, quanta confusão foi isto e que grande surpresa. Se alguém me contasse que o Klaus tinha pulado a cerca eu não acreditaria, só acreditei porque ele mesmo nos contou. Foi uma barra, especialmente para minha mãe, mas felizmente eles se acertaram, ela o perdoou e surpreendeu a todos com sua grandiosidade ao aceitar o Rodrigo em nossa família e hoje convivemos todos.

— Pois é, Nicole. Tudo foi uma grande surpresa e você ainda soube tirar o melhor da situação.

— Eu fiquei é impressionada ao conhecê-lo e ver sua forma de pensar, achando que o mundo devia algo a ele. Eu tive a oportunidade de me ver nele, na Nicole quando chegou dos Estados Unidos e o quanto eu era chata e mimada, sempre acreditando que o mundo me devia algo, ou melhor, minha família me devia. Foi um grande erro de minha parte a forma como estava pensando e consequentemente agindo. Felizmente acordei. E este é um grande mérito do seu trabalho, Carla.

— Aceito seu reconhecimento, mas você se transformou porque decidiu ser uma pessoa melhor e consequentemente uma profissional melhor.

— Todos aprendemos. Nossa família ficou mais forte e o Rodrigo teve sua oportunidade também. Mas agora vamos falar de coisas mais divertidas, quero te contar uma novidade.

— Novidade?

— O Mário me fez uma bela surpresa e foi se encontrar comigo na última semana de viagem para me pedir em casamento, acredita?

E a Carla se levantou, me pediu para ficar de pé também e me deu um abraço de parabéns. Tratou logo de chamar o garçom e pedir um espumante para brindarmos.

Assim passamos o restante do tempo falando de casamento, festa, lua de mel, coisas boas e dando boas risadas. Até que a Carla ficou séria e me disse:

— Nicole, você precisa compartilhar sua história com outros empresários. Você foi à luta! Encarou a vida, seus medos, se desenvolveu em uma excelente líder, virou o jogo e recuperou a empresa. Agora é hora.

— Hora do que, mulher? Uma palestra?

— Não, de escrever seu livro!

Contato com a autora
cweisz@editoraevora.com.br

Este livro foi impresso pela gráfica Elyon em papel *Offset* 70 g.